浙江省习近平新时代中国特色社会主义思想研究中心研究基地 2022 年立项课题“习近平关于职业教育的重要论述在浙江的探索与实践”成果
中国职业技术教育学会—新时代中国职业教育研究院 2022 年职业教育重点课题“新修订《中华人民共和国职业教育法》落地实施研究”成果
浙江省哲学社会科学规划 2023 年度课题“高质量发展背景下的高职院校内部治理路径研究”成果

中国特色高等职业教育发展道路理念与实践

周建松　陈正江 著

浙江工商大学出版社
ZHEJIANG GONGSHANG UNIVERSITY PRESS
·杭州·

图书在版编目(CIP)数据

中国特色高等职业教育发展道路理念与实践 / 周建松，陈正江著. —杭州：浙江工商大学出版社，2022.12

ISBN 978-7-5178-5259-9

Ⅰ. ①中… Ⅱ. ①周… ②陈… Ⅲ. ①高等职业教育—发展—研究—中国 Ⅳ. ①G718.5

中国版本图书馆 CIP 数据核字(2022)第 236877 号

中国特色高等职业教育发展道路理念与实践

ZHONGGUO TESE GAODENG ZHIYE JIAOYU FAZHAN DAOLU LINIAN YU SHIJIAN

周建松　陈正江 著

责任编辑　王黎明
封面设计　尚阅文化
责任校对　张春琴
责任印制　包建辉
出版发行　浙江工商大学出版社
（杭州市教工路 198 号　邮政编码 310012）
（E-mail:zjgsupress@163.com）
（网址:http://www.zjgsupress.com）
电话:0571-88904980,88831806(传真)
排　　版　杭州朝曦图文设计有限公司
印　　刷　杭州高腾印务有限公司
开　　本　710mm×1000mm　1/16
印　　张　19.75
字　　数　256 千
版 印 次　2022 年 12 月第 1 版　2022 年 12 月第 1 次印刷
书　　号　ISBN 978-7-5178-5259-9
定　　价　68.00 元

目录

Contents

代　序

职业教育高质量发展和现代化建设的根本遵循

——学习贯彻习近平总书记对职业教育工作的重要指示

周建松

摘　要：习近平总书记对职业教育工作的重要指示为职业教育高质量发展和现代化建设指明了前进方向，提供了根本遵循。首先，该指示提出了职业教育前途广阔、大有可为的价值判断；其次，强调了实施职业教育必须把握“三个坚持”的前提；再次，明确了办好高质量职业教育必须落实好九大任务；最后，强化了“五大保障”，推动职业教育又好又快发展，为建设社会主义现代化强国提供有力的人才和技能支撑。

关键词：习近平；职业教育；重要指示；高质量发展；现代化建设

党和政府历来重视职业教育的发展。党中央、国务院先后于2014年和2021年召开了全国职业教育工作会议和全国职业教育大会。习近平总书记两次就职业教育工作作出重要指示，并经常调研指导职业学校工作。在党中央的坚强领导下，已实施26年的《中华人民共和国职业教育法》经全国人大和国务院14载努力，于2022年4月修订通过并自5月1日起施行，这必将有力地推动我国职业教育在高质量发展的道路上阔步前进，在职业教育现代化建设新征程中稳步前行。

一、明确一个价值判断：职业教育前途广阔、大有可为

习近平总书记对职业教育工作的重要指示开篇强调，在全面建设社会主义现代化国家的新征程中，职业教育前途广阔、大有可为，[1]这是习近平总书记对新时代发展中国特色、世界水平现代职业教育的价值判断。这一判断既增强了整个职业教育战线和社会各界对职业教育的信心，也增强了办好新时代职业教育的决心。之所以作出这样的判断，主要是基于以下理解。

（一）职业教育是国民教育的重要组成部分和一种重要教育类型

习近平总书记在2014年对加快发展职业教育所作的重要指示中明确强调职业教育是国民教育人力资源开发的重要组成部分，是广大青年打开通往成才成长大门的重要渠道。[2]2019年印发的《国家职业教育改革实施方案》（国发〔2019〕4号）开宗明义，职业教育与普通教育是两种不同类型的教育，具有同等重要的地位。[3]新修订的《中华人民共和国职业教育法》（简称《职业教育法》）把总书记的指示精神上升为国家意志，[4]作为国民教育的重要组成部分和重要类型，职业教育必将有其重要的存在价值和发展前景，在新的历史发展时期必将发挥出重要作用。

（二）社会主义现代化国家建设需要一大批高素质劳动者和技术技能人才

党的十九大描绘了新时代中国特色社会主义发展的道路和目标，建设现代化强国迫切需要一大批高素质劳动者，更需要一大批高水平、高层次技术技能人才，他们既具有较高综合素质，又具有过硬行动能力。这对职业教育发展提出了新要求，赋予了职业教育新使命、新任务。

（三）国家优化教育结构体系建设新导向为职业教育发展提供了新机遇

我国高等教育已经从大众化进入普及化阶段，高等教育人数规模问题已基本解决，现实中新的矛盾是结构问题。一方面，大学生找不到理想工作；另一方面，用人单位找不到合适人才，技术技能人才供应不足的矛盾十分突出。因此，在开启全面建设社会主义现代化国家的新征程中，优化教育结构，发展职业教育，培养更多高素质技术技能人才将是战略性导向。正因为如此，构建一个从中职到高职乃至本科层次及以上的职业教育体系将成为重点，职业教育前途广阔、大有作为的理想将通过努力成为现实。

二、把握三个前提：办好高质量职业教育必须做到“三个坚持”

习近平总书记在对职业教育的重要指示中强调，要坚持党的领导、坚持正确办学方向、坚持立德树人。笔者认为，这就是办好新时代职业教育、推动实现职业教育高质量发展的三大前提。

(一)坚持党的领导

坚持党的领导,是办好职业教育最为根本的政治前提。改革开放以来,我们全部工作的主题就是坚持和发展中国特色社会主义,中国特色社会主义的本质特征和显著优势就是坚持和加强党的领导。习近平总书记在2018年9月召开的全国教育大会上总结经验时,也曾明确必须坚持党对教育事业的领导,同时也强调,党的领导是全面领导。近年来,针对高校党的领导弱化虚化情况,中共中央就加强党的政治建设,坚持和完善党委领导下校长负责制作出了一系列新的规定,就加强党的建设进行了新的布置,尤其是2021年4月中共中央印发的《中国共产党普通高校基层组织工作条例》更是对此做了系统部署。中共中央办公厅还就中小学实行党组织领导下校长负责制做了部署,提出了要求。新修订的《职业教育法》第三十五条规定,公办职业学校实行中国共产党基层组织领导的校长负责制,中国共产党职业学校基层组织按照中国共产党章程和有关规定,全面领导学校工作;民办职业学校依法健全决策机制,强化学校的中国共产党基层组织政治功能,保证其在学校重大事项决策、监督、执行各环节有效发挥作用。上述这些都明确了党的领导的具体要求。

(二)坚持正确办学方向

通过学习,我们理解习近平总书记强调的正确办学方向,至少包括两个方面。首先,必须坚持社会主义方向,扎根中国大地,坚持中国特色社会主义道路自信、理论自信、制度自信、文化自信,为中国特色社会主义现代化建设培养德智体美劳全面发展的建设者和接班人;其次,要坚持职业教育类型定位,要按照培养高素质技术技能人才的要求,积极探索技术技能人才培养规律,服务地方经济,支持行业和产业结构优化,培养高素质技术技能人才和高素质劳动者。

（三）坚持立德树人

党的十八大以来，习近平总书记就教育工作发表了一系列重要论述，其中最为高频的用词是“立德树人”，无论是党的十九大报告、全国教育大会讲话、全国高校思想政治工作会议讲话，还是在北京大学、清华大学、中国人民大学、闽江学院等调研视察时的讲话中，都强调立德树人是根本任务、是核心环节，必须贯穿学校各项工作全过程，实现全员育人、全面育人、全过程育人。习总书记还对如何抓好立德树人提出明确要求，强调要把立德树人作为建设一流学校和衡量办学成效的根本标准，提出要办好思想政治理论课，把它作为立德树人的关键课程，要深入推进课堂教育改革创新，要让各门课程与思想政治理论课同向同行，守好一段渠、种好责任田，实现同向同行和协同效应。对此，我们一定要贯通理解，认真抓好落实。

三、抓好九大工作：办好新时代职业教育必须落实的主要任务

习近平总书记强调，要优化职业教育类型、定位，深化产教融合、校企合作，深入推进育人方式、办学模式、管理体制、保障机制改革，稳步发展职业本科教育，建设一批高水平职业院校和专业，推动职普融通，增强职业教育的适应性，加快构建现代职业教育体系，培养更多高素质技术技能人才、能工巧匠、大国工匠。这就是习近平总书记提出的明确新时代职业教育价值定位、办好新时代职业教育必须在确立三大前提的基础上，扎实抓好九大具体工作任务。

（一）优化职业教育类型、定位

职业教育与普通教育是两种不同的教育类型，这在《国家职业教育改革实施方案》的引领下已逐渐形成共识，最近又被写入了新修订

的《职业教育法》,得到了法律确认。但职业教育的类型特征是什么,如何不断优化类型、定位,这确实是一个时代新命题。结合地方普通高校转型探索,总结职业教育几十年办学实践,学习借鉴世界各国有益经验,应着力把握以下几点:一是职业教育与经济社会发展有着千丝万缕的联系,其服务重点是区域经济社会发展和行业(产业)发展需要,具有跨界性特点。二是职业教育的培养机制是产教融合、校企合作、工学结合、知行合一。三是职业教育的培养目标是技术技能人才,当然不同层次如中职、专科、本科层次的具体培养规格可以有所不同,但培养技术技能人才是基本目标。四是职业教育培养的重点在于多样化人才,在于技术技能积累,在于就业创业。

(二)深化产教融合、校企合作

产教融合、校企合作是办好高质量职业教育和类型教育的重要特征,已经形成广泛共识。习近平总书记在 2014 年对职业教育作出重要指示时,明确要求坚持产教融合、校企合作、工学结合、知行合一;在 2021 年对职业教育作出重要指示时,强调要深化产教融合、校企合作。为推动和落实产教融合,国务院办公厅曾印发《关于深化产教融合的若干意见》(国办发〔2017〕95 号),国家发展和改革委员会等部门曾就贯彻《国家职业教育改革实施方案》制定过推进产教融合型企业建设的具体意见,教育部等六部门也就推进校企合作制定过相应的实施办法,我们要精准把握,狠抓落实。

(三)深入推进育人方式、办学模式、管理体制、保障机制四项改革

改革是打造职业教育类型特色的必由之路,也是探索形成中国职业教育品牌的必由之路。一是育人方式改革。这是推进立德树人根本任务落实的基本要求,其着力点是要按照新修订的《职业教育法》第四条要求,着力落实五个坚持,弘扬社会主义核心价值观,对受教育者进

行思想政治教育和职业道德教育，培养劳模精神、劳动精神、工匠精神；同时抓好传授科学文化与专业知识、培养技术技能的工作，切实重视职业指导工作。二是办学模式改革。办学模式的改革重点要从职业教育类型特点出发，遵循跨界性特征，探索开门开放办学之路，在开门开放办学场景下培养人才。正因为这样，需要深入推进校政行企合作，建设职业教育集团合作理事会、专业(群)建设指导委员会，形成各方合力。对此，新修订的《职业教育法》也有相关条款予以规范。三是管理体制改革。改革职业教育管理体制，一直是党中央、国务院研究和关注的重大问题，怎样的体制是合适的？新修订的《职业教育法》第六条给出了答案：职业教育实行政府统筹、分级管理、地方为主、行业指导、校企合作及社会参与。这一体制分为六个层次，突出了地方主导，强化了行业功能，更加重视校企合作。四是保障机制改革。人、财、物等要素保障是办好高质量职业教育的重要条件，根据习总书记提出的改革目标要求，新修订的《职业教育法》设专章即第六章职业教育的保障，以九条内容对国家优化经费支出结构、人均经费拨款、地方政府经费附加使用，企业职工教育经费、农村职业教育经费使用等作了规定。应该说，这为推动高质量职业教育发展提供了有力保障。

(四)稳步发展职业本科教育

发展本科层次职业教育一直是学界乃至社会各界近期讨论的热点议题。从 2014 年开始，该议题也包含应用本科和职教本科之争。2019 年，《国家职业教育改革实施方案》明确提出开展本科职业教育试点，至今全国已有 32 所职业技术大学，也有部分应用型本科院校参与举办职业本科专业。教育部已印发了第一批 249 个本科职业教育专业目录。作为贯彻习近平总书记重要指示和全国职教大会精神的重要配套，中办、国办于 2021 年印发的《关于推动现代职业教育高质量发展的意见》(中办发〔2021〕43 号)明确提出，到 2025 年，本科层次职业教育招生规模要不低于高等职业教育的10%，并强调，发展本科职业教育是完善现代职业教育体系建设的关键环节。习近平总书记关心关注职业本科教育，既说明发展职业本科教育的重要性，也说明办好职业本科教育的意义重大。要从完善现代职业教育类型体系，从适应经济社会发展和产业结构调整需要，从适应技术水平变化提升要求，从满足人们对高质量职业教育的要求认识职业本科教育；同时也要充分认识到，发展职业本科教育是一项长期而艰巨的任务，必须高标准、高起点、高要求，稳步有序地加以推进。[5]新修订的《职业教育法》第三十三条规定，专科层次高等职业学校设置的培养高端技术技能人才的部分专业，符合产教深度融合、办学特色鲜明、培养质量较高等条件的，经国务院教育行政部门审批，可以实施本科层次的职业教育。这必将把稳步发展职业本科教育的要求落到实处。

（五）建设一批高水平职业院校和专业

发展中国特色现代职业教育作为国家教育改革的重点任务，既要强化条件保障，推动整体办学规范和质量提升，也要建树标杆，充分发挥引领示范带动作用，由点到面带动职业教育水平整体跃升。习近平总书记把建设一批高水平职业院校和专业作为发展职业教育的重要工作提了出来；与此同时，新修订的《职业教育法》也把支持高水平职业学校、专业建设作为重要条款，在法律保障上明确了在推动职业教育高质量发展中支持高水平职业学校和专业建设的要求。事实上，改革开放以来特别是21世纪以来，国家一直采用项目引领、政策驱动的方式引领带动职业教育改革创新。就高等职业教育而言，曾先后实施过新世纪教改工程、国家示范性高职院校建设计划、国家骨干高职院校建设计划、高职教育创新发展行动与优质高职院校建设计划，各个省（市、自治区）也出台了一系列质量工程项目。当前正在推进实施的中国特色高水平高职学校和专业建设计划，更是推动职业教育高质量发展的重要抓手，伴随“双高”“双优”的实施，一定会在学习借鉴“双一流”建设经验的同时，把职业教育的类型特色彰显得更好。[6]

（六）推动职普融通

职普融通实际上是现代职业教育发展中的关键问题之一，在明确职业教育与普通教育是两种不同的教育类型后，确立同等重要、同等投入、同等保障的要求便十分迫切，这就是通常所说的职普等值的问题。这里有一个理论和政策问题，即职业教育与普通教育要实现协调发展。对此，新修订的《职业教育法》第十四条第二款规定，国家优化教育结构，科学配置教育资源，在义务教育后的不同阶段因地制宜、统筹推进职业教育与普通教育协调发展；同时第十七条规定，国家建立健全各级各类学校教育与职业培训学分、资历以及其他学习成果的认证、积累和转换机制，推进职业教育国家学分银行建设，促进职业教育与普通教育的学习成果融通、互认，这就在法律上保证了职普同值和融通。事实上，中办、国办印发的《关于推动现代职业教育高质量发展的意见》就对正确处理职普关系提出了明确要求。当前的主要任务，一方面要解决好职业教育体系问题，使职普横向对应关系、等值有基础；另一方面要从政策上确立同等理念，并建立相应机制，确保职业教育不受歧视、不被妖化。实际上职业教育作为一个类型教育，现已具备了职教普教双类型教育、校企双主体办学、专职和兼职双师结构教师团队、学历证书＋职业技能等级证书双证书，特别是升学就业双通道特征，为办好高质量职业教育上了双保险。学生接受职业教育一定会前途广阔、大有可为。

（七）增强职业教育的适应性

增强职业教育适应性实际上是高质量职业教育的基本标志。社会上之所以存在一方面大学生找不到合适的岗位，而用人单位找不到合适人才的现象，说到底就是一个教育结构与人才结构不匹配问题，而优化结构，建立匹配机制的前提就是适应性。对此，习近平总书记提出增强职业教育适应性的要求，这与他 20 世纪 90 年代兼任闽江职业大学校长时提出的“不求最大，但求最优，但求适应社会需要”的办学理念是一脉相承的。增强职业教育适应性，一方面要求我们适应职业教育所培养的人才与经济社会发展需要的适切性，要正确分析经济社会发展，正确把握产业结构升级调整状态，正确研究科学技术进步变化状况来研究如何使职业教育内容与信息技术有机融合；另一方面要研究自身专业结构、层次结构和区域结构。[7] 为此，行业要发布人才需求信息，学校要研究外部市场，真正做到专业对接产业、课程对接岗位、教育教学课程对接生产经营过程，增强职业教育的基本适应性，同时也要研究人的全面发展需要，研究人的终身学习需要，使职业教育在更大更广的场景中实现适应性。

(八)加快构建现代职业教育体系

加快构建现代职业教育体系是改革开放以来，特别是 21 世纪以来国家职业教育研究的重点和努力的方向。习近平总书记把它作为新时代重要任务提出来，具有特殊重要意义。一方面，2019 年以来，我们一直强调职业教育与普通教育是两种不同的教育类型，但具有同等重要地位，既然是类型教育，必然形成贯通体系；也就是说，体系与类型特色是互为条件、相互促进的。另一方面，也说明现代职业教育体系建设任务之重。从 1985 年《中共中央关于教育体制改革的决定》提出建立职业技术教育体系以来，到 1996 年制定《中华人民共和国职业教育法》之时，一直到 21 世纪以来，国务院召开的每一次职业教育工作会议，印发的每一份文件，都把职业教育体系摆在突出位置。2014 年，教育部等六部门还专门制定过《现代职业教育体系建设规划(2014—2020 年)》。进入新时代，为了更好地贯彻落实习总书记的重要指示,必须研究把握现代职业教育体系的重点,要坚持适应经济社会发展需要,要立足于人的全面发展,要体现终身教育体系,要坚持职业教育与普通教育相互融通,要坚持不同层次纵向贯通,要坚持学历教育与培训并重,要坚持中国特色、世界水平。只有这样,才能把新时代职业教育办得更好。

(九)培养更多高素质技术技能人才、能工巧匠、大国工匠

习近平总书记的指示,既是上述三个重要前提、八大工作任务落到实处的具体体现,也是一项相对独立的任务,进一步理解这一内容则包括以下三个层面。第一,培养高素质技术技能人才。这不仅是职业教育最基本的要求,也是职业教育作为类型特征的基本点之一,还是职业教育办出特色和水平的基本要求。对此,新修订的《职业教育法》从法律上也作了规定。第二,培养能工巧匠。这是在培养技术技能人才的普遍要求的基础上,通过特长培养,通过大众化教育基础上的精准培养,通过岗课赛证综合育人,通过以赛促教、以赛促学,力求培养出一批有特色、特长的技术技能人才,让他们在实践中成为能工巧匠。第三,培养大国工匠。培养更多大国工匠是职业教育的重大使命,也是社会主义现代化国家建设的内在要求,要通过坚持不懈的努力,通过弘扬和践行社会主义核心价值观教育,弘扬劳动精神、劳模精神、工匠精神,在社会主义劳动竞赛和生产经营实践基础上,锻造更多更优大国工匠,践行中国特色职业教育的伟大使命。至于如何探索研究技术技能人才培养规律,除了弘扬三种精神外,新修订的《职业教育法》第四条还规定,要坚持立德树人、德技并修,坚持产教融合、校企合作,坚持面向市场、促进就业,坚持面向实践、强化能力,坚持面向人人、因材施教;同时,辅之以重视和尊重技术技能人才,提高技术技能人才待遇和社会地位则十分重要。

四、强化"五大保障",推动职业教育又好又快发展

习近平总书记在2021年对职业教育所作的重要指示中强调,各级党委和政府要加大制度创新、政策供给、投入力度,弘扬工匠精神,提高技术技能人才社会地位,为全面建设社会主义现代化国家、实现中华民族伟大复兴的中国梦提供有力人才和技能支撑。这是习近平总书记对各级党委、政府和全社会的要求与期盼,表达了党中央和习总书记对办好新时代职业教育的殷切希望。

(一)加大制度创新

作为一种教育类型,职业教育需要有与之相适应的制度环境。过去相当长一段时间内,都是参照普通教育办职业教育。迄今为止还习惯于用高职高专这一概念,把类型与层次搞在一起,把高职办成了本科的压缩饼干。在明确了类型教育以后,就必须建立与之相适应的制度和标准。习总书记提出制度创新具有特别意义。新修订的《职业教育法》第三条规定,建立健全适应社会主义市场经济和社会发展需要、符合技术技能人才成长规律的职业教育制度体系。纵览新修订的《职业教育法》,其中明确提出的创新性制度确实有不少,包括管理体制、规划制度、协调机制、证书制度、准入制度、校企合作制度,尤其是考试招生制度、学位制度等,应该会对职业教育高质量发展产生积极有益的影响。当前,以新修订的《职业教育法》实施为契机,应尽早建立实施细则,把制度创新落到实处。

(二)加大政策供给

对职业教育发展而言,政策供给十分重要。21世纪以来,国家采取了推动职业教育改革发展的一系列政策,如《国务院关于大力发展职业教育的决定》《国务院关于加快发展现代职业教育的决定》等，尤其是 2019 年印发实施的《国家职业教育改革实施方案》，阐明了国家发展职业教育的大政策，即职业教育与普通教育是两种不同的教育类型，具有同等地位。这次《职业教育法》的修订，又对这一内容进行了法律确认。当前的重要任务是要把国家加快发展、大力发展职业教育，推进职业教育这一类型教育高质量发展的政策具体化；正确处理好发展过程中职普关系、产学关系、校企关系、教学关系、中外关系等方方面面的问题，支持促进职业教育高质量发展的政策体系。

（三）加大投入力度

职业教育是一种跨界教育，它担负着培养高素质技术技能人才的重要使命，要在落实"产教融合、校企合作、工学结合、知行合一"上下功夫。职业教育对实践育人有很高的要求，尤其实习实训更是一个社会关注度极高的话题。

新《职业教育法》作了较多规定，教育部也提出了要求，这实际上引出了职业教育投入的要求。据测算，职业教育与普通教育的投入比应该是 3:1，但目前大部分地区还未达到普通学校的水平。有些地方中职、高职的基础条件未达标，师资队伍编制不到位，不少学校的职级规格也没有落实。笔者认为，习近平总书记关于加大投入的要求，起点是生均拨款的落实，同时要遵守新《职业教育法》的各项规定，将"投入"理解为一个广义的概念，它既包括人、财、物等方面，也包括各级党委、政府和有关部门投入职业教育的精力。

（四）弘扬工匠精神

弘扬工匠精神实际上是全社会要有良好的尊重劳动、热爱劳动的氛围。工匠精神实质上是一种职业精神，是职业道德、职业能力、职业品质的集中体现，是从业者的一种职业价值取向和表现。习近平总书

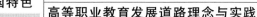

记对工匠精神的诠释是执着专注、精益求精、一丝不苟、追求卓越。对此要加以深刻理解和把握，把工匠精神与劳动精神、劳模精神结合起来，弘扬崇尚劳动、热爱劳动、辛勤劳动、诚实劳动的劳动精神，弘扬爱岗创业、争创一流、艰苦奋斗、勇于创新、甘于奉献的劳模精神，真正使职业教育活起来、香起来。

(五)提高技术技能人才待遇

人既是物质的，也是精神的。人是需要有点精神的，但物质条件和保障要素必不可少。增强职业教育的吸引力，其实与技术技能人才的待遇密切相关，而技术技能人才的待遇，既包括经济待遇，也包括社会地位。就经济待遇而言，要从尊重劳动、尊重创造的理念出发，大幅提高技术工人的工资薪酬水平和各项劳动保护、保障；同时要切实提高技术技能人才的社会地位，在各类先进评选、党代表、人大代表、政协委员名额分配，特别是城市入户、人才政策等方面要真正做到高看一眼、厚爱三分、不断倾斜。这是习总书记的牵挂，也是各级政府的行动指南。

习近平总书记在2021年对职业教育作出重要指示——为全面建设社会主义现代化国家，实现中华民族伟大复兴的中国梦提供有力人才和技能支撑。这项指示与习近平总书记2014年对职业教育的指示和要求一脉相承。习近平总书记在2014年对职业教育重要指示中要求，各级党委和政府把加快发展现代职业教育摆在更加突出的位置，更好地支持和帮助职业教育发展，为实现“两个一百年奋斗目标和中华民族伟大复兴的中国梦”提供坚实人才保障。这实际上是再次明确强调，技术技能人才是我国建设社会主义现代化强国、实现“两个一百年”奋斗目标的重要基础和宝贵财富，是建设人力资源强国的重要内容之一，必须切实抓好技术技能人才培养工作，而抓好技术技能人才培养工作就必须办好高质量职业教育。为落实习总书记的重要指示，国家提出了“建设技能型社会”的要求;同时,传承技术技能积累,推动技术技能创新,营造尊重技术技能的社会风尚已经成为新时代新的要求。因此,职业教育不仅要为社会主义现代化强国建设提供人才支撑,同时还要提供技能支撑。通过学习理解习近平总书记对职业教育工作的重要指示,我们深感使命光荣、责任重大、重任在肩,唯有改革创新、积极作为、奋发进取,才能不负习总书记期望、不负时代荣光。

参考文献

[1] 习近平对职业教育工作作出重要指示[N]. 人民日报,2021-04-13(1).

[2] 习近平就加快发展职业教育作出重要指示[N]. 人民日报,2014-06-24(1).

[3] 国务院. 关于印发国家职业教育改革实施方案的通知:国发〔2019〕4 号[Z]. 2019-02-13.

[4] 新华社. 中华人民共和国职业教育法[Z]. 2022-04-21.

[5] 周建松. 稳步发展职业本科教育的思考与实践[J]. 中国高等教育,2021(Z2):67-69.

[6] 周建松,陈正江. 新时代中国特色高等职业教育的内涵与发展路径[J]. 中国高等教育,2019(4):98-102,108.

[7] 周建松. 增强适应性是职业教育提质培优的关键[N]. 中国教育报,2021-02-23(3).

(本文发表于《开发区职业教育》2022 年第 2 期)

第一章

党建思政

高职院校实施党的全面领导:政策方略与治校实践

周建松

摘　要:党的领导是全面领导,高职院校实施党的全面领导是贯彻落实党的教育方针的重要方略,是国家法律和党内法规的共同规定。在高职院校构建党的全面领导体制机制过程中,必须科学把握立德树人、办学治校、管党治党这三个重点,正确处理好党委领导和校长负责、党委领导与其他工作机制、党委书记和校长这三大关系。文章结合浙江金融职业学院的案例,介绍高职院校实施党的全面领导的实践和成效。

关键词:高职院校;党的领导;政策;实践

党的十九大报告强调,党政军民学,东西南北中,党是领导一切的。党的领导是全面领导;同时强调,要全面贯彻党的教育方针,落实立德树人根本任务。[1]根据习近平总书记和党中央的指示，我们的党内法规也在持续不断地完善，其中一个显著的特点是进一步加强党的领导，进一步加强党的建设。在教育领域，进一步明确必须加强党对教育事业的领导，国家举办的高等学校实行党委领导下校长负责制。同时，2022年中共中央办公厅印发了《关于建立中小学校党组织领导的校长负责制的意见（试行）》，这就进一步昭示：在全面开启社会主义现代化国家建设的新征程中，必须加强党对教育事业的领导，必须建立健全党组织领导下院（校）长负责制的体制机制。本文结合对《中国共产党章程》和有关党内法规的学习，分析和探讨高职院校如何构建党的全面领导的体制机制，并介绍浙江金融职业学院的实践和成效。

一、加强高校党的领导，是国家法律和党内法规共同的规定

中国特色社会主义法治体系是由以宪法为核心的国家法律和以党章为基础的党内法规制度体系共同组成的，而党内法规制度体系又包括党章、准则、条例、规则、规定、办法、细则等七个层级。当前，以宪法为核心的国家法律不断完善，以党章为基础的党内法规制度体系不断丰富，以法治国、以规治党形成综合叠加效应，推动了中国特色社会主义法治体系的进一步完善，根据国家法律和党内法规的规定，高等学校党的领导体制进一步明确、机制不断完善。

（一）深入学习习近平总书记关于高校党建工作重要论述

习近平总书记高度重视党建工作，作出了一系列指示批示，并多次在视察学校时发表重要讲话，其中一个核心理念就是：高校是中国共产党领导的高校，必须加强党对教育事业和党对高校的领导，党的

领导是全面领导。如,在2014年为高校党建工作作出的重要指示中强调"加强党对高校的领导,加强和改进党的建设,是办好中国特色社会主义大学的根本保证";[2]又如,在2016年12月召开的全国高校思想政治工作会议上指出,"我们的高校是党领导下的高校,是中国特色社会主义高校,办好我国高等教育,必须坚持党的领导,牢牢掌握党对高校工作的领导权,使高校成为坚持党的领导的坚强阵地";[3]再如,2018年9月,在全国教育大会上强调指出,"加强党对教育事业的全面领导,是办好教育事业的根本保证";[4]2021年在对职业教育工作所作的重要指示中强调,"要坚持党的领导,坚持正确办学方向,坚持立德树人"。[5]习近平总书记的这一系列重要指示和重要讲话,为高职院校做好党建工作提供了遵循、指明了方向。

(二)精准把握《中国共产党普通高等学校基层组织工作条例》的内涵和要求

国家举办的高等学校的领导体制,曾经历过党委领导下的校务委员会负责制、校长负责制等政策演变过程,其在不同时期也有不尽相同的表述。1990年以后,中央明确了高校的领导体制为党委领导下的校(院)长负责制,而在中小学校(包括职业学校)则长期为校长负责制。党的十八大以后,党的建设在持续完善,党的领导地位在不断加强。就高等学校而言,《中国共产党普通高等学校基层组织工作条例》(以下简称《条例》)的几轮修订,即反映了高等学校强化党的领导和党的建设的过程。相应地,其相关实施细则和办法,也进一步体现党的领导在加强之中。其间,中共中央办公厅、中共中央组织部、中共教育部党组也出台了若干指导性意见,对推进高校党的领导和党的建设产生了积极的影响,特别是2021年4月印发第三次修订的《条例》,更是规范了党领导的内容和要求;同时,还明确了党的纪律检查工作,党员队伍建设、干部和人才工作、思想政治工作、对群团组织的领导,特别是对领导和保障工作作了规定，提出了要求。应当说，《条例》是《中国共产党章程》关于高等学校党建工作的具体化，也是体现和实施党对高校全面领导的基本遵循，我们必须精准理解、抓好贯彻。

二、高校党的全面领导必须科学把握的三个重点

高校党的全面领导是一个整体，包含了党领导的体制机制和党的建设。在这里，侧重从校级层面做一个分析和思考。

（一）基本职责：立德树人

在习近平总书记关于教育工作的重要论述中，“立德树人”是一个最高频用词，他在多个场合多次强调，立德树人是高校根本任务、是中心环节、是检验标准，要贯穿学校各个方面、各个领域和全过程。因此，立德树人是高校党委实施全面领导最基本的职责，也是必须充分履行的义务。

1. 要加强对人才培养工作的领导

在校党委领导下，建立党委书记和校长双主任制的人才培养工作委员会。认真学习贯彻党中央关于人才培养工作指示和有关方针政策，扎实做好人才培养工作调研，积极开展人才培养工作校政行企合作，精心拟订（审定）各专业人才培养工作方案，并监督保证人才培养工作方案顺利实施。

2. 要加强对思想政治工作体系建设的领导

积极构建党委统一领导、党政齐抓共管的思想政治工作体系，尤其包括理论武装体系、学科教学体系、日常管理体系、安全稳定体系，充分发挥思想政治教育的优势，落实立德树人根本任务。[6]

3. 要加强对学生工作体系的领导

加强党委对学生工作的领导，配强党委学生工作部的力量，建立学生工作委员会。明确二级学院党组织具体负责学生工作，在学工部统一领导（指导）学生社团和团组织工作，构建“严爱细”学生工作体系，切实提高学生管理服务成效。

4. 要加强对思想政治理论课建设的领导

习近平总书记在思想政治理论课教师座谈会上强调，思政课是立德树人的关键课程，对学生的世界观、人生观、价值观产生十分重要的影响，如何办好思想政治理论课，如何加强思想政治理论课教师队伍建设，如何推进思想政治理论课改革创新，习近平总书记都有明确要求和指示，学校党委必须切实履行政治责任，扛在肩上、落实在行动中。

5. 要加强对课程思政建设工作的领导

关于课程思政建设，习近平总书记在 2016 年 12 月全国高校思想政治工作会议的讲话中作出引领性指示，这就是要发挥课堂教学主渠道作用。思想政治理论课要在改革中创新、在创新中加强，其他各门课程要守好一段渠、种好责任田，与思想政治理论课同向同行。学校党委要正确把握大势，切实推动课程思政在各专业、各门课程、各个教师中普遍开展，并努力提高育人成效。

（二）基本任务：办学治校

《中华人民共和国高等教育法》和《中国共产党普通高等学校基层组织工作条例》都明确规定，国家举办的高等学校实行党委领导下的校长负责制。可见，高校党委在办学治校方面承担着明确的职责和权力。习近平总书记也曾指出，“各级各类学校党组织要把抓好学校党建工作作为办学治校的基本功，把党的教育方针全面贯彻到学校工作各方面”，办学治校是学校党委最基本的职责之一。

1. 要加强对办学方向和定位的领导

我国作为社会主义国家，坚定不移走中国特色社会主义发展道路，是中国人民的历史选择。这就决定了学校党委必须坚持社会主义办学方向，必须坚持马克思主义在高校的指导体系，必须扎根中国大地办学，必须坚持把培养德智体美劳全面发展的中国特色社会主义接班人和建设者作为己任，牢牢把办学治校的基本方向确立好、坚守好。对于高职院校来说，在具体实践中，还要切实贯彻以服务为宗旨、以就业为导向的原则，走产学研相结合的发展道路，努力在面向市场、服务发展、促进就业上下功夫，见成效。

2. 要加强对发展规划和保障机制的领导

制订好学校长期发展的方向性规划、常规的五年规划和年度的工作重点，是学校党委工作的基本内容之一。在制订常规规划、专项规划时，学校党委应动员和凝聚各方力量和资源，认真分析学校所处的历史方位、职责使命、机遇挑战、发展基础等，精心谋划并科学确立学校各个历史时期的发展目标、行动纲领，形成科学完整的规划体系，在此基础上抓好二级学院分规划和各个专项子规划，并共同落实人、财、物资源，确保规划落地落实。[7]

3. 要加强对文化建设和文化育人的领导

学校发展既需要物质支撑，也需要精神力量，而文化氛围的形成对优良教风、学风、校风的培育也起着十分重要的作用，甚至起着关键作用。正是从这种意义上说，有人把办学的三要素概括为大楼、大师和大爱，大爱即文化。学校党委尤其必须把文化建设当作办学治校的重要工作来抓，着力培育“一训三风”，构建与职业教育相适应的节日文化也十分重要。

4. 要加强章程制度建设和对依法治校的领导

构建以章程为核心的制度体系，是办学治校的基础要件，也是推进依法治校的基本前提；而依法治校，也是党中央对各级各类学校的基本要求。正因为这样，高校党委必须把制订好学校章程、加强学校制度建设作为重要工作，确保学校党建和管理制度在国家法律法规和党内法规的正确框架内，推动学校依法治校、依法治教朝着健康的方向发展。

5. 要加强对学校评价体系建设的领导

学校评价体系建设、评价指标建立实际上影响和决定着一个学校的办学治校成效，关系到办学方向问题。正因为这样，新时代高等学校的评价改革问题已经引起党中央、国务院的高度重视。尤其是以克服“五唯”为主要内容的评价改革，正影响着高等学校建设，因此必须认真贯彻党中央、国务院关于学校评价改革总要求，把党的领导、党的建设与学校治理、加强党的统一领导与推进校院（系）两级管理、学校职能机构改革与编制管理，乃至把推进教师队伍建设机制、教材建设机制、教法改革与创新结合起来，从改革和建设的实际成效，把办学治校工作抓实抓好。

（三）基础工作：管党治党

加强党的全面领导，必须加强党的全面建设，打铁还需自身硬，而党的自身建设又是一个十分完整的体系。

1. 要认真落实党的建设总要求

学校党委要认真学习贯彻习近平总书记关于管党治党的指示，贯彻落实党的十九大提出的党建工作总要求，坚持以党的政治建设为统领，切实加强党的政治建设、思想建设、组织建设、作风建设和纪律建设，把制度建设贯穿始终，深入开展反腐败斗争，永葆共产党人的先进性。

2. 要切实加强党组织体系建设

要认真贯彻《中国共产党组织工作条例》《中国共产党支部工作条例》，特别是《中国共产党普通高等学校基层组织工作条例》，构建全面系统、横向到边、纵向到底的党组织工作体系，充分发挥校党委管党治党的主体作用；要切实落实党委领导下校长负责制，建立健全二级学院基层党组织，充分发挥党组织政治把关和保证监督作用，扎实做好教师党支部、学生党支部，管理、后勤等教工党支部建设，充分发挥党支部战斗堡垒作用。[8]

3. 要切实加强校级领导班子建设

高校党委承担管党治党、办学治校的主体责任，在学校改革发展、稳定安全和创新建设中起着引领作用，决定和影响着学校前进的目标和方向，必须认真落实把方向、管大局、作决策、抓班子、带队伍、保落实的职责和责任。与此同时，要通过校级领导班子的引领，切实带动全校中层干部队伍、基层党组织书记队伍建设、专业带头人队伍建设，切实提高校院两级班子战斗力。[9]

4. 要扎实抓好党风廉政建设

高校党委要履行学校党风廉政建设主体责任，领导并支持内设纪检组织履行监督执纪问责职责，接受同级纪检组织和上级纪委监委及其派驻纪检监察机构的监督；要积极构建党委主体责任，党委书记第一责任人、纪委监督责任、领导班子一岗双职责任、全校上下齐抓共管责任体系，努力建设清纯党风、清新学风、清正教风、清明政风、清洁校风。

5. 要充分发挥全体共产党员先锋模范作用

高校管党治党既要抓住关键少数，加强对领导班子特别是一把手的监督，又要认真贯彻党的组织路线，及时传达贯彻党的路线方针政策，发挥基层党组织的作用。在健全“三会一课”的基础上，确保基层党组织的政治性、思想性、先进性，同时必须特别强调全体共产党员的先锋模范作用，让共产党员的旗帜在立德树人和办学治校中高高飘扬。总而言之，高校党的全面领导的基本职责是立德树人，基本任务是办学治校，基础工作是管党治党，彼此形成一个整体，形成整体领导力，而提高党员干部的素质和水平也十分重要。

三、高校党的全面领导必须正确处理好三重关系

党的全面领导是中国共产党作为执政党的必然要求。如何在高职院校有效实施党的全面领导，必须在具体工作中研究和处理好三重关系。

（一）党委领导和校长负责的关系

《关于坚持和完善普通高校党委领导下的校长负责制的实施意见》（以下简称《实施意见》）明确提出：高等学校党的委员会是学校的领导核心，履行党章等规定的各项职责，把握学校发展方向，决定学校重大问题，监督重大决议执行，支持校长依法独立负责地行使职权，保证以人才培养为中心的各项任务完成。但党委领导与校长是怎么样的关系，如何正确处理和把握，不仅是一个政治问题，还是一个政策问题，也是一个艺术问题。[10]

高等学校的党政关系不同于地方党委和政府的关系，不同于机关职能部门党组和行政首长的关系，也不同于国有企业的党政关系。一个重要的区别更在于校长是法定代表人，法定代表人既有以校长办公会议为主要载体的行政集体，也有校长作为法定代表人的个体诉求。《实施意见》关于支持校长依法独立负责地行使职权，就有许多政策性的要求。

1. 校长在法律上代表学校,校长是法定代表人

法律赋予了校长法定的权利和义务,使他具有财产处置权、制度制定权和人格方面的权利,在法律规定的范围内,拥有较大的职权,对内对外就是法律意义上学校的象征和代表。

2. 校长依法独立自主开展工作

校长把握独立自主的度有两个前提。第一个前提是法律规定,即法无禁止均可为;第二个前提是党委领导,在党的路线方针政策框架内,校长依法独立行使职权,承担法律责任,推动学校建设和发展。

3. 校长拥有拟订学校政策的相关权力

校长根据学校发展和运行需要,可以组织领导相关部门拟订学校发展规划,制订年度工作计划、学校管理制度、组织机构方案、人才发展规划、经费预算等,报学校教代会和党委批准后实施。

4. 校长依法有组织落实的权力和责任

如果说党委的主要任务是做正确的事,也就是以民主程序进行科学决策,那么校长的主要任务则是正确地做事,把上级党组织、上级有关行政主管部门和学校党委的决策部署落到实处,也就是说,校长的主要任务是抓落实,如组织教学工作、科研工作、社会服务工作,推动校企合作工作等。从理论上讲,党委领导下的校长负责制是一个不可分割的整体;从政策上讲,党委领导下校长负责制是一个制度安排;从干部配置上看,党员校长同时也是党委副书记,这为两者关系提供了基本遵循。

(二)党委领导与其他工作机制的关系

党委领导与校长负责是一个大关系,必须正确处理好;与此同时,在实施党委全面领导的过程中,党委与教代会、党委与学术委员会、党委与校企合作理事会等之间,也有一些具体关系需要正确处理和把握。[11]

1. 关于党委和教代会

实施教职工代表大会制度，是推进学校民主管理的重要路径之一。对此，教育部根据有关规定和要求也发布了部长令，建立和健全教职工代表大会制度，对于更好地贯彻全心全意依靠教师办学理念，调动广大教职工的积极性，更好地解决教职工关心的切身利益问题也具有十分重要的作用。教代会作为一项制度，要有利于推进校务公开，要审议校长工作报告、审议财务预决算方案、审议工会工作报告，要审议学校章程及重要的规章制度，尤其是教职工最为关心的切身利益，如《绩效工资分配方案和办法》等。当然，关于学校中长期的发展问题，如"十四五"发展规划等更为重要。教代会是一个民主决策渠道，需要体现少数服从多数、需要用票决形式来表决和决策。但是要体现党委对教代会的领导，需要认真研究和把握会前会中的统一思想、民主协商和党员代表的引领作用的发挥。也就是说，教代会是党委领导下的教代会，党委把握好方向和导向，是协商式民主，是统一思想、凝聚共识的会议，而不是简单的票决式决策。

2. 关于党委和学术委员会

在高等学校，党委领导下的校长负责制是一个基本制度，但基于高等学校的特点，一般把高等学校的领导体制又进一步细化为"党委领导、校长负责、教授治学、民主管理"，其中民主管理主要是前面所说的教职工代表大会，而教授治学应该说既是高等学校办学治校的内在要求和特殊使命，也是高等学校推进民主管理的特色之一。根据高等学校办学治校的要求，教育部正式发布了部长令，颁布了《普通高等学校学术委员会规程》，对学术委员会的产生、组成、职权、运行等提出了明确要求。这里实际上有一个比较敏感的问题，按照以往的认知，相关规定一般都强调如何正确处理行政权力与学术权力的关系，人们也比较关心校长能否进入学术委员会，或者校长能否担任学术委员会主任。在新的历史条件下,尤其是在中央反复强调党的领导是全面领导的背景下,《中国共产党普通高等学校基层组织工作条例》又提出了关于党委与学术组织的关系。根据加强党的全面领导的要求,高校一定要把握党委在意识形态领域的主导权,要有阵地意识、政权意识、政治意识、大局意识,必须在思想宣传领域起引领作用,引导学术委员会把握正确的舆论导向和政治方向,使教授治学朝着有利于立德树人的方向发展。正因为这样,高校既要充分发扬学术民主,正确处理好校长的行政权力和教授学术权力的关系,也要在党委领导下把握学术大局。

3. 关于党委领导和校企合作理事会

高等职业教育既是高等教育的重要组成部分,也是职业教育的重要组成部分。作为类型教育的重心,高等职业教育既要体现高等教育层次,也要充分凸显职业教育类型,而产教融合、校企合作、工学结合是类型教育的基本特征。因此,在高职院校的治理体系中,一般都建有校企合作理事会,而且有关方面也从有利于人才培养、有利于学校发展的角度,强调要赋予校企合作理事会相应的权利,赋予合作单位相应的权力和利益,学校在办学过程中,也要充分发挥校企合作理事会的作用,尤其是咨询、建言和参与决策。对此,教育部也以部长令的形式明确了要求,作为国家举办的高等学校,必须重视校企合作,必须充分动员和吸收社会力量参与支持办学,但必须牢牢把握党对高校的领导权,校企合作过程中的重大立场、重大政策必须经校长提出并由党委会审定后才能施行,也就是说,必须体现党对包括校企合作在内的政策的集中统一领导。

(三)党委书记和校长之间的关系

党委书记和校长的关系,既是高校领导体制在运行过程中十分敏感的话题,也是党委领导和校长负责相互关系的进一步延伸,处理好两者之间的关系，既要按照有关政策制度办事，更要加强和提高个人修养。

1. 要切实提高党委书记修养和能力水平

高校的党委书记应该是政治家、思想者和道德楷模，更应该成为懂教育的政治家。一是要承担第一责。作为领导班子的班长和召集人，要切实担负起立德树人、办学治校、管党治党第一责任人的责任，对全领域工作承担第一责，事前要履行第一职，事后要承担第一责。二是要涵养“两种气”。党委书记必须做到一身正气，团结带领领导班子贯彻立德树人主线、守住平安校园底线、守牢党风廉政防线、守好意识形态红线、不断攀登争先创优高线。与此同时，党委书记必须要有大气，真正有一种格局、一种胸怀、一种气象，要善于吸纳班子成员尤其是校长以及广大教职工的意见和建议，充分调动班子成员和专家教授的积极性，谋求最大公约数、画出最大同心圆，更好地为学校发展服务。三是要做好“三个为”。党委书记要带头处理好与校长的关系，处理好与班子成员的关系，处理好与事业发展的关系，既要为发展谋招、谋实招、谋真招，也要为校长解难、解真难、解烦难，更要为班子分忧、分真忧、分心忧。四是要成为“四个家”。党委书记要不断加强和提升自身素养，努力按懂教育的政治家要求，不断提升自己，争做党建工作专家、学校管理行家、群众工作大家、社会工作赢家，推动学校各项工作又好又快地发展。五是要提升“五个力”。党委书记的格局、能力、水平决定着一个学校的高度，书记必须在“五个力”上下功夫，即发展谋划能力、学习研究能力、凝聚人心能力、整合资源能力、宣传鼓动能力，要团结凝聚班子、中层干部、全校师生及广大校友力量，为学校事业发展服务。

2. 要提升校长办学治校能力和水平

按照党委领导下校长负责制的工作要求，校长要在党委领导下依法独立行使教学科研、行政管理权力，确保以人才培养为中心的学校各项目标全面实现，校长可以通过校长办公会或校务会形式行使职权；同时应认识到，机制固然重要，但个人素养能力和水平也非常重要，校长应该是法人单位法定代表者、行政事务最高指挥者、重大决策主要参与者、日常运行具体组织者、学校形象重要代表者，也是学校事业发展主体引领者，许多工作必须谋在前、干在前，要多积极作为。一是依法办事上担责。校长要全面承担和履行作为学校法定代表人的法律职责，在法律上代表学校，并自觉维护学校的利益，确保学校师生生命财产安全和资产保值增值。二是教育教学上尽责。教育教学工作不仅是学校的中心工作，更是校长施展才华、传播理念的重要舞台。校长要围绕立德树人根本任务，潜心研究教育教学规律，关心并推动“三教改革”，重视教风学风建设，努力抓好德智体美劳各环节工作，为培养和造就德才兼备的高素质技术技能人才而尽力。三是财务保障上知责。为了做好人才培养工作，必须积极创造条件，如教学用房、育人资源、教师队伍、后勤保障队伍及信息化条件下的资源要素等，必须争取财政部门和上级主管部门及社会各界的支持，形成最佳保障机制。四是科研服务上强责。做好科研和社会服务是高职院校的重要职责。校长要组织领导班子和职能部门充分利用学校教师教学资源积极开拓外部市场、提升教师和学校科研能力，为行业企业、政府和社会提供更好的知识服务，为区域（行业）经济社会发展做出贡献。五是社会合作上负责。产教融合、校企合作是职业教育办学的重要特征，而社会合作是学校发展过程中制胜的重要一招。校长要切实担负起社会合作重要责任人职责，主动研究市场、开拓市场，推动学校合作办学风生水起，促进各项事业兴旺发达。党委书记和校长是学校发展中的两个灵魂人物，鉴于使命所在、职责所在，必须学会互补合作，在发展中共赢。

四、浙江金融职业学院落实党的全面领导实践与成效

浙江金融职业学院是在原中国人民银行所属的浙江银行学校基础上顺应高等教育大众化趋势而升格建设起来的公办学校。学校党委认真学习贯彻党的路线方针政策和党中央、国务院决策部署，坚持以习近平新时代中国特色社会主义思想为指导，坚持党对学校工作的全面领导，不断加强党的全面建设，推动学校各项工作持续快速健康发展。学校先后被确定为国家示范性高职院校、国家优质高职院校、浙江省重点建设高职院校和中国特色高水平高职学校建设单位，其综合影响力大约保持在全国高职院校1%—2%，成为具有鲜明金融特色的高水平财经类高职学校。其成功的秘诀和经验之一，就是学校积极探索党的全面领导之路，具体体现在以下方面。

(一)党委领导五功能

学校认真贯彻党的路线方针政策，坚持党委领导下的校长负责制，探索党的全面领导工作之路，坚持全面、突出重点、强化功能。[11]

1.党要管党，从严治党

学校党委高度重视党委自身建设，尤其是党委领导班子建设，积极探索忠诚担当、学习研究、开拓创新、服务示范、勤勉清廉型领导班子建设，努力争做高品质幸福金院领头雁和高水平高职教育领航者，不断加强政治建设，提高政治领悟力、政治判断力、政治执行力，使学校领导班子成为管党治党、办学治校的坚强核心。与此同时，学校坚持不懈加强党的先进性、纯洁性建设，努力把学校各级党组织建设成为坚强领导核心，其中包括党建双创即示范创建和质量创优，不断提高自身建设水平。

2. 党抓发展，科学和谐

学校党委高度重视学校办学方向和定位的确立。高度重视发展规划的制订，明确提出要办“特色鲜明、人民满意、师生幸福”的高职学校，积极构建“七彩金院、交相辉映”的办学格局。学校党委除制订好年度工作要点、领导制订好五年发展规划外，还创造性地领导制订了21世纪三个“三五八”工程，即2001—2008年——三年实现规范、五年形成特色、八年争创一流；2009—2016年——三年巩固深化、五年充实内涵、八年提升层次；2017—2024年——三年重点建设、五年丰富品牌、八年全面发展。采用滚动规划形式，有力有效地促进了学校发展。当前，学校正在努力开辟全面发展新境界，朝着本科层次职业大学的目标迈进。

3. 党主育人，价值引领

坚持立德树人、德技并修，是高职教育的本质要求。浙江金融职业学院坚持把立德树人作为根本任务，把德技并修作为工作重点，系统构建立德树人、德技并修高质量人才培养体系。在工作中特别注重坚持价值塑造、知识传授、能力培养三者有机融合，坚持专业教育、素质教育、合作教育三者相互协同，坚持党建领航、思政支撑、学生管理三者合力同行，特别突出了对学生社会主义核心价值观和正确的世界观、人生观、价值观的培养。

4. 党蓄队伍，凝心聚力

学校党委坚持把党管干部和党管人才相结合，创造性地提出党蓄队伍理念。重视校院两级班子和中层干部队伍建设，重视专业带头人和教授、博士等高层次人才队伍建设，注重“爱、引、育、用、管”相结合，充分调动和发挥各类人才的积极性、创造性、主动性，为学校改革发展和升本积蓄力量、激发能量。

5. 党谋幸福，师生至上

学校党委坚持以人民为中心的发展思想，坚持全心全意依靠全体教师办学，学校以特色鲜明、人民满意、师生幸福为宗旨，明确以全面建设高品质幸福金院建设为目标，精心打造新时代高品质幸福金院建设升级版。学校工作统筹教师、学生、校友三大主体，精心打造教师、学生、校友发展共同体：坚持教师为基、实施教师千万培养工程；坚持学生为本、实施学生千日成长工程；坚持校友为宗、实施校友千花盛开工程，努力推动教师成名成家、学生成才成长、校友成功成就。

（二）党的建设五体系

学校党委清醒地认识到，学校党委要成为管党治党、办学治校的坚强领导集体，必须全面加强党的自身建设，必须探索形成坚强有力的党建工作体系，即学校党委要成为科学发展的决策集体、院（系）党总支要成为开放育人的领导集体、基层党支部要成为创新创业的战斗集体、教师党员要成为教书育人的榜样、学生党员要成为成才成长的典范。[12]

1. 学校党委要成为科学发展的决策集体

高职院校实行党委领导下的校长负责制，在这一领导体制中，学校党委要做正确的事，校长负责就是要正确地做事。因此，学校党委全体成员要加强学习、加强形势研判、加强调查研究，尤其是要深入行业企业进行产业和企业分析，围绕培养什么样的人、怎样培养人、为谁培养人，围绕办什么样的学校、怎样办学校、为谁办学校等问题进行经常性研讨，从而科学决策、把好方向、管住大局，努力抓好办学治校的基本功。

2. 院（系）党总支要成为开放育人的领导集体

院（系）党总支处于管党治党、办学治校中间环节，起着承上启下的作用。随着办学规模的扩大，高职院校也普遍实施校院（系）两级管理，因此，二级学院的运行和管理十分重要。尤其是产教融合、校企合作成为职业教育的基本要求，开放办学成为基本特征，在开放办学背景下，二级学院党总支如何把握好办学治校政治关，做好专兼职教师的政治鉴定，管好讲台，把握好意识形态，确保学院发展的政治领导和保证监督，意义重大，必须加强工作，与行政班子合力协同。

3. 基层党支部要成为创新创业的战斗集体

党支部是我党全部工作的基础，一切工作到支部是我党工作的准则，学校要选好配强党支部书记。管理、后勤单位原则上由处室负责人担任书记，院（系）原则上以专业教研室为单位建设教师党支部，坚持双带头人建设目标，把支部建在基层。努力推进支部生活规范化，增强支部生活的思想性和政治性，结合党建双创和星级支部评定，建强建优基层党组织，提升党支部书记政治和工作地位，给予履职补贴，以调动支部书记的积极性。

4. 教师党员要成为教书育人的榜样

学校党建要抓落实，必须发挥全体共产党员尤其是全体教师党员的榜样作用，调动全体教师党员的积极性。我们除了抓好组织生活和教师理论学习外，特别围绕教书育人、立德树人抓榜样引领和示范推进。为此，学校长期开展教师党员“五带头”活动，即敬业爱校我带头、教书育人我带头、改革创新我带头、廉洁自律我带头、和谐建设我带头，让共产党员旗帜在教书育人、管理育人、服务育人实践活动中高高飘扬。

5. 学生党员要成为成才成长的典范

学生是学校事业发展生生不息的动力，也是学校事业发展和品牌建设的标志。党中央对青年学生的党建工作高度重视，青年学生加入党组织积极性较高，但稳定性不强，特别是入党前后有时候反差也比较大，我们坚持既抓发展培育关，也做后续巩固功。为此，在全体学生党员中深入开展“五带头”活动，即尊师爱校我带头、勤学苦练我带头、社会实践我带头、公益服务我带头、创新创业我带头，努力把自己培养成为中国特色社会主义可靠接班人，努力为党旗增光添彩。

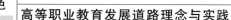

（三）党风廉政五机制

推动党风廉政建设常态化，是高职院校党建工作的重要内容，也是推动党委全面领导的重要保证。高校党委要勇于承担主体责任，充分发挥纪委力量，努力在党的领导功能化、党的建设体系化的同时，抓好党风廉政建设，切实推动党风廉政建设常态化建设，始终保持廉洁常态。

1. 坚持“五政”一起抓

浙江金融职业学院坚持全校上下紧紧围绕“勤政、廉政、俭政、善政、优政”五政一起抓，把廉政作为底线要求、把勤政作为工作重点、把俭政纳入考核要求、把善政作为为政准绳、把优政作为工作追求，努力推动勤廉俭善优一起抓、一起强。防止以廉养懒、以勤失俭，或者背离善和优的要求，推动学校办学治校上水平、上层次，与中国特色高水平建设同频共振。

2. 坚持“五风”一起塑

浙江金融职业学院党委十分重视学校校风、教风、学风建设和党风、政风建设，并把它作为作风建设的基础工作，坚持常抓、抓长。学校工作坚持以清纯党风为引领、以政风建设为重点，带动教风、学风建设，助力整体校风校貌保持长期长效并持续向好。在这一点上，学校始终抓好党风、切实抓好作风，并努力按作风建设永远在路上的要求，努力抓好，有力保证了学校各项改革落地、各项质量工程创优。

3. 坚持“五廉”一起强

推动党风廉政建设常态化并长期坚持不懈，需要久久为功。浙江金融职业学院党委行政和纪委合力行动，坚持在“五廉”上一起发力、合力做功。班子重廉，即校院两级领导班子高度重视党风廉政建设，年初有部署、年中有督查、年末有考核、平时有敲打；干部践廉，按照上级党委、纪委有关要求建立干部廉洁从政档案，并把它作为考核重点，实施凡提必核必签制度；制度固廉，学校不断加强和完善党风廉政制度体系，努力从制度上构建一个不能腐、不想腐、不敢腐体制机制，尤其防止教师干部小微权力腐败；文化润廉，学校不断加强廉政文化研究，营造风清气正的文化氛围，为实现党风廉政建设形成良好的文化氛围和有利环境；监督促廉，学校加强纪检监察审计力量，完善校院两级监督机制和体系，努力把监督工作落到实处。

4. 坚持“五清”一起创

根据浙江省创建清廉浙江工作及省教育系统清廉学校建设要求，浙江金融职业学院党委认真严肃抓好落实，并创造性地提出了“五清”一起推进的工作方案，即抓好清纯党风，进而引领清明政风，带动清正教风，培育清新学风，推进清洁校风，努力创建清廉建设示范校。

5. 坚持“五机制”一起建

浙江金融职业学院党委认真贯彻党中央、中央纪委和上级党委、纪委工作要求，努力构建党委主体责任、党委书记第一责任、纪委监督责任、党政班子一岗双职责任和全校齐抓责任，形成推动党风廉政建设良好运行机制政策制度人文保障，有效助力党委领导功能的不断增强，也大大推动了党的建设不断加强。加强党对高校的全面领导是党的十八大以来党中央的新要求，高等职业学校也有其特点。浙江金融职业学院切实贯彻党中央和省委、教育部党组工作部署，积极探索和实践，尤其是在践行党委领导五强功能、党的建设五大体系、党风廉政五项机制上做了一些探索，并取得了显著成效。高职院校贯彻党的全面领导，需要不断总结经验、继续创新实践、持久精准发力、努力久久为功夺取党的全面领导学校发展新胜利，为建设引领改革、支撑发展、中国特色、世界水平的高职教育做出新贡献。

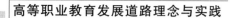

参考文献

[1] 习近平. 决胜全面建成小康社会 夺取新时代中国特色社会主义伟大胜利——在中国共产党第十九次全国代表大会上的报告[N]. 人民日报，2017-10-28(1).

[2] 习近平就高校党建工作作出重要指示 强调坚持立德树人思想引领加强改进高校党建工作[N]. 人民日报，2014-12-30(1).

[3] 习近平在全国高校思想政治工作会议上强调把思想政治工作贯穿教育教学全过程 开创我国高等教育事业发展新局面[N]. 人民日报，2016-12-09(1).

[4] 习近平在全国教育大会上发表重要讲话[N]. 人民日报，2018-09-10(1).

[5] 习近平对职业教育工作作出重要指示强调 加快构建现代职业教育体系 培养更多高素质技术技能人才能工巧匠大国工匠[N]. 人民日报，2021-04-13(1).

[6] 周建松. 精心构建新时代高职院校立德树人新机制[J]. 中国职业技术教育，2019(1)：25-29.

[7] 周建松. 提升高职院校办学治校水平的再思考[J]. 中国职业技术教育，2022(1)：37-42.

[8] 周建松. 新时代高等职业院校党建工作的使命与担当[J]. 中国职业技术教育，2018(10)：51-54.

[9] 周建松. 基于内涵发展的高职院校校院（系）两级管理机制研究

[J]. 中国职业技术教育，2018(22)：5-9.

[10] 周建松. 坚持和完善党委领导下校长负责制的实践与探索[J]. 学校党建与思想教育，2015(20)：4-6.

[11] 周建松. 高职院校党建工作研究与实践[M]. 北京：中国人民大学出版社，2016：126.

[12] 周建松. 牢牢掌握党对高校工作的领导权[J]. 中国高等教育，2017(8)：22-24.

（本文发表于《天津职业大学学报》2022 年第 2 期）

论“双高计划”背景下高校党委的领导核心作用

周建松

摘　要：党的领导是中国特色社会主义最本质的特征和最大优势。文章梳理了新时代党建工作的新要求，提出在推进中国特色高水平高职学校和专业建设的过程中，要充分发挥学校党委在“把方向、管大局、做决策、抓班子、带队伍、保落实”等方面的作用，并对建立健全党建工作体系，凝聚和调动各方力量等进行系统思考。

关键词：“双高计划”；“双高”建设；高校党委；职责

自2019年教育部、财政部联合印发《关于实施中国特色高水平高职学校和专业建设计划的意见》（简称“双高计划”）以来，全国各地正在加快修订完善相关配套方案和工作机制，以扎实有序推进中国特色高水平高职学校和专业建设（以下简称“双高”建设）。在这个过程中，学校党委在“双高”建设中处于什么位置，应该担负什么样的职责，在“双高”建设进程中如何充分发挥党委领导下校长负责制的机制优势，如何在党委领导、校长负责、教授治学、民主管理治理机制中发挥各方面的作用并形成合力，是我们需要认真研究并切实加以落实的课题。

一、新时代高校党建工作的新要求

党的十九大明确提出，要坚持以习近平新时代中国特色社会主义思想为指导。同时，党的十九大修订完善的《中国共产党章程》（以下简称《党章》）对党的性质的规定决定了党组织和广大党员使命担当、履行职责和发挥作用的基本要求，成为各级党组织履职尽责的基本指南，也对高校党委如何在推进“双高”建设中履行职责、发挥作用指明了方向。

1. 新时代党的建设总要求

党的十九大明确新时代党的建设总要求是：坚持和加强党的全面领导，坚持党要管党、全面从严治党，以加强党的长期执政能力建设、先进性建设和纯洁性建设为主线，以党的政治建设为统领，以坚定理想信念宗旨为根基，以调动全党积极性、主动性、创造性为着力点，全面推进党的政治建设、思想建设、组织建设、作风建设、纪律建设，把制度建设贯穿其中，深入推进反腐败斗争，不断提高党的建设质量，把党建设成为始终走在时代前列、人民衷心拥护、勇于自我革命、经得起各种风浪考验、朝气蓬勃的马克思主义政党。这个总要求，是习近平新时代中国特色社会主义思想的重要组成部分，是习近平党建思想的核心要义。在总要求前提下提出的八大具体要求和任务，既是我们党建工作的基本遵循，也是各级党组织发挥作用的基本依据。从高等学校具体情况看，需要从《党章》和《中国共产党普通高等学校基层工作条例》（以下简称《条例》）的要求出发，研究高等学校党委领导下的校长负责制运行机制和基层党建工作法则，推动高等学校党组织作用正确有效发挥。

2. 新时代高校党委的主要职责

根据《党章》和《条例》的有关精神，中央组织部会同教育部党组研究明确了高校党委要全面领导学校工作，履行管党治党、办学治校主体责任。具体要做到“六个过硬”：一是把方向过硬，主要强调在思想上、政治上、行动上同以习近平同志为核心的党中央保持高度一致，树立“四个意识”、坚定“四个自信”、做到“两个维护”，在意识形态、办学方向等方面旗帜鲜明。二是管大局过硬，明确要求党管办学方向，党管改革发展，党管干部和人才，党委要谋大局、议大事、抓重点，发挥总揽全局、协调各方的作用。三是做决策过硬，强调坚持党委领导下的校长负责制，坚持民主集中制，落实“三重一大”决策制度，实行科学决策、民主决策、依法决策，统筹推进学校改革发展稳定、教学科研管理等各项工作。四是抓班子过硬，强调要坚持和完善党委领导下的校长负责制，加强对院（系）班子建设的指导，健全领导班子联系基层制度，加强领导班子和领导干部的作风和纪律建设。五是带队伍过硬，突出强调要坚持党管干部、党管人才，配齐建强高校思想政治工作队伍，尤其是思政课教师和辅导员队伍，同时加强领导班子自身建设。六是保落实过硬，紧紧围绕人才培养、科学研究、社会服务、文化传承创新、国际交流合作和服务发展、促进就业等工作抓好调研谋划，落实推进和督促检查。总的来说，党委工作的这些工作目标要求，既要突出党要管党、从严治党，也要强化党抓发展、科学和谐，党主育人、价值引领，党育文化、正确先进，党蓄队伍、凝心聚力，党谋幸福、师生至上。

3. 新时代高校党建工作的具体任务

中央组织部和教育部党组在提出高校党建工作总任务和党委工作总要求的同时，也结合《党章》和《条例》强调了基层党组织的重点工作要求，为更好地发挥基层党组织和党员作用指明了方向。对院（系）党总支的要求是“五个到位”，即党组织领导和运行机制到位、政治把关作用到位、思想政治工作到位、基层组织制度执行到位、推动改革发展到位，这五个到位覆盖了院（系）党总支的全面工作。同时，教育部党组特别强调了基层党支部要做到“七个有力”，即教育党员有力、管理党员有力、监督党员有力、组织师生有力、宣传师生有力、凝聚师生有力、服务师生有力，这实际上是把党支部的职责放在党内和面向辖区（单位和部门）两个方面。事实上，基层党建工作就成了一个整体，其基础是党员的先锋模范作用。在具体的实践中，许多高校正在探索党建工作体系化建设，如学校党委如何成为科学发展的决策集体，院（系）党总支如何成为开放办学的领导集体，基层党支部如何成为创新创业战斗集体，教师党员如何成为教书育人旗帜，学生党员如何成为成才成长榜样，并在基层党建工作中探索标准化制度和方案，形成党委—党总支—支部—师生党员的党建先锋链。教师党员要努力做到“敬业爱校我带头、教书育人我带头、改革创新我带头、廉洁自律我带头、和谐建设我带头”，学生党员要做到“尊师爱校我带头、勤学苦练我带头、社会实践我带头、公益服务我带头、创新创业我带头”，使学校党的工作不断深化细化。

二、充分发挥高校党委在“双高”建设中的领导核心作用

“双高计划”明确提出，要集中力量建设一批引领改革、支撑发展、中国特色、世界水平的高职学校和专业群，带动职业教育持续深化内涵建设，推进高质量发展、实现现代化，并据此探索形成职业教育的制度、标准，探索中国职业教育发展道路和模式。作为立项建设单位，使命光荣、责任重大，要努力探索党委领导核心作用的重要路径。

1. 从旗帜鲜明讲政治高度，把准办学方向

习近平总书记在全国高校思想政治工作会议上指出，我国高校是党领导下的中国特色社会主义高校，必须坚持以马克思主义为指导，全面贯彻党的教育方针。党委要抓好政治领导和思想领导，就是要保证高校正确办学方向，保证党的领导在高校中全面发挥作用；就是要掌握高校思想政治工作主导权，巩固马克思主义在高校意识形态的主导地位，保证高校始终成为培养社会主义事业建设者和接班人的坚强阵地。联系“双高计划”实际，就是要明确“双高”建设的目标必须在办学方向、目标定位、意识形态等根本性问题上与党中央保持高度一致，与中华民族伟大复兴的目标同频共振，其所培养的学生必须德才兼备、以德为先，在专业建设、学校治理等方面体现和不断加强党的领导。

2. 从经济社会发展要求，把握学校建设大局

仔细研读“双高计划”指导思想的重要表述，关于高水平高职学校和专业建设的大局主要有以下几个方面。一是以习近平新时代中国特色社会主义思想为指导。二是服务现代化经济体系和更高质量充分就业。三是正确把握高职教育的高教性和职教性双重属性。四是强化推进产教融合、校企合作，面向产业高端和高端产业。五是服务国家战略，融入区域发展，促进产业升级。六是建设学校和专业群率先发展，引领发展。七是为我国教育强国和人才强国建设提供人才支撑做出重要贡献。八是为形成一批有效支撑职业教育高质量发展的政策、制度、标准及形成中国特色职业教育发展模式进行积极探索。正因为这样，高水平高职学校党委在探索建设方略、研究建设思路时要抓住这些大局和重点开展工作，不拘泥于小事、琐事，把好方向的同时也把好大局。

3. 以科学性、民主性为基础，抓好工作决策

作决策是学校最常规的工作，其前提是方向，要义是大局，正确性是目标，而科学性、民主性是基础。其中，科学性要求我们在全面了解情况的基础上把握规律，在研究“双高”建设特别是高水平专业建设时，必须把区域经济社会和产业发展需要作为重点，要摸清区域经济社会发展实情、产业发展实情、中小企业技术需求实情、职业培训和终身教育实情，为形成科学决策提供重要依据。民主性要求我们决策前广纳民意、决策时畅所欲言，要充分发挥高校高层次知识分子和专家学者云集的优势，充分利用职业教育产教融合、校企合作机制优势，充分利用学校校企合作理（董）事会制度优势，充分利用专业（群）建设指导委员会优势，挖掘新型智库建设资源，在广泛听取各方意见建议、广泛深入吸纳社情民意等方面积极创造条件，真正形成“双高”建设优势。

4. 坚持德才兼备标准，抓好班子建设

建设高水平学校，班子自身建设十分重要，有时甚至起着核心之核心、关键之关键的作用。从高水平建设实际看，需要重视和研究如下问题。一是要重视领导班子整体建设。要努力把领导班子建设成为高水平建设的领头雁，做到忠诚担当、学习研究、开拓创新、服务示范、勤勉清廉，尤其要强调研究新情况、适应新时代、开拓新领域，发挥团队作用和头雁效应。二是要按懂教育的社会主义政治家要求选好党委书记。高水平学校的党委书记应该是政治家、思想者、时代楷模，是党建工作专家、教育工作行家、群众工作大家、服务工作赢家，善于凝聚班子和社会各方力量创新工作。三是要按懂政治的社会主义教育家要求选好校长。校长是学校法人代表，在党委领导下具体主持教学科研行政管理工作，是“双高”建设的直接指挥者，要对教学工作负责、对科研工作强责、对社会服务工作尽责。在文化传承创新、国际交流合作等方面较好履责，要对“双高计划”的各项目标任务和进展了然于胸。四是要建立健全领导班子工作机制。要建立党委会、校长办公会科学决策制度和运行机制，要强化领导班子联系基层、联系教师、联系学生，走进教室、走进寝室工作要求，建立健全对二级院（系）指导帮助制度，必要时，要提出领导班子走访企业和校友的目标，使领导班子的群众观点、基层态度、师生意识、市场信息、共事能力不断提高。

5. 以强烈的人才意识，切实带好队伍

在“双高”建设过程中，要重视三支队伍的作用。一是中层干部队伍。中层干部队伍是“双高”建设的中坚力量。既要通过授权明责，把主要的具体任务分给中层干部去组织实施，以此来考察和锻炼干部，也要通过轮岗、交流等途径培养干部，更要对担当重要岗位且业绩突出的干部予以提拔重用，以此来激活干部的内生动力。总体而言，应当明确政策，发现干部、培养干部、使用干部，激发干部热情、传递干部队伍建设正能量。二是教师队伍。教师队伍是“双高”建设的基础力量。打造技术技能人才培养高地、技术创新服务平台、高水平专业群，实现“一加强、四打造、五提升”，关键在教师。建设好一支素质精良、数量充足、结构合理的双师型教师队伍至关重要，必须通过人才工程抓好抓细抓实，要强化激励，努力推动教师队伍优质发展，使教师真正成为“双高”建设的主人。三是专业带头人队伍。高水平专业带头人在“双高”建设中发挥重要作用。要按照“政治上最为鲜红、经济上最为优厚、社会上最为尊重”的要求，着力在提升学历学位、出国进修交流、企业挂职锻炼、评先评优奖励等方面支持倾斜，并充分调动其积极性，努力打造名师名家，使其真正成为推动高水平专业建设的关键力量。此外，学校党委班子成员要树立“功成不必在我，功成一定在我”的胸怀和责任感，以强烈的事业心和责任心，确保各项工作落实。既要当好“双高”建设的火车头，带头多干一些、干早一些、干好一些，时时处处事事给教师干部作榜样；又要当好“双高”建设服务员，围绕“双高”、服务“双高”、服务师生，让一线教师有更多时间和精力投入“双高”建设；还要当好“双高”建设领航员，建立健全鲜明的导向和机制，明确干多干少不一样、干好干差不一样，能者上、平者让、庸者下的干事创业氛围。

三、建立健全党政齐抓共管的“双高”建设有效机制

党的领导是全面领导，学校党委要在“双高”建设中发挥全面领导作用，这既是“双高”建设新时期党委的职责所在，也是新时代加强高校党建工作的必然要求。要在党委领导下真正形成一个党政齐抓共管的建设大格局，在推进“双高”建设过程中汇集起共建共赢的有效机制。

1. 加强“双高”建设的组织领导

“双高计划”是党中央、国务院为发展中国特色、世界水平高职教育的一项重大决策建设工程，它要求通过该建设使一部分高职学校和专业达到世界水平，引领我国职业教育形成国际先进水平的制度、标准，探索形成中国特色职业教育发展模式。因此，我们的站位必须更高，目标必须更明，定位必须更准。在高校党委领导下成立的“双高”建设领导小组，有三种方式可供借鉴。一是由党委书记、校长共同担任双组长。这种模式体现出党政领导对“双高”建设的高度重视，有利于调动基层的积极性。但具体工作中可能会出现基层需要双请示因而影响效率的情况，也容易造成领导小组会议、校长办公会、党委会三会之间职责的不明晰。二是由党委书记担任领导小组组长，校长担任常务副组长。这种模式适用于党委书记对学校和教育教学工作比较熟悉，且有足够时间和精力处理具体事务的情况，有利于工作运行，但不利于调动校长积极性，如党委书记对业务工作不熟悉或精力难以集中，则会影响“双高”建设平稳顺利进行。三是由校长担任领导小组组长，重大工作由领导小组或办公会议讨论后提交党委集体决策。这种模式较好地体现了党委领导下校长负责制这一领导体制，适用于校长对全局工作把握能力较强的情况，有利于充分发挥校长的积极性和创造性，但党的组织系统参与工作可能会受到一定影响。各个学校可以根据实际情况进行选择，以便形成健全规范的组织领导制度。

2. 抓好“加强党的建设”任务落实

“双高计划”明确，改革发展任务的第一条就是加强党的建设，重点有十个方面。一是深入推进习近平新时代中国特色社会主义思想进教材进课堂。二是在全体党员中开展不忘初心、牢记使命主题教育并形成长期制度。三是大力开展社会主义核心价值观教育，尤其把爱国、敬业、诚信、友善落到实处，让富强、民主、文明、和谐、自由、平等、公正、法治深入人心。四是从学校特点出发、全力构建思想政治工作和立德树人大格局，真正做到全员、全过程、全方位育人。五是在立德树人、教书育人工作中坚持思政课程和课程思政并重，培养学生职业技能和职业精神高度融合。六是认真落实党委领导下校长负责制，并充分发挥学校党组织的领导核心和基层党组织的政治核心作用。七是牢牢把握意识形态主导权，建立良好的教风、学风、校风。八是引导广大教师干部和学生树牢“四个意识”，坚定“四个自信”，做到“两个维护”。九是加强党的基层组织建设，将党的建设与学校事业发展和“双高”建设同部署、同落实、同考评。十是充分发挥基层党组织战斗堡垒和共产党员先锋模范作用，带动工会、共青团等组织建设，凝聚“双高”建设和学校改革发展合力。

3. 形成同心同德合力开展“双高”建设的正能量

党政军民学，东西南北中，党是领导一切的。在“双高”建设过程中充分发挥学校党委政治领导核心作用，需要有一个正能量激发机制。一是正确处理各方面关系。既要正确处理党委与行政、书记与校长、集体与个人、正职与副职，实施操作与评价监督、资金投入与绩效产出、上级规定与学校实际、硬件提高与软件提升等各方面关系，更要处理好改革创新与长期坚持等方面的关系，用全面辩证的思维、科学合理的方法，推动对“双高”建设的有效开展和客观公正评价。二是充分调动校内各方面力量。“双高”建设既是一项全校工作，基本任务要做到横向到边、纵向到底；“双高”建设也是一项改革创新工作，必然有普遍性提高和突破创新。在一个特定学校，要发挥重点专业带头引领作用，以重点专业带动一般专业；要发挥教代会作用，善于把学校决策转化为全体师生意志；要充分发挥统一战线的作用，更要发挥评先评优激励作用和杠杆力量；要以改革促建设，尤其要改革创新绩效工资考核和发放办法，使其在“双高”建设中产生直接推动力。三是善于调动校外各方面力量。“双高”建设强调地方统筹，内在包括调动地方政府、行业主管部门、合作企业和校友等社会各界力量的含义。中国共产党领导的优势是协调各方。学校党委在“双高”建设中既要积极争取地方政府在资金投入和政策创新上的支持，也要积极争取行业主管部门的支持，更需要校政行企合作机制和政策业务运行上的支持；要善于组织企业尤其是骨干企业一起协同建设，真正形成校企命运共同体；要凝聚校友力量，聘请校友上讲台、建课程，在打造教师、学生、校友共同体中推进学校人才培养、科学研究、社会服务和文化创新。

“双高”建设是一个大工程，是一个时间跨度大的工程，我们要坚持党的领导、加强党的领导，充分发挥高校党委领导核心作用，在党委领导下凝聚各方智慧、调动各方力量，形成中国特色高水平高职学校建设巨大正能量。

参考文献

[1] 陈哲，何祥林．改革开放以来高校党建的发展历程和基本经验[J]．学校党建与思想教育，2019(21)．

[2] 黄建军．新中国成立 70 年党对高校全面领导的历史考察与基本经验[J]．中国高等教育，2019(12)．

[3] 周建松．新时代高等职业院校党建工作的使命与担当[J]．中国职业技术教育，2018(22)．

[4] 陈秋明．坚决打好新时代高职院校党建工作“三大攻坚战”[J]．中国职业技术教育，2018(25)．

（本文发表于《学校党建与思想教育》2020 年第 9 期）

系统构建立德树人、德技并修人才培养体系

周建松

摘　要:育人的根本在于立德。浙江金融职业学院坚持以习近平新时代中国特色社会主义思想为指导,坚持党建领航、思政支撑、学生管理三者合力同行,价值塑造、知识传授、能力培养三者有机融合,专业教育、素质教育、合作教育三者相互协同,落实立德树人根本任务。

关键词:立德树人;德技并修;人才培养;体系;浙江金融职业学院

立德树人是各级学校的共同任务和根本要求,立德树人、德技并修更是职业教育人才培养的基本特征和具体要求,要推动职业教育高质量发展,首先必须在构建好立德树人、德技并修的人才培养体系上下功夫、见成效。

一、坚持价值塑造、知识传授、能力培养三者有机融合

职业教育要自觉落实培养德智体美劳全面发展的社会主义建设者和接班人的要求,必须正确处理好德、识、能的关系。

首先,要坚持价值塑造、知识传授、能力培养的统一。必须坚持德育第一、教育引导学生践行社会主义核心价值观,努力做到爱国、敬业、诚信、友善,树立正确的世界观、人生观、价值观、道德观、法治观,不断增强对习近平新时代中国特色社会主义思想的感情认同、理念认同和思想认同。

其次,要结合专业成长的要求,向学生系统传授理论知识,包括

公共基础知识和专业理论知识，不断丰富和提高学生的系统理论知识素养。

最后，要着力培养学生的实践和动手能力，坚持实践性教学课时不少于50%的要求，不断改善校内外实习实践场所，努力提高校内实训真实化、校外实践教学化，并努力做到校内外相互结合、形成合力。

二、坚持专业教育、素质教育、合作教育三者相互协同

专业教育是职业教育的重要特征，也是区别于基础教育和普通高等教育的基本标志。因此，职业教育必须坚持以专业建设为龙头，着力构建以专业教育为统领的人才培养体系，按照办好专业、突出学业、强化职业、重视就业、鼓励创业、成就事业的理念抓好专业教育体系的构建。注重专业的合理定位、专业人才培养方案的科学制定和有效实施、专兼结合教学团队的打造、校内外实训基地的建设，并切实重视专业课程体系和教学资源建设，切实增强专业教育的适应性。

与此同时，职业教育要注重素质教育体系的构建，着力从补偿性、发展性、特长性等角度研究素质教育，探索形成系统设计、覆盖全员、分类培养、发展特长、困难帮扶、整体提高的要求，着力在政治素质、文化素质、职业素质、心理素质、身体素质、创业素质六个维度全方位推进。

在这一过程中，必须正确把握职业教育和技术技能型人才培养的特征，积极构建产教融合的校企合作体制机制，以专业(群)为单元建设专业建设指导委员会(专家委员会)。建设学校层面职教集团和校政行企理事会，进一步形成合作教育支撑体系，真正形成素质教育、合作教育与专业教育三者相互支持、协同推进的体系。

三、坚持党建领航、思政支撑、学生管理三者合力同行

职业教育要培养德智体美劳全面发展的社会主义建设者和接班人，落实立德树人根本任务，必须体现德技并修要求。

首先，要坚持党建领航，认真贯彻《中国共产党普通高等学校基层工作条例》，强化校、院二级党组织建设，认真落实校党委六个过硬、院（系）党总支五个到位、基层党支部七个有力的要求，落实专业负责人和支部书记双带头人要求，认真做好教师、学生党建工作，充分发挥全体共产党员的积极性、主动性、创造性和先锋模范作用，以此统领高素质发展、高水平育人。

其次，要着力构建大思政工作体系，尤其要在理论武装、专业建设、日常管理等方面形成党委统一领导、党政齐抓共管的工作体系。着力抓好习近平新时代中国特色社会主义思想“三进”，抓好思想政治理论课，抓好全员课程思政，抓好意识形态，抓好国家安全和国防教育，以大思政支撑育人工作全方位展开。

最后，要着力在发展服务型学生体系上下功夫。要在校党委领导下，积极构建分管领导牵头，学工部组织实施，院（系）党总支具体落实，班主任、辅导员各就各位、认真履职的机制，关爱学生进步，关注学生困难，关心学生就业，努力让学生做到品德优化、专业深化、技能强化、形象美化，并努力实现人人成长、天天成长、持续成长、快乐成长、健康成长、幸福成长，并努力让学生完成从法定成人、茁壮成长、健康成才，有所成就，再到实现成功人士的圆满发展。

（本文发表于 2021 年 11 月 16 日《中国教育报》）

构建“大思政”体系　拓宽“三全育人”格局

周建松

摘　要：浙江金融职业学院聚焦立德树人根本任务，坚持思想政治理论课与课程思政同向同行，马克思主义学院与素质学院交相辉映，第一课堂、第二课堂、第三课堂有机融通，构建了特色鲜明、成效显著的“大思政”体系，拓宽了“三全育人”格局。

关键词：立德树人；“大思政”；“三全育人”；浙江金融职业学院

浙江金融职业学院坚持以习近平新时代中国特色社会主义思想为指导，认真落实全国高校思想政治工作会议、学校思想政治理论课教师座谈会和全国教育大会精神，紧紧围绕立德树人根本任务，坚持党建领航、思政支撑、学生管理三者合力同行，坚持价值塑造、知识传授、能力培养三者有机融合，坚持专业教育、素质教育、合作教育三者相互协同，构建了特色鲜明、成效显著的“大思政”体系，拓宽了“三全育人”格局。

一、思想政治理论课与课程思政同向同行

（一）科学设计思想政治理论课程

学校充分发挥思想政治理论课主阵地、主渠道作用，实施小班化教学，通过“多名教师上好一门课”的专题组式教学改革，用好国家统编教材，推动教材体系向教学体系转化，引导学生立德成人、立志成才，坚定对马克思主义的信仰，坚定对社会主义和共产主义的信念。将思想政治理论课建设列入学校事业发展规划，实施由党委书记主要负责的

“一把手工程”。加强思想政治理论课教师队伍建设，把思想政治理论课教师队伍建设纳入学校教育事业发展和干部人才队伍建设总体规划，严格按照师生比不低于1:350的比例核定专职思想政治理论课教师岗位，在师资建设上优先考虑，在资金投入上优先保障，在资源配置上优先满足。师资队伍中拥有高级职称和博士学位的教师比例均超出学校平均水平。此外，学校还出台了《专兼职辅导员考核办法》等文件，以浙江省思政培训研修基地和引领学生千日成长工程博士工作室建设为抓手，构建班主任工作室、辅导员工作室和高水平育人名师工作室三级梯度化的培养体系和覆盖全员的三级培训培养体系，不断锤炼和提升队伍质量。同时注重团学干部队伍建设，针对不同层次的团学干部定期举办团校培训、“青马工程”培训班、团学骨干“金鹰银雁”计划，促进学生干部综合素质的提升和可持续能力的培养。

（二）扎实推进公共基础课程思政

依托学校明理学院、银领学院等素质教育学院，推进习近平新时代中国特色社会主义思想进教材、进课堂、进头脑，系统进行中国特色社会主义和中国梦教育、社会主义核心价值观教育、法治教育、劳动教育、心理健康教育、中华优秀传统文化教育。注重劳动教育，以劳树德、以劳增智、以劳强体、以劳育美。围绕提高学生思想道德修养、人文素质、科学精神、宪法法治意识等内容，建设了一批高水平公共基础课程。着力打造一批有特色的体育、美育类课程，帮助学生在体育锻炼中享受乐趣、增强体质、健全人格、锤炼意志，在美育中提升审美素养、陶冶情操、温润心灵、激发创新创造活力。

（三）持续巩固专业教育课程思政

依托学校“千日成长工程”，根据不同专业（群）的优势和特色，深入研究不同专业的育人目标，将全课程育人的理念、目标、原则、内容融入人才培养方案，将学生发展核心素养融入专业教学标准。在专业课程教学中坚持以马克思主义为指导，帮助学生了解相关专业和行业领域的国家战略、法律法规和相关政策，引导学生深入社会实践、关注现实问题，培育学生经世济民、诚信服务、德法兼修的职业素养。深度挖掘提炼专业知识体系中所蕴含的思想价值和精神内涵，科学合理拓展专业课程的广度、深度和温度，从课程所涉专业、行业、国家等角度，增加课程的知识性、人文性和趣味性，提升引领性、时代性和开放性。

（四）不断增强实践类课程思政

一是注重学思结合、知行统一，增强学生勇于探索的创新精神、善于解决问题的实践能力。依托学校笃行创新创业学院，优化创新创业教育课程，完善“八个一”学生创新创业服务体系，注重让学生敢创会创，在参与中增强创新精神、创造意识和创业能力。二是强化学生规范操作、安全生产等的职业基本要求，注重教育和引导学生弘扬劳动精神，广泛利用社会资源，整合全体师生员工和校友力量，特别是合作企业、优质校友等资源，引导学生养成严谨专注、敬业专业、精益求精和追求卓越的品质，引导学生在实践中增长智慧才干，在实践中涵养“零差错”的金院精神。

二、马克思主义学院与素质学院交相辉映

学校从2016年开始连年举办全国高职院校马克思主义学院院长（书记）论坛，带动了高职院校的马院建设。学校党委明确提出“让有信仰的人讲信仰”的要求，成立了以党委书记为组长、党委副书记具体直接分管的马院建设领导小组，并切实重视课程改革创新探索。同时，为加强学生素质教育，实现“三全育人”的目标，学校还先后创设了明理学院、银领学院，与马克思主义学院交相辉映，构建了独具特色的学生思

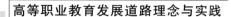

想政治教育和素质教育体系。

明理学院面向全校一年级学生，以培养具有人文精神、创新精神和实践能力的“金院学子”为教育目标，开展明理课程教育教学、明理实践活动组织、素质教育实施研究，通过“明法理、明德理、明事理、明学理、明情理”五明理教育，培育“会守法、会做人、会做事、会学习、会感恩”的金院学子，全面提升人才培养质量。

银领学院以订单培养为始点，以优质银领为目标，构建了校企育人平台，建立了学校和行业深度融合开展产学合作的长效机制，是学校“行业、校友、集团”共生态办学模式和订单式人才培养模式相结合的优秀范式。银领学院订单式人才培养模式实现了教学与培训紧密结合，将企业的用人竞争前移，在校企合作上形成了“赶集”效应。

三、三个课堂有机融通

在积极探索高职教育办学规律的实践中，学校党委针对高职学生群体的普遍特点，明确提出高职教育既要抓教学又要抓育人的要求，合理安排、悉心指导，凝练提出了学生“千日成长工程”，将第一课堂、第二课堂、第三课堂有机融通，实现了课外教育和课内教学、理论学习和实践活动、集体培育和个体修养等有机结合，努力培育更多综合素质高、职业能力强的基层复合型人才。

（一）以“三教改革”夯实第一课堂根基

围绕学生“大思政”教育，深入推进“三教改革”，要求专兼职任课教师将“大思政”育人理念融入课堂教学，落实到课程目标设计、教学大纲修订等各方面，贯穿课堂授课、教学研讨等各环节。坚持以学生发展为中心，采用案例式、互动式、探究式教学，有效利用各类红色基因场馆、基地等，进行案例教学、实地考察、访谈探究等，积极引导学生自主参与、体验感悟。充分利用现代信息技术手段，经常性地开展“大思政”育人的典型经验交流、现场教学观摩等活动。

(二)以“三维四化”拓宽第二课堂阵地

学院每学期都组织开展数百项第二课堂活动，让学生在活动中拓展知识应用，提升综合素质。例如，在“品德优化”领域，紧扣金融特点，从职业素养和人生品格的交叉点入手，广泛开展诚信教育，设置诚信书架、发布诚信指数；在“专业深化”领域，通过开展系列技能擂台赛、专业能力大赛等，让学生的专业知识在活动中得到巩固和深化；在“能力强化”领域，以学生社团为载体，由学生主动策划发起系列主题活动，让学生在不同方面多维度锤炼自身能力；在“形象美化”领域，组织开展学生党员“亮牌示范”活动和红色经典活动，让学生党员发挥榜样作用。

(三)以“四五六”实践模式丰富第三课堂载体

学校每年开展创新创业、专业学科、职业技能、文艺体育等四类竞赛百余项，提升学生竞争力和创新力；树立“五百榜样”，引领学生向身边的标杆看齐；办好千名学生写万封书信、千名学生传万句箴言、千名学生访万名校友等六项“千万活动”，丰富学生人生阅历，践行知行合一的育人理念。

(本文与张鹏超、吴德银合作，发表于 2022 年 4 月 17 日《中国教育报》)

积极发展适应职教特点的素质教育

周建松

摘　要：党的十九大和二十大报告都强调发展素质教育。对于职业教育而言，素质教育既具有补偿性，也具有适应性，更具有发展性、时代性。发展和推进素质教育是一项系统工程，在遵循规律和把握原则的基础上，科学设计职业院校实施素质教育的方法与举措，落实立德树人根本任务，努力在发展素质教育中推进为党育人、为国育才。

关键词：职业教育；素质教育；立德树人

习近平总书记高度重视发展素质教育，在多次报告和讲话中反复强调发展素质教育。党的十八大报告强调全面实施素质教育，党的十九大和二十大报告都强调发展素质教育，促进教育公平。学习贯彻党的二十大精神，职业教育同样必须牢牢抓住立德树人这个根本任务，努力在发展素质教育中推进为党育人、为国育才。

一、充分认识职业教育实施素质教育的现实意义

对于职业教育而言，素质教育既具有补偿性，也具有适应性，更具有发展性、时代性。所谓补偿性，就是要补偿传统应试教育下素质教育中的不足和短板；所谓适应性，就是要适应职业教育和专业教育的特点抓好素质教育；所谓发展性，就是要按照高素质技术技能培养目标的要求，为学生职业发展提供更多更丰富的素质教育载体、平台、课程，从而提高学生的综合素质；所谓时代性，就是要适应新时代、新征程要求，贯彻以人民为中心发展理念，紧紧抓住办好人民满意的教

育目标要求，重视和发展素质教育，努力促进职业教育从大有可为到大有作为。

二、正确把握职业院校实施素质教育的基本原则

发展和推进素质教育是一项系统工程，必须确立以下几项基本原则。一是理论与实践相结合。既要从理论上讲清做人做事、从业创业的道理，也要让学生在具体的社会实践中感受时代和社会责任，提升自身素养；既需要有理论课程，更需要有社会实践活动。二是课内与课外相结合。素质教育应该是第一、第二、第三课堂的结合，既需要有课堂教育，也需要有社团活动，还需要火热的社会实践，大思政课的理念就是这样。三是校内与校外结合。充分利用职业教育贯彻产教融合、校企合作原则，重视实践教学的特点，广泛在行业企业和社会实践中推进素质教育。四是显性与隐性相结合。既需要有显性的课程，也需要有隐性的感召。对教师来说，要身教重于言教；对学校来说，要创设有效育人环境。五是共性与个性相结合。既要重视面上的一般性、普适性素质教育，也需要有针对个性扬长补短、树特补缺的素质教育。六是载体与文化相结合。开展素质教育，既需要创设载体、搭建平台、建设教研机构，也需要营造良好的文化氛围，实现润物无声，春风化雨。

三、科学设计职业院校实施素质教育的主要方法

实施素质教育，重点是谋求做人和做事的有机结合，我们必须把专业知识学习和能力素质培养相结合，其主要方法如下。一是注意系统设计。要贯彻党的教育方针，结合职业教育特点，正确分析时代和学情，形成系统化的素质教育体系方案，进行系统整体设计。二是注重分类培养。根据不同生源特点、不同专业大类、不同发展趋向进行有差别

的分类别、分层次的素质教育，要把扬长和补短结合起来。三是突出覆盖全员。职业教育是面向人人的教育，在素质教育中必须充分体现出来，坚持育人为本、坚持立德树人、坚持德技并修，必须把素质教育理念贯穿其中，切实防止部分人热闹非凡、积极向上，另一部分人与己无关、事不关己。四是注重强化特长。实践证明，有特长的人更容易实现人生发展，也更容易受到用人单位的欢迎，我们要努力使无特长者有特长，有特长者特长更突出。五是着力困难帮扶。职业教育从某种意义上讲也是兜底的教育，必须关注家庭、生活、身体、心理有困难的学生，使其实现共同成长，达到合格甚至更高目标。六是努力激活整体。通过素质教育的系统化设计，通过特长培养和补短帮扶，实现整体全面发展的目标要求，努力把党的教育方针贯彻落实到位，德智体美劳全面发展的培养要求工作到位，社会主义建设者和接班人的培养目标实现到位。

四、努力推动职业院校实现素质教育的工作目标

学习贯彻党的二十大精神，从职业教育特点出发抓好素质教育，重点要抓好六个度。一是加强思想政治教育，解决做人高度。重点办好思政课，推进课程思政，构建大思政体系，用习近平新时代中国特色社会主义思想铸魂育人。二是加强人文素质教育，解决做人厚度。要厚植学生的文化基础，尤其是要学习和汲取中华优秀传统文化及其精华，补好这一短板。三是重视专业知识教育，解决做人深度。要面向经济社会发展主战场，坚持专业对接产业，教学过程对接生产过程、课程对接岗位。四是要加强体育和劳动教育，解决做人长度。构建体育、劳动教育新机制，促进学生德智体美劳全面发展。五是加强心理健康教育，解决做人宽度。教育学生积极面对世界，正确对待发展，增强对世界、社会和人生的理解力，保持乐观上进积极幸福的心态。六是加强创

新创业教育，解决做人强度。努力增强就业创业能力，以创新创业带动就业，促进人的全面发展，创造美好幸福人生。

五、创新探索职业院校实施素质教育的有效落实

习近平总书记关于素质教育的重要论述和党的二十大精神，职业院校需要解放思想创新实践，探索行之有效的途径：一是明确一个指导理念，育人就是育德，解决好培养什么人、怎样培养人、为谁培养人的问题，注重价值塑造、知识传授、能力培养三结合，真正把为党育人、为国育才目标实现好，把素质教育提到应有位置，纳入党委中心工作。二是抓住一个基本阵地，办好思想政治理论课，使其成为立德树人关键课程，把中央有关文件落实到位。三是推进一项重要工作，大力推进课程思政，让所有学校、所有专业、所有老师、所有课程尤其是专业课程都参与到课程思政中来，切实提高育人效率。四是贯穿一条育人主线，坚持不懈培育和践行社会主义核心价值观，按要求落小落细落实。五是积极探索多样路径，学校要形成党委统一领导、党政齐抓共管、各部门(学院)协同作战、专设机构鼎力推动实施的机制，不断探索适应时代要求、适应学生特点的喜闻乐见、行之有效的素质教育活动。六是努力提升素质教育实效，贯彻德、识、能三结合教育原则，在教学任务繁重、学制时间有限、生源多样、去向多路、升学就业并重的背景下，把握根本，找准方法，努力以较小的人、财、物投入取得最优的育人成效。

（本文发表于 2022 年 11 月 15 日《中国教育报》）

第二章

类型体系

加快构建类型特色鲜明的现代职业教育体系思考

周建松

摘　要：我国现代职业教育体系构建经历了长期的探索过程。在中国特色社会主义新时代，加快构建类型特色鲜明的现代职业教育体系要坚持类型定位、强化类型特色，立足适应需求、突出满足需要，努力做到纵向贯通、横向融通，以高适应性彰显职业教育高质量，并朝着中国特色、世界水平的目标方向不断前进。

关键词：职业教育；类型特色；现代职业教育体系

2021年4月，习近平总书记对职业教育工作作出重要指示，[1]这既为职业教育发展指明了方向，同时也对职业教育发展提出了更高的要求，其中最为重要的是要加快构建类型特色鲜明的现代职业教育体系。当前,落实习近平总书记重要指示和全国职业教育精神,加快构建现代职业教育体系成为推进职业教育高质量发展的重大课题和重要工作。本文在回顾我国现代职业教育体系探索与实践的基础上,提出加快构建现代职业教育体系的若干思考与建议。

一、我国现代职业教育体系的探索历程

党的十一届三中全会后,党和国家的中心工作转移到经济建设上来,其后,党中央又提出科教兴国战略,优先发展教育事业。伴随着经济体制改革的深化,教育改革也在不断深化,与时俱进构建职业教育体系成为推进职业教育发展的重要举措。

(一)1985 年提出建立职业技术教育体系

1985 年,中共中央召开了全国教育工作会议并印发了《中共中央关于教育体制改革的决定》(以下简称《教育改革决定》),[2]作为以中共中央名义印发的关于教育的综合性改革政策文件,其出台的目的是为社会主义现代化建设多出人才、出好人才。《教育改革决定》第一次提出建立职业技术教育体系,强调了纵向从初级到高级布局、横向与行业配套的要求,同时职业教育与普通教育沟通。今天看来,《教育改革决定》影响深远,这个职业技术教育体系也具有较强的前瞻性与科学性。

(二)21 世纪以来对现代职业教育体系的持续探索

进入 21 世纪以后,国家对发展职业教育高度重视,持续加大制度创新、政策供给和投入力度,在此过程中逐步形成了现代职业教育的理念与体系。2002 年,国务院印发了《国务院关于大力推进职业教育改革与发展的决定》,[3]该文件第一次使用现代职业教育体系的“现代”

字样，同时强调了特色鲜明、自主发展、灵活开放的要求，具有无穷的探索之意。2005年，国务院召开了全国职业教育工作会议，并印发了《国务院关于大力发展职业教育的决定》(国发〔2005〕35号，以下简称《决定》)，[4]提出中国特色现代职业教育体系。较之以前政策，《决定》特别强调了中国特色，充分表明了中国职业教育改革发展的目标，同时，《决定》也强调了满足人民群众终身学习需要，充分体现了发展职业教育的目的和根本。2010年，党中央、国务院召开了全国教育工作会议，时任中共中央总书记胡锦涛、时任国务院总理温家宝发表了重要讲话，会议系统部署了面向2020年的教育改革和发展工作，并印发了《国家中长期教育改革和发展规划纲要(2010—2020年)》，[5]提出建设中高职协调的现代职业教育体系，职业教育体系建设的目标更加具体化、明晰化。

(三)2014年提出建立具有中国特色、世界水平的现代职业教育体系

2014年，习近平总书记对职业教育作出重要指示，强调必须高度重视，加快发展，坚持产教融合、校企合作，坚持工学结合、知行合一，要营造劳动光荣、技能宝贵、创造伟大的时代风尚，促进人人皆可成才、人人尽展其才。[6]国务院印发了《关于加快发展现代职业教育的决定》，[7]对现代职业教育体系建设有了更具体的描述，中国特色基础上的世界水平是这个文件的鲜明特征，充分表明我们正在探索一条在中国特色基础上谋求世界水平的现代职业教育发展之路。同时教育部等六部门印发了《现代职业教育体系建设规划(2014—2020年)》，[8]比较全面系统地、专门性地对职业教育做出了规划，具有划时代的重要意义。

应该说，从1985年提出构建职业技术教育体系，到面向2020年建设具有中国特色、世界水平的现代职业教育体系，内容不断深化，表述更为精准，中国特色、世界水平导向更为明确。

二、党的十九大以来关于现代职业教育体系建设的新谋划

党的十九大以来，党中央作出要在职业教育领域“下一盘大棋”“打一场翻身仗”的战略部署，[9]在构建现代职业教育体系进程中迈出了更大、更坚实的步伐。

（一）将职业培训纳入现代职业教育体系

党的十九大提出要优先发展教育事业，明确了总体要求，强调要“落实立德树人根本任务，发展素质教育，推进教育公平，办好人民满意的教育”。[10]完善职业教育与培训体系具体包含两方面内容：一是强调培训是职业院校的法定职责，现代职业教育体系至少包括培训，必须构建一个职业教育和职业培训相统一、相协调的体系，这为探索建立现代职业教育体系明确了新的方向；二是要把现代职业教育与就业创业结合起来，构建完整的职业教育、职业培训和就业创业工作体系，进一步明确了职业教育与培训体系建设、促进就业之间的关系。

（二）明确职业教育类型为体系建设奠定坚实基础

2019 年 1 月，国务院印发了《国家职业教育改革实施方案》（简称《方案》）。《方案》在我国职业教育发展史上具有里程碑的意义，它是在经过几十年的实践探索摸索，过去一个阶段国务院发布的一系列推动职业教育改革发展的决定基础上，贯彻习近平新时代中国特色社会主义思想，对职业教育改革创新作出的重大部署。《方案》明确职业教育是一种类型，提出完善国家职业教育制度体系，健全国家职业教育制度框架，完善教育教学相关标准，启动“1＋X”证书制度试点工作，开展高质量职业培训，实现学习成果的认定、积累和转换等方面的具体要求，促进产教融合、校企“双元”育人，[11]为现代职业教育体系建设奠定了坚实基础。

（三）现代职业教育体系定位进一步明晰

2020年9月，教育部等九部门印发了《职业教育提质培优行动计划（2020—2023年）》（以下简称《行动计划》），[12]提出了办好公平有质量、类型特色突出的职业教育，加快推进职业教育现代化的十大重点建设任务，作为落实《国家职业教育改革实施方案》的重要抓手，《行动计划》主要任务是把党中央、国务院关于职业教育改革发展的决策部署落到实处，其中关于推进各类职业教育协调发展的具体举措表明了我国推进现代职业教育体系建设的政策导向，要求中职发挥好基础作用，专科高职发挥好主体作用，同时，把稳步发展高层次职业教育摆上了重要位置。这不仅对构建现代职业教育体系提出了战略构想，而且对中职、专科、本科乃至更高层次职业教育在现代职业教育体系中的作用进行了系统性设计，为推动现代职业教育体系建设指明了方向。

三、对加快构建类型特色鲜明的现代职业教育体系的思考

加快构建类型特色鲜明的现代职业教育体系，我们必须从历史发展的脉络出发，紧密结合当前经济社会发展的特点，瞄准时代发展趋势进行系统思考。

（一）坚持类型定位，强化类型特色

要认真贯彻落实习近平总书记2014年和2021年关于职业教育重要指示精神，深入研究优化职业教育类型定位。[13]其基本思路如下。

1. 要把办学方向切实落到服务区域经济和行业发展上来

职业教育要瞄准国家战略，对接区域产业发展，努力做到专业对接产业、课程对接岗位、教学过程对接生产经营过程，不断调整和优化

专业结构、课程体系，真正做到“不求最大，但求最优，但求适应社会需要”，[14]使职业教育做到地方离不开、行业都需要。

2. 要把办学目标切实落到培养技术技能人才上来

各级各类学校会有不同的人才培养目标。作为一种类型教育，职业教育就是要坚持以服务为宗旨、就业为导向，培养适应生产建设服务管理第一线的技术技能人才，也就是说，技术技能人才是职业教育类型的总定位，中职、专科、本科或者更高层次职业教育应该有不尽相同的具体定位，如职业本科教育培养高层次技术技能人才。

3. 要把办学模式切实落到产教融合、校企合作上来

实践证明，产教融合、校企合作是培养应用型职业化技术技能人才的可行路径。坚持工学结合、知行合一，必须充分利用国家重视产教融合这一契机，不断深化产教融合、校企合作，真正将其作为培养技术技能人才的重要抓手，尤其要加强实践性教学，加强校内外实训实习基地的建设。

4. 要把培养重点落到培养学生的创新创业能力上来

作为以技术技能人才为基本培养目标的类型教育，职业教育要通过产教融合、校企合作体制机制建设，着力加强专兼结合的双师型教学团队和专任教师双师素质建设，深化教育教学改革，改革课程教材体系，着力培养学生的就业能力和基于专业的创新创业能力，真正实现职业教育作为跨界教育的目标要求，让学生会做能创，就业有能力、创业有本领。

(二)立足适应需求，突出满足需要

我国职业教育体系的构建是一个逐步认识和发展的过程，从全面系统的角度看，我们应该在“适应”和“满足”上下功夫。

1. 着力“两个适应”，即适应经济社会发展需要和产业结构调整需要

职业教育是各类教育中与经济社会发展和产业结构调整、产品技术升级最为紧密的教育，具有跨界特征。我们研究和构建职业教育体系，首先要研究我国经济社会发展的需求，其次要研究产业结构调整变化对职业教育的需求。由于国家在不同发展阶段和各个不同时期经济社会发展的要求也不尽相同，在开启社会主义现代化国家建设的新征程中，我们要大力发展实体经济，重点发展现代制造业（尤其是智能制造）、现代服务业。要推动乡村振兴，就要把专业结构及其专业建设内容很好地调整到现代农业、现代制造业、现代服务业和信息技术产业上去，从而使我们的人才培养工作能够满足和实现国家对于类型教育的要求，对促进人才结构、教育结构的优化，尤其是推动产业结构乃至经济结构升级发挥积极作用。

2. 着重“两个满足”，即满足人民群众对接受职业教育（包括终身学习）和经济社会发展对技术技能人才的需要

虽然这些年我国职业教育的发展速度很快，人才培养质量和办学水平也在不断提高，但总体而言，职业教育的社会吸引力还不是很强。随着经济的发展，广大人民群众对职业教育会不断提出新的要求，既有需要通过中职—高职—职业本科途径参与学历型职业教育的，也有需要通过职业培训来提升岗位就业能力或转岗优岗的。对此，我们必须认真研究和落实，特别是当前职业本科教育颇受人民群众关注和期待，我们应积极开展理论研究与实践探索。同时我们也必须看到，经济社会发展对高素质技术技能人才尤其是高层次技术技能人才提出了新的要求，对复合型、创新型、紧缺型技术技能人才也有具体的要求，我们应该在学历层次、专业结构优化、课程教学更新、技术与内容结构等方面进行深入研究和实践，使我国的职业教育体系能够真正适应社会经济发展的需要。

(三)努力做到纵向贯通、横向融通

如果说现代职业教育体系中建设类型定位是前提、适应满足是要求,那么纵横关系则是其基本格局,只有构建起在层次、类型、价值等方面都被社会接受的格局,职业教育才会充满生机和活力。对此,要努力做到纵向贯通、横向融通。

1. 构建纵向贯通的教育体系

现代职业教育体系的建设是一项系统工程。首先应该有一个从低到高的学校教育体系。我国的职业教育是从中等教育改革开始的,逐步有了中等职业教育;随着20世纪80年代短期职业大学的自发发展,逐步有了专科层次的高等职业教育;20世纪末高等教育大众化政策的推进,使我国专科层次高等职业教育有了大的发展,于是形成了我国中等教育阶段职普大致相当,高等教育阶段高职教育占"半壁江山"的格局。在此背景下,我们开始加大了对本科层次职业教育的探索和研究。总体而言,随着社会经济的发展和技术的进步,本科层次技术技能人才必然受到欢迎,但对于本科层次职业教育由谁来办这一问题始终存在争议。《国家职业教育改革实施方案》明确了开展本科层次职业教育试点的要求,习近平总书记作出了稳步发展职业本科教育的重要指示,本科层次职业教育已从试点走上稳步发展之路,从中职到专科高职再到职教本科,进而到专业硕士、博士的职业教育体系将不断完善。

2. 建设横向融通的教育体系

现代职业教育要受到社会的重视,要增强社会吸引力,纵向体系的完善不可或缺。与此同时,我们还需要研究职业教育与普通教育的等值和融通问题,必须牢牢把握《国家职业教育改革实施方案》提出的两者同等重要要求,使同一层次的各类教育之间可以相互融通,

实现地位同等,同时要建立科学的评价办法,以彰显职业教育特有的社会价值。

(四)以高适应性彰显职业教育高质量

十三届全国人大四次会议通过的《中华人民共和国国民经济和社会发展第十四个五年规划和2035年远景目标纲要》明确提出,要增强职业技术教育的适应性,[15]这既为职业教育发展指明了方向,也为我们构建现代职业教育体系明确了目标。我们认为,党和国家之所以要大力发展职业教育,要加快构建现代职业教育体系,就是要在进一步扩大教育规模、增加人民群众接受高等教育机会的同时,优化我国的高等教育结构,从而实现适应和需求相一致的目标。

1. 这是根据我国人才结构特点所作出的决策

当前,我国的高等教育毕业生数量已不算少,但大学生找不到好工作、用人单位找不到好人才的矛盾依然存在,其深层次原因就是人才结构不匹配。我们提出增强职业教育适应性,就是要解决人才市场适应性和人才结构性问题,真正使人才学有所用,学用一致。

2. 要增强职业教育的适应性,必须深入推进教育教学改革

正因为这样,我们在研究类型定位时就强调了服务方向、办学目标、办学模式、培养重点等方面的定位,这是增强适应性的前提。同时,我们要在具体的教育教学改革中狠抓落实。对此,我们需要抓好提质培优行动计划的落实,尤其是要深化"三教"改革。

3. 关键是要制定类型教育的标准和制度

作为类型教育,要真正实现自身的价值,必须形成自己的特点和特色,这就需要我们探索建立起与类型教育相适应的标准和制度,包括学校标准、专业标准、课程标准乃至校长标准,真正打造相对独立的教育教学和人才培养体系,真正为建设技能型社会做出贡献。

(五)朝着中国特色、世界水平的目标方向不断前进

习近平总书记强调,要加快构建现代职业教育体系,这是党中央站在实现“两个一百年”奋斗目标的大局,从为中华民族伟大复兴提供技术技能人才保障所作出的重要决策。因此,面向2035年乃至更长时间,我们所要构建的现代职业教育体系必须具有中国特色、世界水平。改革开放是我国的基本国策,深化改革开放是时代的要求,职业教育作为与经济社会最为密切的教育类型,不仅要在国内经济发展中积极发挥作用,更要在中国经济伴随“一带一路”建设和国际产能合作中形成主导力量。

1. 在构建以我为主的职业教育标准制度上下功夫、出成效

改革开放40多年来,我们在学习国外先进的教育理念和管理经验方面取得了显著成绩,就职业教育而言,我们对德国“双元制”、澳大利亚“TAFE”、美国社区学院、英国“三明治”模式、新加坡“教学工厂”模式、加拿大“能力本位”模式等都进行了学习和借鉴。[16]时至今日,我们应该以“博采众长、融合提炼、自成一家、中国特色、世界水平”的要求来进行新的探索,走我们自己的路,真正形成与综合国力相适应的世界水平职业教育,这应当是中国特色高水平高职学校和专业建设计划的重点任务。

2. 明确中国特色现代职业教育体系建设的立足点和根本要求

习近平总书记在多次讲话和指示中都已经十分明确地提出,职业教育发展必须坚持党的领导、坚持正确办学方向、坚持立德树人。为此,我们一定要全面贯彻党的教育方针,努力做到“九个坚持”,切实做好“四个服务”,尤其是把立德树人的根本任务落到实处,做到五育并举,努力培养中国特色社会主义建设者和接班人,这应当是类型特色鲜明的现代职业教育体系建设的立足点和根本要求。

参考文献

[1] 习近平对职业教育工作作出重要指示[EB/OL].[2021-04-15]. http://www.xinhuanet.com/politics/leaders/2021-04/13/c_1127324347.html.

[2] 中共中央关于教育体制改革的决定[EB/OL].[2020-05-27]. http://www.moe.gov.cn/jyb_sjzl/moe_177/tnull_2482.html.

[3] 国务院关于大力推进职业教育改革与发展的决定[EB/OL].[2020-07-12]. http://www.gov.cn/gongbao/content/2002/content_613755.html.

[4] 国务院关于大力发展职业教育的决定[EB/OL].[2021-02-14]. http://www.gov.cn/zwgk/2005-11/09/content_94296.html.

[5] 国家中长期教育改革和发展规划纲要(2010—2020年)[EB/OL].[2020-06-30]. http://www.moe.gov.cn/srcsite/A01/s7048/201007/t20100729_171904.html.

[6] 习近平就加快发展职业教育作出重要指示[EB/OL].[2020-12-12]. http://cpc.people.com.cn/n/2014/0624/c64094-25189804.html.

[7] 国务院关于加快发展现代职业教育的决定[EB/OL].[2020-10-20]. http://www.gov.cn/zhengce/content/2014-06/22/content_8901.html.

[8] 教育部等六部门关于印发《现代职业教育体系建设规划(2014—2020年)》的通知[EB/OL].[2021-01-10]. http://www.moe.gov.cn/srcsite/A03/moe_1892/moe_630/201406/t20140623_170737.html.

[9] 陈子季.以大改革促进大发展　推动职业教育全面振兴[J].中国职业技术教育,2020(1):5-11.

[10] 习近平.决胜全面建成小康社会　夺取新时代中国特色社会主义伟大胜利——在中国共产党第十九次全国代表大会上的报告[R/OL]. [2017-10-28]. http://www. gov. cn/zhuanti/2017-10/27/content_5234876. htm.

[11] 国务院关于印发国家职业教育改革实施方案的通知[EB/OL]. [2017-10-01]. http://www. gov. cn/zhengce/content/2019-02/13/content_5365341. htm.

[12] 教育部等九部门关于印发《职业教育提质培优行动计划(2020—2023 年)》的通知[EB/OL]. [2020-10-01]. http://www. gov. cn/zhengce/zhengceku/2020-09/29/content_5548106. htm.

[13] 周建松,陈正江.贯彻落实《实施方案》着力推进高职教育类型特色建设[J].职教论坛,2019(7):73-78.

[14] 闽江学院牢记总书记嘱托,全力建设高水平有特色的应用型大学:不求最大,但求最优,但求适应社会需要[N].中国教育报,2021-04-14(3).

[15] 中华人民共和国国民经济和社会发展第十四个五年规划和 2035 年远景目标纲要[M].北京:人民出版社,2021.

[16] 周建松,陈正江.中国特色高等职业教育话语体系的构建[J].现代教育管理,2019(1):67-73.

(本文发表于《职教论坛》2021 年第 8 期)

构建职普融通、产教融合、科教融汇新体系，推进职业教育高质量发展

周建松

摘　要：党的二十大报告提出“推进职普融通、产教融合、科教融汇”，这是发展中国特色世界水平职业教育的新思想、新理念和新要求。职普融通是职业教育高质量发展的坚实基础，产教融合是职业教育高质量发展的必由之路，科教融汇是职业教育高质量发展的创新之道，通过构建职普融通、产教融合、科教融汇新体系，推动职业教育高质量发展。

关键词：职业教育；职普融通；产教融合；科教融汇；高质量发展

党的十八大以来，以习近平同志为核心的党中央高度重视职业教育发展，习近平总书记先后多次视察职业学校，亲自指导职业教育工作，并多次就职业教育作出重要指示，党中央、国务院先后召开全国职业教育大会和工作会议，出台《国务院关于加快发展现代职业教育的决定》，印发《国家职业教育改革实施方案》（国发〔2019〕4 号），中办、国办印发《关于推动现代职业教育高质量发展的意见》（中办〔2021〕43 号）等文件，对加快构建现代职业教育体系、推动现代职业教育高质量发展产生了积极而有力的作用。习近平总书记在党的二十大报告中就实施科教兴国战略、强化现代化建设人才支撑作了系统阐述，重点就办好人民满意的教育作出了重要指示，对开启社会主义现代化国家新征程中职业教育如何实现大有可为提出了新的要求，这就是要“统筹职业教育、高等教育、继续教育协同创新，推进职普融通、产教融合、科教融汇，优化职业教育类型定位”。笔者认为，这是以习近平同志为

核心的党中央对发展中国特色世界水平职业教育的新思想、新理念、新要求。

一、职普融通:职业教育高质量发展的坚实基础

《国家职业教育改革实施方案》开宗明义,职业教育与普通教育是两种不同的教育类型,具有同等地位,这个表述,在2022年4月20日通过的《中华人民共和国职业教育法》得到了进一步的明确,其中第三条规定:职业教育是与普通教育具有同等重要地位的教育类型。国家从法律层面明确职业教育是一个类型,是国民教育体系和人力资源开发的重要组成部分,它赋予了职业教育更高的法律地位,接下来问题的关键就是如何落实同等重要地位,如何实行职普等值、职普融通问题。

曾经几时,国家有关部门明确支持职业教育发展的政策,在职普分流问题上强调了初中后分流即高中阶段大体相当,高中后分流即高等教育阶段半边江山的引导政策,并一直加以坚持,但在实践中引起了争议和挑战,从全国范围看,相当一部分省份都没有达到这一指标要求,在理论界也引起了讨论和争论,新修订的《职业教育法》第十四条则规定:国家优化教育结构、科学配置教育资源,在义务教育后的不同阶段因地制宜、统筹推进职业教育与普通教育协调发展。这就给职普关系提出了一个新命题。

笔者认为,职普分流是我们国家教育结构政策的一个新的内容,为了推动教育链与产业链、人才链、创新链的协调融合,我们要与时俱进研究教育结构。从当前来看,大力发展职业教育尤其是高等职业教育,是优化教育结构进而促进人才结构优化的重点之一,适应科学技术进步和产业结构升级提升,积极稳妥办好职业本科教育,也是构建现代职业教育体系的关键,与此同时,我们要积极探索同层次职业教

育与普通教育的等值之策、融通之道，以切实提高人才培养质量，推进职业教育高质量发展。

二、产教融合：职业教育高质量发展的必由之路

职业教育与普通教育是两种不同但具有同等重要地位的教育类型，要弄懂这一点就必须弄清职业教育的类型特点，对此，学界都在进行广泛深入探索，笔者认为，职业教育作为类型教育，它主要有四个特点：一是从服务面向看，它主要面向服务区域经济社会和产业发展；二是从培养目标看，主要是高素质技术技能人才；三是从培养机制看，主要是产教融合、校企合作；四是从培养重点看，主要是就业创业能力。应该说，职业教育作为类型教育，其最具有鲜明标识度的就是产教融合、校企合作，对此，党的十九大以来，党中央、国务院高度重视，国办印发《关于推进产教融合的若干意见》（国办发〔2017〕95 号），国家发改委和教育部还印发了《建设产教融合型企业实施办法》（发改社会〔2019〕590 号），对推动产教融合型企业、城市，乃至社会建设起到了积极的作用，党的二十大报告再一次明确把产教融合写入报告，必将大大推动职业教育的建设和发展，为建设中国特色、世界水平的职业教育奠定基础。

三、科教融汇：职业教育高质量发展的创新之道

现代职业教育是一个体系，由中职、高职、本科及以上层次职业教育组成，随着科学技术进步和产业升级，职业教育层次上移也是一个必然的趋势，随着职业教育从外延扩张到向内涵提升，职业教育发展的科技含量也相应提高，因此，在推进产教融合的同时，必然要推进科教融合，党的二十大报告提出“科教融汇”，这既是对职业教育发展的一

个理念创新，更是对建设高质量职业教育的新要求，非常及时、非常必要，笔者认为，发展高质量职业教育，必须在落实立德树人根本任务的同时，切实承担好培训这个法定职责，还要在推动技术创新尤其为区域产业和中小企业产品升级和技术改造方面提供服务，必须探索建立产学研一体化工作机制，把产教和科教结合起来一起抓，要抓好技术创新服务平台建设，要发挥技术创新协同中心作用，要提升教师的科学研究和技术研发能力，要加大教育教学和实习实训中的科技含量，尤其是要适应信息化、数字化建设新要求增加科技元素，丰富和支撑职业教育高质量发展。

习近平总书记指出，在全面开启社会主义现代化国家的新征程中，职业教育前途广阔，大有可为。我们要认真学习贯彻习近平总书记的重要指示和党的二十大精神，认真研究职业教育类型特征和技术技能人才培养规律，积极探索职普融通新体系、产教融合新路径、科教融汇新赛道，努力做好职业教育高质量发展新功课，切实推进职业教育从大有可为转向大有作为。

（本文发表于《中国高教研究》2022 年第 12 期）

稳步发展职业本科教育的思考与实践

周建松

摘　要：在开启社会主义现代化国家的新征程中，职业教育前景广阔、大有可为。当前全国范围内正掀起学习贯彻全国职业教育大会精神的新高潮。如何正确理解和把握本科层次职业教育发展的步伐、节奏，如何真正使职业本科教育办出特色和水平，都是需要认真思考和回答的重大命题。

关键词：职业教育；本科教育；办学层次

2021 年 4 月，全国职业教育大会在北京召开。大会强调，在开启社会主义现代化国家的新征程中，职业教育前景广阔、大有可为，要优化职业教育类型定位，建设高质量职业教育体系，同时，特别强调要稳步发展职业本科教育。与此同时，今年年初，教育部印发了《本科层次职业学校设置标准（试行）》，同时又印发了《本科层次职业教育专业设置与管理办法》，这都释放出构建现代职业教育体系，推进本科层次职业教育发展的积极信号。如何学习贯彻全国职业教育大会的精神，如何正确理解和把握本科层次职业教育发展的步伐、节奏，如何真正使职业本科教育办出特色和水平，都是需要我们认真思考和回答的重大命题。

一、充分认识新时代发展本科层次职业教育的重要性

《国家中长期教育改革和发展规划纲要（2010—2020 年）》明确提出，到 2020 年，形成适应经济发展方式转变和产业结构调整要求，体现

终身教育理念，中等和高等职业教育协调发展的现代职业教育体系，满足经济社会对高素质劳动者和技能型人才的需要。但在当时，高职主要被理解为专科层次。2014 年，国务院召开了第七次全国职业教育工作会议，并印发了《关于加快发展现代职业教育的决定》等文件，会议和文件提出了现代职业教育体系，但总体上寄望推动地方本科转型。直到 2019 年《国家职业教育改革实施方案》的印发，在明确提出职业教育与普通教育是两个不同的教育类型，具有同等重要地位的同时，明确提出开展本科职业教育试点。与此同时，教育部先后审批了 27 所专科层次高职院校（含 5 所与独立学院合并转设）升格为本科层次职业技术大学，正式拉开了作为类型特色的本科层次职业教育的序幕。这是顺势而为，因势而生。

（一）发展本科层次职业教育是构建现代职业教育类型体系的需要

《国家职业教育改革实施方案》开宗明义，职业教育与普通教育是两个不同的教育类型，具有同等重要地位，明确了我国把职业教育作为一个类型的基本定位，而要落实类型定位的基本要求，就必须构建与其地位相适应的层次和体系，彻底改变职业教育发展进程中纵向断头路的状况，从而为类型教育的真正形成提供制度保障，以满足经济社会发展对结构化人才的需要。

（二）发展本科层次职业教育是顺应技术变化发展的必然要求

职业教育作为一个类型教育，其基本任务是培养技术技能人才，技术和技能是重要的人才培养规格和特征。当今世界，科学技术日新月异，技术的进步和变化发展飞速，大量新技术的广泛应用，对人才的知识技术需求提出了新的挑战，要满足技术变化和进步的需求，需要职业教育延长学制、丰富内容，而实现人才由专科向本科层次的发展也是重要路径之一。

(三)发展本科层次职业教育是适应产业升级和结构调整的必然要求

职业教育的基本特征是贴近产业需求、实行校企合作、专业对接产业、课程对接岗位、教育教学对接生产经营过程,这些是其基本要求,与技术进步相适应,产业结构调整变化加快、传统产业被加速淘汰,新产业层出不穷,以先进技术和新材料新工艺相适应的先进产业,如智能制造、"互联网"产业不断涌现,这就要求我们要加快培养适应"新技术发展"的复合型技术技能人才,但这在短学制或传统专科层次很难作为,也难以适应以服务新产业为方向的本科层次职业教育需要。

(四)发展本科层次职业教育是满足人民群众对美好生活期待的现实需要

党的十九大对我国经济社会发展状况作出了新的判断,也就是说,我国社会主要矛盾已经转化为人民日益增长的美好生活需要和不平衡不充分的发展之间的矛盾。在教育领域也是如此,人们开始从追求有学上转化为上好学,为此,党中央作出了建设高质量教育体系的决策部署,在职业教育领域,体系完善、类型打造、本科层次就成为明显短板,成为社会和百姓关心之热点。要更好地满足人民群众的期待,回应社会的关切,发展本科层次职业教育必须被摆上议程。

(五)发展本科层次职业教育是我国高等教育对接国际的现实需要

党中央作出推进我国教育现代化战略选择,并提出了2035年教育基本现代化的总体要求,中国特色高水平高职学校和专业建设计划(简称"双高计划")也明确要建设一批"引领改革、支撑发展、中国特色、世界水平"的高职学校和专业群,探索形成中国职业教育高质量发展的道路、制度、标准。这实际上说明,我国的高等职业教育不仅要接轨国家、对接发达国家和地区;同时,高等职业教育也要探索形成自己的特色，形成自身的制度和标准；从综合的角度看，以高层次技术技能人才为目标的本科层次职业（技术）教育应在命题之中。

二、发展本科层次职业教育需要厘清的问题

贯彻全国职业教育大会精神，要科学理解、正确把握、积极推进。当前，需要厘清以下一些问题。

（一）"本科层次职业教育由谁来办"

此问题在不同时期经历了不同的认识。从2014年开始，政策上是寄望由新建的地方本科学校转型来办，从当时的政策层面看，要明确推进应用型本科转变，一段时间强调主要举办本科层次职业教育，为此，教育部、国家发改委、财政部三部委联合下发了《关于引导部分地方普通本科高校向应用型转变的指导意见》，强调明确类型定位，创新应用型技术技能人才培养模式，教育部、财政部和各地教育、财政部门以立项形式予以专项经费支持。随后，教育部又明确让一部分民办的专科层次高职院校通过升格为职业技术大学，试点举办本科层次职业教育，这项工作刚刚起步。2020年后，为推进独立学院转设，教育部又鼓励独立学院联合专科高职院校转设，2020年和2021年已有部分学校入列，目前正在紧张进行中，但成效还难以预估。我们认为，发展本科层次职业教育，政策上可以多管齐下，鼓励各类学校加入其中，不应排斥，反而应该积极鼓励条件比较好、人才培养质量高、特色比较鲜明的专科层次高职院校积极创造条件申办，并努力成为高素质技术技能人才培养的主力军。当前，更应关注中国特色高水平高职学校的诉求和发展，为他们自主举办本科层次职业教育创造更多条件。

(二)“本科层次职业教育由谁来学”

本科层次职业教育由谁来学,实际上是解决招生对象的问题。当前,职业教育自身面临的矛盾是继续坚持以就业为导向,还是兼顾升学发展的问题。从相关政策来看,对职业教育升学有所放松乃至鼓励,这对本科层次职业教育由谁来学的问题提出了必然的思考。我们认为,从大力发展、加快发展职业教育的要求看,从满足人民群众对本科层次职业教育的期盼看,本科层次职业教育的学生可以有以下几种生源。一是普通高中毕业生,要鼓励直接面向社会主义现代化生产、建设、管理、服务第一线主战场的本科职业院校招收此类毕业生就读职业教育。二是重点招收中等职业教育毕业生,经过对口(准对口)接续培养,使他们成为高素质技术技能人才。三是在现有专科层次高职毕业生中招生,这既可以满足其就读本科层次的深造愿望,也可以培养复合型技术技能人才。四是鼓励普通本科学校、部分应用型院校学生和军转干部就读本科层次职业教育,使他们拥有适应经济社会所需要的一技之长,更好地报效祖国、服务社会、成就自我。由此可见,本科职业教育招生生源可以多样化。

(三)“本科层次职业教育由谁来教”

由谁来教,实际上就是解决教师结构问题。职业高等学校有别于普通高等学校,它以培养高素质技术技能人才为目标,需要满足本科层次的文化知识水平和素质素养要求,但必须把培养解决复杂问题的实践能力作为基本目标。在新的历史条件下,我们要强调本科层次职业教育学校要有一批专任教师,来承担思想政治理论课、文化基础课及公共素质类课程,但作为培养高素质技术技能人才的要求,必须构建起与其相适应的专业课教师团队。为此,教育部等四部委在相关文件中已经给出了政策空间,建立“固定岗+流动岗”相结合的团队建设制度，同时鼓励建立结构化双师型教学创新团队。通过进一步的分析可以认为，要实现本科层次职业教育的要求，在教师队伍构建中，既需要一大批相对固定的专任教师，更需要在相关专业领域聘请一大批兼职教师，共同组成结构化教学创新团队，专任教师要创造条件具备双师素质，结构化团队要双师组合，形成理念融合、专兼结合、双师组合的团队，以满足人才培养工作的要求。

(四)“本科层次职业教育培养什么人”

稳步发展本科层次职业教育，最终要回答好培养什么人，而培养什么人，首先必须回答为谁培养人的问题，这既有政治方向层面的定位，也有服务对象业务层面的定位。毫无疑问，我们必须培养德智体美劳全面发展的社会主义建设者和接班人。从业务方向看，我们必须立足生产建设管理服务第一线，为区域经济社会发展培养高素质技术技能人才，从而为中小微企业技术进步和产品升级服务。这就是说，培养面向经济建设主战场、技术服务第一线的技术技能人才，是我们的使命和方向。对此，要有清醒的认识和清晰的定位。

20 多年来，我国高等职业教育已经探索形成了产教融合、校企合作的办学模式和工学结合、知行合一的人才培养模式。要坚持产教融合、校企合作，坚持工学结合、知行合一。在稳步发展本科层次职业教育的进程中，我们要在更高层面落实好《国务院办公厅关于深化产教融合的若干意见》，切实完善产教融合、校企合作办学模式，通过工学结合，培养知行合一的技术技能人才。

三、职业本科教育发展过程中需要解决的问题

稳步发展职业本科教育是党中央作出的重要决策，一定要把这项利国利民的大事抓好并切实抓出成效。

(一)正确处理类型、层次、结构之间的关系

我国是世界上最大的发展中国家，也举办着世界上最大的高等教育。一方面，我们必须看到，传统学历社会、知识型教育的高等教育发展内生土壤和外部条件仍然存在，学校领导的观念、教师的理念、社会的认同机制还深刻存在；另一方面，大力发展职业教育、增加社会的认可度，尤其是应缩小职业教育发展过程中地区之间的发展差距。正因为这样，对职业本科教育的发展，诸如从存在价值、发展路径等问题，社会有一个形成共识和逐步认同的过程，要从类型、层次、结构、规模、质量等统一协调的角度去统筹其发展，逐步形成社会共识。

(二)有序推动专科层次高职教育升本办学

稳步发展职业本科教育，出发点是发展、方法论是稳步，发展职业本科教育既是当前的诉求和要求，也是长期的战略目标。不管从构建适应经济社会发展需求，纵向贯通、职普融通，体现终身教育理念的现代职业教育体系的要求看，还是从打造类型鲜明的高质量职业教育的建设目标看，都需要厘清思路再发展，明确标准再建设。从我国的实际情况看，既需要妥善解决好独立学院的问题，使其向本科层次职业教育方向努力；也需要鼓励新建本科学校重新定位转型发展，举办本科层次教育。要厚植基础，从职业教育类型的学校中寻求力量。从这个意义上说，有计划、有步骤地推动中国特色高水平高职学校升格为本科层次教育，不失为可行的稳步发展之路。

(三)建立健全设置标准和评价指标

稳步发展职业本科教育，需要站在大力发展、加快发展职业教育的视角思考问题，想国家之所想、急国家之所急，积极创造各种条件，推动本科层次职业高等教育的发展。与此同时，我们要抓紧推动《中华人

民共和国职业教育法(修订草案)》的人大立法审议,使职业本科教育有法可依,要抓紧修改《中华人民共和国学位条例》,使职业本科教育后续问题得到落实;要积极创造条件,进一步完善本科层次职业教育的学校设置标准、专业设置标准,健全专业目录,建立课程标准、教师入职标准、学生毕业标准,推动人才培养方案规范化,使职业本科教育发展有可靠基础,真正使类型教育定位优、目标明、步子稳、发展快、可持续,为实现中华民族伟大复兴提供高素质技术技能人才和技能支撑。

参考文献

[1] 郭建如.职业教育本科的相关争议探析——兼论高等教育双轨体系构建与职业教育本科的发展空间[J].职业技术教育,2020(30).

[2] 郑文.本科应用型教育还是本科职业教育:历史演进与现实选择[J].高教探索,2020(1).

(本文发表于《中国高等教育》2021 年第 13/14 期)

建立健全符合职业教育特点的考试招生制度

周建松

摘　要：《中华人民共和国职业教育法》(简称《职业教育法》)规定国家建立符合职业教育特点的考试招生制度，这是职业教育作为类型教育的基本要求、构建现代职业教育体系的必然要求和推进职业教育高质量发展的根本要求。职业教育考试招生制度一直在探索之中，但难点较多，需要处理好多重关系。在实践中要坚持贯彻《职业教育法》要求、省级统一领导的操作原则、分步分类推进的操作方法，鼓励有条件的地方和专业先行先试，建立健全符合职业教育特点的考试招生制度。

关键词：职业教育；中华人民共和国职业教育法；考试招生；制度

考试招生制度是国家基本教育制度，改革开放 40 多年来，我国考试招生制度不断改进完善，初步形成了相对完整的考试招生体系，为学生成长、国家选才、社会公平做出了历史性贡献，对提高教育质量、提升国民素质、促进社会纵向流动、服务国家现代化建设发挥了不可替代的重要作用。《国务院关于深化考试招生制度改革的实施意见》提出整体设计从基础教育到高等教育考试招生制度改革，促进普通教育、职业教育、继续教育之间衔接沟通，统筹实施考试、招生和管理制度综合改革，试点先行，稳步推进。新修订的《职业教育法》第三十七条规定，“国家建立符合职业教育特点的考试招生制度”；第三十七条第二款规定，“中等职业学校可以按照国家有关规定，在有关专业实行与高等职业学校教育的贯通招生和培养”；第三十七条第三款规定，“高等职业学校可以按照国家有关规定，采取文化素质与职业技能相结合的考核方式招收学生;对有突出贡献的技术技能人才,经考核合格,可以破格录取”。第三十七条第四款规定,“省级以上人民政府教育行政部门会同同级人民政府有关部门建立职业教育统一招生平台、汇总发布实施职业教育的学校及其专业设置、招生情况等信息,提供查询、报考等服务”。这些规定构成了我国职业教育招生考试制度的基本框架,当前最为关键的是要在新《职业教育法》实施过程中抓好落实。笔者就此谈点学习理解的思考与体会。

一、建立相对独立的职业教育考试招生制度的必要性

职业教育考试招生制度(简称“职教高考”)是近年来我国职业教育领域的一项重大改革举措,由于它涉及职普协调政策的落地,也涉及职普等值的社会认同,更关乎人才选拔的导向,因而引起社会的广泛关注。那么,国家为什么要探索建立职教高考制度呢?新《职业教育法》明确建立符合职业教育特点的招生考试制度,主要基于以下三方面的考虑。

(一)职业教育作为类型教育的基本要求

2019年国务院印发的《国家职业教育改革实施方案》开宗名义指出,“职业教育与普通教育是两种不同的类型,具有同等重要地位”。新《职业教育法》第三条规定,“职业教育是与普通教育具有同等重要地位的教育类型”,这在法律上明确了职业教育的类型教育地位,把几十年来探索形成的改革成果和发展要求上升到了国家法律意志。尽管各界对职业教育作为类型教育的特点认识并非完全一致,但基本认识已经明确,即办学服务面向为区域经济社会发展和行业(产业)发展,人才培养目标为高素质技术技能人才,人才培养机制为产教融合、校企合作,人才培养重点为增强就业创业能力。作为类型教育的实施者,职业

教育战线一直在研究其特点、探索其规律，也在寻找支持支撑其形成的机制。建立符合职业教育特点、与职业教育发展相适应的考试招生制度便是其中重要内容，只有从招生考试和评价制度上形成自身的特点，职业教育作为类型教育才有可能真正走向成熟。

（二）构建现代职业教育体系的必然要求

现代职业教育体系建设离不开与之相适应的考试招生制度，没有基于类型及其特点的考试招生制度，真正完整意义上的职业教育体系很难有效建立，也就是说，现代职业教育体系的建设必须伴随与之相适应的考试招生制度。《国务院关于深化考试招生制度改革的实施意见》提出，要加快推进高职院校分类考试。高职院校考试招生与普通高校相对分开，实行“文化素质＋职业技能”评价方式。中职学校毕业生报考高职院校，参加文化基础与职业技能相结合的测试。普通高中毕业生报考高职院校，参加职业适应性测试，文化素质成绩使用高中学业水平考试成绩，参考综合素质评价。这些国家层面的尝试，旨在公平的前提下寻求着效率的提高，构建现代职业教育体系。

（三）推进职业教育高质量发展的根本要求

高质量发展是新时代中国特色社会主义的主要特征，建设高质量现代化经济发展体系是新时代我国经济社会发展的基本要求，与之相适应的是，我们必须努力建设高质量教育体系。对于职业教育而言，我国虽已形成了世界上最大规模的职业教育培养体系，但总体来说，发展不平衡、特色不鲜明的问题依然十分严重，提高质量、提升形象成为当前和今后一个时期的重要任务。因此，推动职业教育高质量发展是职业教育发展的当务之急。对此，习近平总书记在2021年对职业教育工作作出的重要指示中强调，深入推进育人方式、办学模式、管理体制、保障机制改革，各级党委和政府要加大制度创新、政策供给、投入力度。

考试招生制度就是其中的重要内容。中办、国办于2021年印发的《关于推动现代职业教育高质量发展的意见》(简称《意见》)围绕职普关系、产学关系、校企关系、教学关系、中外关系做出强化职业教育类型特色、完善产教融合办学体制、创新校企合作办学机制、深化教育教学改革、打造中国特色职业教育品牌的要求。推进职业教育高质量发展,职教高考制度也是不可或缺的配套制度,《意见》提出加快建立“职教高考”制度,完善“文化素质+职业技能”考试招生办法,加强省级统筹,确保公平公正。职教高考制度不建立,适合的生源难以有效招录,现代职业教育体系难以构建和类型特色难以彰显,职业教育高质量发展也就难以有效实现。

二、职业教育考试招生制度一直在探索实践之中

普通高等学校招生全国统一考试(简称“普通高考”)制度自1952年建立以来,虽经多次调整,但作为普通教育体系内部考试招生制度的根本性质没有变化。20世纪末出现高等职业教育办学类型后,高等职业教育招生仍列为普通高考的一部分,作为专科层次大都安排在本科学校招录顺序之后。近20年来,高等职业学校考试招生制度不断改革,出现了“自主招生”“单考单招”“贯通培养”等多种形式,虽对考试内容和技术环节做了改进,但总体上仍在普通高考制度框架之下。不同省(自治区、直辖市)虽在政策上不断推进,实践上也在不断探索,但成熟的职业教育考试招生制度未能真正建立。

(一)关于建立职教高考制度的政策推进

2013年《教育部关于积极推进高等职业教育考试招生制度改革的指导意见》(以下简称《指导意见》)拉开了我国建立相对独立的职教高考制度之序幕。《指导意见》明确了分类考试的六种形式,即以

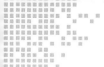

高考为基础的考试招生、单独考试招生、综合评价招生，面向中职毕业生的技能考试招生，中高职贯通培养招生、技能拔尖人才免试招生六种形式。

2014年《国务院关于加快发展现代职业教育的决定》提出完善职业教育人才多样化成长渠道。健全"文化素质＋职业技能"、单独招生、综合评价招生和技能拔尖人才免试等考试招生办法，为学生接受不同层次高等职业教育提供多种机会。在学前教育、护理、健康服务、社区服务等领域，健全对初中毕业生实行中高职贯通培养的考试招生办法。

2019年《国家职业教育改革实施方案》第三条在推进高等职业教育高质量发展中提出：建立"职教高考"制度，完善"文化素质＋职业技能"的考试招生办法，提高生源质量，为学生接受高等职业教育提供多种入学方式和学习方式。在学前教育、护理、养老服务、健康服务、现代服务业等领域，扩大对初中毕业生实行中高职贯通培养的招生规模。

2021年《关于推动现代职业教育高质量发展的意见》强调要强化职业教育类型特色，因地制宜，统筹推进职业教育与普通教育协调发展，加快建立"职教高考"制度，完善"文化素质＋职业技能"考试招生办法，加强省级统筹，确保公平公正。

应该说，从政策上看，党的十八大以来，我们一直在推进职业教育考试招生制度改革，但推进力度总体偏弱。究其原因，最重要的是这项改革难度确实较大。

（二）推进职业教育考试招生工作要处理好的多重关系

1. 职教高考公平性与自主性的关系

应该说，相对于普通高考，我们虽也有部分质疑，对一张卷子定终身，批评者也有不少，但总体上说是公平的。对于职教高考而言，其在考试对象、考试方式、选拔标准、管理模式等多方面具有一定自主性。在此过程中，如何把握录取比例测算实现，如何平衡难易程度，如何取舍考试内容等问题，事实上相当困难，既要防止一部分学生和家长“钻空子”，也要解决好两种高考如何接轨的问题。

2. 技能测试准确性与规范性的关系

无论《职业教育法》还是相关政策均明确职教高考实行“文化知识＋职业技能”相结合方式，因此，可以理解为职教高考中最关键和核心的部分是技能测试。技能测试不同于文化测试，技能测试如何科学把握，准确评判，迄今为止还没有一套公认的定型模式和办法；而且，这项工作由招生考试部门或院校来完成，与国家考试制度相比较，实际运作过程中的规范性要弱些，实施不好反而会对进一步改革形成障碍。

3. 考试招生投入与效果的关系

由于职教高考要让技能测试占有一定比例，而技能测试有些是以集体方式进行组织的，有些只能以个体方式进行组织；同时，由于成绩也难以客观统一评定，通常需要设置多名考官进行评判，因此，实施起来其成本是相当大的，这种成本既有直接的物质性成本，更有法律和道德成本，不少学校、不少教师选择退而避之。如果投入与效果的关系处理不好，就会影响职业教育考试招生工作的顺利开展。

4. 教育评价个性化与统一性的关系

由于技能测试存在个性化问题，因此给评分带来了矛盾和挑战。而可比性的考试在于考试内容和评价办法的相对统一性。我国地域广阔，各地差异很大，招生不仅在省内，还需跨省，至于跨越设区市是常态，如何把职业教育考试招生制度的统一性和不同地区不同专业的个性化、差异化处理好，这既需要智慧和勇气，更需要规则和规范。

正因如此，客观上讲，职教高考制度未能建立，不是教育行政部门不作为，而是实践中本项工作的操作难度较大，必须积极谨慎地加以推进。

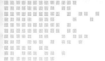

三、如何建立健全职业教育考试招生制度

新《职业教育法》把国家建立符合职业教育特点的考试招生制度明确写入了法律规范，并明确了相关改革法导向，提出了若干可行举措，实际上也为我们推进职业教育高考制度改革指明了方向。

(一)要贯彻新《职业教育法》对考试招生制度的要求

法律的生命力在于实施，法律的权威也在于实施。职业教育考试招生制度是促进现代职业教育体系建设、推进职业教育现代化建设和推动职业教育高质量发展的重要举措，从党中央、国务院决策部署到新《职业教育法》的法律规定，都明确提出要建立与职业教育特点相适应的职教高考制度，我们必须提高政治站位，尤其是国务院教育行政主管部门必须主动担当、积极作为，既要分析可能存在的矛盾和困难，更要善于总结各地成功经验和案例。在此基础上，进一步完善《国务院关于深化考试招生制度改革的具体意见》，制定并出台《国务院关于建立健全职业教育考试招生制度的实施意见》，在国家指导的前提下，积极推动省级统筹，加快职教高考工作落地实施，力争早日见到成效。

(二)要坚持省级统一领导的操作原则

新《职业教育法》第八条明确了国家层面由国务院建立职业教育工作协调机制，统筹协调全国职业教育工作并由国务院教育行政部门牵头实施，同时在第六条中明确了实行分级管理、以地方为主的体制机制。职教高考制度的建立，既需要国家统筹，更需要省级统一领导。因为我国幅员辽阔，区域之间发展不平衡，如果职业教育高考制度也需要由全国统一设计、统一操作，必然会产生种种不合理、不可操作的诸多情形;而如果把这项工作降至更低行政层级,则也不利于公平公正,也会带来更多操作风险。有鉴于此,建议在教育部统一协调下,建立各省(自治区、直辖市)人民政府的职业教育招考领导体制,具体由教育行政部门会同其他相关部门研究具体实施办法并有序落实考试招生方案。

(三)要坚持分步分类推进的操作方法

建立职业教育考试招生制度,既是一项教育改革,需要进行风险评估,更是一项社会改革,也是一项政治改革,必须进行全面考量。具体而言,在推进过程中,要坚持从实际出发,稳中求进、先易后难、分类分步,可分三步走。一是在保持普通高考框架渠道前提下相对分开,也就是说,要在保持普通高考框架渠道的基础上,不断夯实职教高考基础,加快补齐职教高考短板,采取相对分开的办法,适度彰显职教高考形式,逐步提升社会适应度。二是在职普规模大体相当的情况下再完全分开,要继续深入开展初中后职普分流和协调发展研究,待中职生源质量和数量与普通高中大体相当,职业教育高层次教育质量和数量与普通本科相对均衡后,实现普通高考和职教高考完全分开,成为两个独立的招考路径,这至少需要 2—3 年的时间。三是在更高层次实现职普相互融通,即国家建立学分银行和资历框架,使职业教育体系和普通教育体系通过学分、证书等相互衔接,真正实现相互融通、推动我国双轨双通教育体系的形成。

(四)要鼓励有条件的地方和专业先行先试

近年来,我国的高考制度改革一直在探索实践中,浙江、上海曾经先行,广东省等省市也在不断推进。为推进国家职业教育实施方案的落地,教育部与有关省市签署了共建职业教育创新发展高地协议,启动实施技能型社会职业教育体系建设地方试点,我们应当鼓励这些地方在建立职教高考制度上先行先试。对于是中高职贯通培养的体育、护理、学前教育等类专业，农林水地矿类专业、现代学徒制试点专业的单招单考，乃至自主招生，也可以采用普通高中毕业生的“学历水平考试＋职业适应性测试”的招录考试方法，还可鼓励对特殊技能型人才的考核免试方法，推出这些做法也符合新《职业教育法》精神，有了先行先试的经验积累和推广复制，我们才可能在职业教育考试招生制度改革中不断迈出新步伐。

总之，建立职教高考制度是一项系统工程，我们要大胆设计、小心求证、分层分类、逐步推进。关于这些专家学者提出的职教高考宜单独在春季进行的方法，也需进一步论证，职业教育本科招收职教专科毕业生的办法等也需要研究和探索。只有职教高考制度健全了，人人努力成才、人人皆可成才、人人尽展其才的生动局面才能早日成为现实。

参考文献

[1] 周建松.提升高职院校办学治校水平的再思考[J].中国职业技术教育，2022(1)：39.

[2] 彭振宇.职业教育作为类型教育之我见[J].教育与职业，2019(17)：7.

[3] 周建松，陈正江.职业教育高质量发展：背景、目标与关键[J].职业技术教育，2022(4)：9.

[4] 李鹏，石伟平.职业教育高考改革的政策逻辑、深层困境与实践路径[J].中国高教研究，2020(6)：99.

[5] 杜澔，杨满福.我国“职教高考”政策比较研究——以华东地区相关政策为例[J].中国职业技术教育，2022(9)：12.

[6] 孙善学.完善职教高考制度的思考与建议[J].中国高教研究，2020(3)：95.

[7] 朱晨明,朱加民.现代职业教育高质量发展背景下“职教高考”制度建设研究[J].教育与职业,2022(6):26.
[8] 周建松.稳步发展职业本科教育的思考与实践[J].中国高等教育,2021(13/14):69.

(本文是为《〈中华人民共和国职业教育法〉导读》撰写的一章)

高职办本科　终于有了法律保障

周建松

摘　要：习近平总书记对职业教育工作作出的重要指示强调，稳步发展职业本科教育。新修订的《中华人民共和国职业教育法》规定，高等职业学校教育由专科、本科及以上教育层次的高等职业学校和普通高等学校实施。高等职业学校举办本科及以上教育层次职业教育有了法律保障。

关键词：中华人民共和国职业教育法；高等职业学校教育；职业本科教育

经过近26年的努力，2022年4月20日，期盼已久的新修订的《中华人民共和国职业教育法》(以下简称《职业教育法》)，终于经第十三届全国人大常委会第三十四次会议审议并表决通过了。大家普遍认为，新修订的《职业教育法》亮点很多，尤其是把党的十八大以来党中央关于大力发展职业教育，推进职业教育改革，构建现代职业教育体系，推动职业教育高质量发展等举措以法律规范的形式固定了下来，意义非常重大。

对于高等职业学校而言，具有特别意义的是：呼吁多年、探索多年、研究多年的举办职业教育本科的问题终于有了法律保障，这就是新修订的《职业教育法》第三十三条第四款："专科层次高等职业学校设置的培养高端技术技能人才的部分专业，符合产教深度融合、办学特色鲜明、培养质量较高等条件的，经国务院教育行政部门审批，可以实施本科层次的职业教育。"

笔者认为，对于众多高职学校来说，这是一个极大的立法利好，给高职战线以巨大鼓励，但究竟如何把握和推进，仍需要我们认真研究。

发展职业本科既是应对产业转型升级推动经济高质量发展的迫切需要，也是满足人民群众实现更高质量更充分就业愿望的客观需求；既是加快高等教育结构调整、构建高质量教育体系的内在要求，也是健全中国特色现代职业教育体系的重要环节。发展职业本科教育，国家一直在推进中。

2014 年，国务院印发《关于加快发展现代职业教育的决定》，首次提出“探索发展本科层次职业教育”。

2019 年，国务院印发《国家职业教育改革实施方案》，明确提出职业教育与普通教育是两个不同的教育类型，具有同等重要地位，并强调“推动具备条件的普通本科高校向应用型转变，鼓励有条件的普通高校开办应用技术类型专业或课程，开展本科层次职业教育试点”。自此，职业本科教育有了自己的领地。

2020 年，教育部等九部门印发《职业教育提质培优行动计划（2020—2023 年）》，明确提出“稳步发展高层次职业教育，把发展本科职业教育作为完善现代职业教育体系的关键一环”，职业本科教育被提到新的高度。

2021 年 10 月，中办、国办印发《关于推动现代职业教育高质量发展的意见》，明确提出到 2025 年，职业本科教育招生规模不低于高等职业教育招生规模的 10%，职业本科发展明确了量化目标。与此同时，教育部部署“十四五”时期高等学校设置，对优质高职学校升格为本科层次职业学校开启了政策口子。所有这一切都表明，国家对以本科为引领的现代职业教育体系建设一直在研究探索中，但一直没有法律依据。

事实上，从 2012 年开始，大多数省（自治区、直辖市）都在以职业教育改革和职教体系探索的名义开展多种形式的职业本科试点，其一般逻辑是：以普通本科学校名义招生并取得学籍，最后由普通本科学校发放毕业证书和学位证书，具体以高职学校与普通本科学校合作办学的模式来进行，中间的模式和过程则十分复杂，有“4＋0”模式(4 年都在高职学校，普通本科学校参与管理)，也有“3＋2”模式(3 年在高职学校，读完专科后再通过考试升入普通本科学校就读，而实际上学生仍在高职学校)，北京等地则采用过“2＋3＋2”模式，探索的是中职、高职、本科三联动职业本科教育办学模式，各地区还有更为复杂的探索模式。

各种探索模式总体来看有如下共同点：一是都为了让专科层次高职学校有参与或独立举办本科层次职业教育的机会和经历；二是都采用普通本科学校与专科层次高职学校联合的方式；三是招生和毕业环节都在普通本科学校进行(当然一般会在招生时专门注明)；四是一般都以高职教育改革或职教体系建设项目的名义进行，找到可行路径。

十年来，自下而上的实践表明，职业本科教育发展情况比较繁杂而混乱，也有些名不正、言不顺，但却充分说明，职业本科教育具有强大的社会需求和社会吸引力，需要我们厘清政策脉络，积极解决问题，但如何从法律找依据，求法律保障，仍需努力。

新修订的《职业教育法》明确了高职可以办本科，当我们带着热切的期盼学习新修订的《职业教育法》的时候，当我们知道高职办本科终于有了法律保障的时候，无论教育行政主管部门还是高职学校都应该积极认真地加以思考，我们该如何把好事做实、把实事做好，笔者认为，有以下几点需要注意。

一是凡事都是有规律的。也就是说，可以不等于一定，必要条件不等于充分条件。新修订的《职业教育法》准允高职办本科，并非全部铺开、全面展开，更不可能一哄而上、遍地开花。

二是凡事都是有条件的。新修订的《职业教育法》明确了以培养高端技术技能人才为目标、符合产教深度融合、办学特色鲜明、培养质量较高四个要求，我们必须认真考量。

三是凡事都是有程序的。新修订的《职业教育法》明确规定要经过国务院教育行政部门审批，这就是准入制度和前置条件，那么，省级教育行政部门应该做好组织和审核工作。

四是凡事都是有规范的。事实上，教育部已经在2021年1月印发了《本科层次职业教育专业设置办法（试行）》，已经为职业本科教育专业的开办提出了条件要求，我们应当认真遵照执行。

五是凡事都是要积极努力的。既然有了法律依据，教育行政部门和有关方面应该抓住机会、抓紧时间、加快节奏，让高职办本科这件事早日落地并开花结果。

我们热切期待着职业本科教育在新修订的《职业教育法》引领下积极稳妥发展，并充分发挥其在构建现代职业教育体系中的引领作用。

（本文发表于2022年5月6日《中国青年报》）

高职办本科何以真正落地

周建松

摘　要：职业本科教育是完善现代职业教育体系的关键一环。新修订的《中华人民共和国职业教育法》规定，高等职业学校教育由专科、本科及以上教育层次的高等职业学校和普通高等学校实施。法律的生命力在于实施，在实践中，专科层次高等职业学校是职业本科教育的最主要的办学主体，要抓紧制定切实可行的实施办法，分层次、分步骤加以推进。

关键词：中华人民共和国职业教育法；高等职业学校教育；职业本科教育

2022年4月20日，第十三届全国人大常委会第三十四次会议审议并表决通过了新修订的《中华人民共和国职业教育法》（以下简称新《职业教育法》），并于2022年5月1日起实施。自此，实施了26年、历经三届全国人大常委会、修订工作长达14年的《职业教育法》终于实现了第一次修订。

对于高等职业教育而言，具有特别意义的是：呼吁多年、探索多年、研究多年的举办职业教育本科的问题终于有了法律保障。人们期待在新《职业教育法》的护佑下，我国职业教育走上高质量发展快车道。

一、高职办本科——新《职业教育法》中最亮眼的文字

相较于1996年《职业教育法》，新《职业教育法》不仅在内容上增加了约3倍，也在加强党的领导、深化立德树人、完善职教体系、健全体制

机制、推进产教融合、拓展校企合作、强化条件保障等方面出现了不少令人交口称誉的条文。

笔者以为，其中最引人注目的当为新《职业教育法》第四章第三十三条第四款中的表述："专科层次高等职业学校设置的培养高端技术技能人才的部分专业，符合产教深度融合、办学特色鲜明、培养质量较高等条件的，经国务院教育行政部门审批，可以实施本科层次的职业教育。"这意味着高职办本科终于得到了法律保障。当然，专科高职学校升格为本科层次职业（技术）大学，那是另一个概念，另当别论。

有人问，为什么要将高职办本科写进法律？笔者认为理由至少有三点：一是在如今一些专科层次的高等职业学校中，部分专业确实具备培养本科层次人才的能力；二是经济社会的发展迫切需要大量本科层次技术技能人才；三是全面完成"十四五"期间"职业本科教育招生规模不低于高等职业教育招生规模的10%"的目标，需要多条腿走路。

二、发展本科层次职业教育是一项紧迫的任务

2021年4月，习近平总书记在全国职业教育大会上发表讲话，强调在全面开启建设中国特色社会主义现代化国家的新征程中，职业教育前途广阔、大有可为；同时，对职业教育改革发展提出要求，明确"要稳步发展职业本科教育"。由此种种，足见发展本科层次职业教育的重大意义。

（一）构建现代职业教育体系的需要

1985年出台的《中共中央关于教育体制改革的决定》首次提出构建职业技术教育体系的目标，之后的历份职业教育重要文件均强调体系的建设，直到新《职业教育法》和《国家职业教育改革实施方案》明确

职业教育与普通教育是两个不同的教育类型，对体系建设的要求更加明确，而发展本科层次的职业教育是关键。

（二）顺应技术变化的现实要求

在科学技术日新月异、新技术孕育新产业的背景下，高等职业学校迫切需要设置更具技术技能内涵的专业，也迫切需要培养更高规格、更高层次的技术技能人才，本科层次的职业教育应运而生。

（三）适应产业升级和结构调整的必然要求

职业教育具有专业对接产业、课程对接岗位、教育教学过程对接生产经营过程的重要特征，产教融合、校企合作是其常见形式。产业结构调整升级后，相应的专业和人才层次定位也要提升。

（四）满足人民群众美好生活期待的现实需要

当前我国社会主要矛盾是人民日益增长的美好生活需要和不平衡不充分的发展之间的矛盾。教育领域亦是如此，不少人的需求从“有学上”转变为“上好学”，而职业教育此前仿佛是不少人眼中的“断头路”，拥有职业特长、动手能力强的学子期盼接受更高质量、更高层次的教育。我们要积极回应社会关切，大力发展本科层次职业教育，让职业教育成就更多精彩人生。

三、如何将高职办本科办好、抓到位

法律的生命力在于实施，法律的权威也在于实施。新《职业教育法》使高职办本科有法可依，我们必须实现有法必依，国务院及教育行政部门要主动谋划、积极作为，而具备较好办学条件的高职学校需要闻令而动、积极准备，具体的建议如下。

(一)抓紧制定切实可行的实施办法

国务院及教育行政部门要根据法律和国家的授权,组织专家学者研究起草关于高职学校办本科专业的具体办法,对“产教深度融合、办学特色鲜明、培养质量较高”的具体内涵作出科学界定,限定办本科专业的高职学校应满足的条件。2021年1月,教育部已经印发了《本科层次职业教育专业设置管理办法(试行)》,对相关条件作出要求,现可根据新《职业教育法》的精神,研究制定实施细则,将需要进一步明确的问题具体化,使其更具可操作性。

(二)采取分层次、分步骤的推进方法

高职办本科是一件多数高职学校跃跃欲试的事项,但要坚持高起点、高标准、高要求,防止一哄而上。建议分三步走:第一步,列入中国特色高水平高职学校和专业建设计划的253个专业群的龙头专业、符合本科层次职业教育专业目录的,可先行认定,于2023年开始招生;第二步,列入省级“双高计划”的重点专业群的龙头专业、符合本科层次职业教育专业目录的,经严格评审,于2024年开始招生;第三步,其他经济社会发展必需的新兴专业、符合紧缺型、急需型高层次技术技能人才培养要求的,经严格考量和评审,于2025年开始招生。至于具体的规模和数量要经科学预测,合理确定。

(三)加快具体问题的进一步梳理

高职办本科是一件好事,也是一件难事。除了要回答好什么是职教本科,职教本科与应用型本科的关系,职教本科与职教专科有什么不同,以及职教本科由谁来学、由谁来教,培养什么样的人、怎样培养人等共性问题以外,高职专科层次学校办本科专业还面临着毕业证书由谁颁发、学位证书怎么颁授等相对特殊的问题。笔者建议毕业证书由

招生和培养学校自主发放，教育行政部门可制定统一的证书样式，注明“新职教法授权、教育部批准”等字样；至于学位证书，可考虑由教育行政部门统一颁授。

（四）高职学校要创造条件、提高质量

专科层次高等职业学校是办学主体，应在法律法规框架下自主办学，既不能等、靠、要，也要防止理所当然、志在必得，而要抓住新《职业教育法》颁布实施的契机，继续认真学习习近平总书记关于教育重要论述、对职业教育重要指示，认真贯彻全国职业教育大会精神，以及中共中央办公厅、国务院办公厅印发的《关于推动现代职业教育高质量发展的意见》等相关文件，积极加强师资队伍建设、深化三教改革，推进产教融合、校企合作，认真探索高层次技术技能人才培养规律，努力提高人才培养质量，以高度负责的精神参与职教本科建设。

到2025年，职业本科教育招生规模不低于高等职业教育招生规模的10%，职业教育吸引力和培养质量显著提高，这是《关于推动现代职业教育高质量发展的意见》中提到的主要目标，也是职业教育人的追求，期盼职业学校真正成为“为不同禀赋学生提供多种成才可能”的摇篮。

（本文发表于《教育家》2022年第6期）

第 三 章

依法治教

新修订的《中华人民共和国职业教育法》护航高职教育高质量发展

周建松

摘　要：新修订的《中华人民共和国职业教育法》（以下简称新《职业教育法》）对推动职业教育高质量发展提供了全面法治保障，尤其就高等职业教育发展增加了诸多内容，赋予了新的法律内涵。如何抓住新《职业教育法》实施的有利契机，推动高职教育高质量发展和高职院校高水平治理成为我们当前需要研究和实践的重大课题，本文提出了系统思考。

关键词：职业教育法；高职教育；高质量发展；法治

党的十八大以来，以习近平同志为核心的党中央把发展中国特色、世界水平的现代职业教育摆上十分突出的位置，习近平总书记先后于2014年和2021年对职业教育作出重要指示，并多次视察职业学校、指导职业教育工作；党中央、国务院先后于2014年和2021年召开全国职业教育工作会议和全国职业教育大会，国务院先后印发《关于加快发展现代职业教育的若干意见》(国发〔2014〕19号)和《国家职业教育改革实施方案》(国发〔2019〕4号)，中共中央办公厅、国务院办公厅印发《关于推动现代职业教育高质量发展的意见》(中办〔2021〕43号)，系统部署了推动职业教育改革创新的各项重大举措，提出了推动职业教育高质量发展的具体政策目标和工作要求，并启动了面向2035年中国特色高水平高职学校和专业建设计划等重大质量工程项目，对建设引领改革、支撑发展、中国特色、世界水平的职业教育产生了积极的推动作用。

《中华人民共和国职业教育法》于1996年5月15日由第八届全国人民代表大会常务委员会第十九次会议通过，并于1996年9月1日起实施。2022年4月20日，第十三届全国人民代表大会常务委员会第三十四次会议审议通过了新《职业教育法》，新《职业教育法》历经26年实施运行、14年修订历程，于2022年5月1日起施行。通过学习新《职业教育法》，我们认为，该法将习近平总书记关于职业教育的重要指示批示精神和党中央、国务院关于职业教育改革发展的改革举措转化为了法律规范，坚持问题导向，回应社会关切，着力解决了职业教育领域的突出问题，有利于推动依法治教。与此同时，新《职业教育法》把近年来职业教育改革创新的实践成果和有益经验上升为法律规范，为职业教育深化改革提供了法律基础，这为护航职业教育高质量发展提供了强大法治保障。

一、新《职业教育法》更多载入关于高等职业教育的内容

与原《职业教育法》相比，新《职业教育法》增加了近3倍的篇幅，从五章四十条增加到八章六十九条，尤其是第一章总则有较大程度的修

订，并新增了职业学校和职业培训机构、职业教育的教师与受教育者、法律责任等三章内容，使得内容更全面、更系统，也更便于执行和落实。需要特别强调的是，新《职业教育法》增加了较多关于高等职业教育的内容。

（一）优化了现代职业教育体系和层次

新《职业教育法》在第二章职业教育体系第十五条中规定，“职业学校教育分为中等职业学校教育、高等职业学校教育”“高等职业学校教育由专科、本科及以上教育层次的高等职业学校和普通高等学校实施”。这就从法律上明确了现代职业教育体系的层次和内涵，对正确理解把握和着力推动以中职为基础、高职专科为主体、本科职教为关键的现代职业教育体系建设提供了法律依据，为确立高职专科教育在现阶段职业教育发展中的主体地位提供了法律遵循。

（二）为专科高职学校举办本科专业提供了法律保障

新《职业教育法》第三十三条对职业学校的设立条件作出规定，明确了设立中等职业学校、专科层次高等职业学校、本科及以上层次高等职业学校的审批程序及权限，其中增加了一个特别条款即第四款：“专科层次高等职业学校设置的培养高端技术技能人才的部分专业，符合产教深度融合、办学特色鲜明、培养质量较高等条件的，经国务院教育行政部门审批，可以实施本科层次的职业教育。”这项法律规定，无疑是新《职业教育法》的一项重大创新，它既回应了习近平总书记关于稳步发展职业本科教育的指示要求，也回应了社会关于打通职业教育发展断头路的呼吁，还回应了百姓希望就读职业本科教育的愿望。

（三）对高职教育办出特色水平提供法律规范

新《职业教育法》第四章第三十七条就构建符合职业教育特点的考试招生制度作了法律规定，其中明确规定，“国家建立符合职业教育特点的考试招生制度”，“中等职业学校可以按照国家有关规定，在有关专业实行与高等职业学校的贯通招生和培养”，“高等职业学校可以按照国家有关规定，采取文化素质与职业技能相结合的考核方式招收学生；对有突出贡献的技术技能人才，经考核合格，可以破格录取”。这些规定，都为高等职业学校争取合适的生源，开展针对性的教育培养提供了极为重要的法律支持。

另外，第五章职业教育的教师和受教育者第五十一条第四款规定：“接受高等职业学校教育，学业水平达到国家规定的学位标准的，可以依法申请相应学位。”这就在法律上把职业教育与普通教育这两种不同类型的教育具有同等重要的地位落到实处，使职业教育高质量发展和提升社会吸引力有了法律基础。第五十三条第二款规定：“高等职业学校和实施职业教育的普通高等学校应当在招生计划中确定相应比例或者采取单独考试办法，专门招收职业学校毕业生。”这实际上为高职教育办出特色、办出水平、提高质量提供了法律支持。

二、加快发展高职教育具有教育、经济、社会发展等方面的立体综合效应

新《职业教育法》更多载入高职教育的内容，这既是由我国经济社会发展所处的阶段和经济社会发展趋势所决定的，更是为了适应中国特色社会主义进入新时代以后，应对我国社会主要矛盾发生的新变化

以后作出的战略选择,这其中既有教育因素,更有经济、技术和社会因素,加快发展高职教育具有经济、社会发展等方面立体综合效应。

(一)从教育内部看,结构不合理情况急需解决

改革开放以来,国家对教育事业发展高度重视,继国家恢复高考制度以后,高等教育以迅猛之势大力发展,特别是20世纪末,国家加快推进高等教育大众化,我国高等教育的毛入学率和高考录取率迅速提高,达到并超过了高等教育大众化的指标,进入普及化行列。但事实上,一方面大学生找不到理想的工作,另一方面用人单位找不到合适的人才,成为教育的重要之痛。究其原因,既有我国高等教育学科专业布局不合理之因素,也与我们的人才培养模式有关,这些因素造成了结构不对称,也形成了人才链与教育链、创新链、产业链不协调。而从这几年职业教育毕业生的就业率和社会需求看,职业化技术技能人才,尤其是高素质高层次技术技能人才受到人们重视,实际上也昭示了高等职业教育包括本科层次职业教育的必要性。正因为这样,从习近平总书记指示到中共中央办公厅、国务院办公厅文件以及新《职业教育法》,强调支持和保障高等职业教育发展是有重要意义的,它有利于优化普通教育与职业教育的类型结构,也有利于优化职业教育内部的层次结构,把我国教育现代化推向前进。

(二)从经济层面看,发展职业教育与发展经济的一致性

职业教育具有跨界的特点,职业教育既是教育,也是民生;既是教育内涵的重要组成部分,也是宏观经济内涵的重要组成部分。近年来,无论是国家规划,还是《政府工作报告》,都把发展职业教育放到了宏观经济社会的板块,这是十分正确的。新《职业教育法》第七条明确规定:"各级人民政府应当将发展职业教育纳入国民经济和社会发展规划,与促进就业创业和推动发展方式转变、产业结构调整、技术优化升级

等整体部署、统筹实施。”这实际上从法律高度把职业教育的经济社会属性，尤其是职业教育的跨界性质确定了下来，并从法律上明确了要求。也正因如此，我们看到了我们必须重视职业教育的改革，从宏观、中观、微观上分别进行研究，把职业教育与经济社会发展的关系研究清楚，努力使两者融为一体。

（三）从技术角度看，职业教育必须适应技术进步的要求

职业教育不仅与经济社会发展关系十分紧密，更与科学尤其是技术的发展变化密切相关。这不仅是因为职业教育以培养技术技能型人才为基本责任，更为重要的是，技术的每一点变化和进步，都影响和决定着职业教育内容的变化、教学方法的变化。我们正在大力推进的“三教”改革，其中一项重要内容就是要使信息技术与教学内容相融合。说到底，职业教育以服务实体发展为己任，以培养先进制造业和新兴产业急需人才为重点，因此，它与技术具有天然的联系。正是从这种意义上说，有学者主张把职业教育称为技术教育或职业技术教育，以适应技术的变化，尤其是当前进入第四次工业革命，社会发展以大数据、智能制造、云计算、移动互联网为主要特征，我们必须适应新要求，积极推动职业教育层次上移，稳步发展职业本科教育，构建更为完善的现代职业教育体系，优化职业教育内部结构，实现更高质量发展。

（四）从社会建设看，发展职业教育与推动就业创业关系紧密

新《职业教育法》明确规定，职业教育是国民教育体系和人力资源开发的重要组成部分，是培养多样化人才、传承技术技能、促进就业创业的重要途径；同时，新《职业教育法》第三十九条还明确要求职业学校应当建立健全就业创业促进机制；并在第四十三条中进一步要求，职业教育质量评价应当突出就业导向，把受教育者的职业道德、技术技

能水平、就业质量作为重要指标，引导职业学校培养高素质技术技能人才。从某种意义上说，职业教育尤其是高等职业教育就是就业教育，必须坚持以就业为导向，努力推动顺利就业、对口就业、优质就业，并通过现代学徒制、订单培养等实现高质量就业、实现提前就业。正因为这样，职业教育的发展政策与劳动就业政策，与社会政策密切相关，我们必须从建设社会主义和谐社会，从打造橄榄型社会角度，努力把高等职业教育办出高质量和高水平。

三、以新《职业教育法》实施为契机，推动高职教育高质量发展

新《职业教育法》来之不易，体现了我国在护航职业教育的高质量发展上迈出了可喜的一步。法律的生命力在于实施，法律的权威也在于实施，我们一定要把新《职业教育法》学习好、理解好，更要把新《职业教育法》贯彻好、实施好。

（一）坚持类型教育，努力办出特色

新《职业教育法》第三条明确强调，“职业教育是与普通教育具有同等重要地位的教育类型”。这把《国家职业教育实施方案》中关于职业教育是类型教育的改革要求上升为国家法律意志，我们要充分认识确立类型教育的重大意义，积极探索类型教育的规律，要坚持把服务面向调整到区域经济社会发展和行业（产业）发展上来，要坚持把培养模式调整到产教融合、校企合作上来，要坚持把培养目标调整到高素质技术技能人才上来，要坚持把培养重点调整到学生的就业创业能力上来，使职业教育尤其是高等职业教育真正成为地方经济发展有力助推器，成为推动经济社会高质量发展和共同富裕建设的基本力量。

(二)优化办学机制,做到五个坚持

要按照培养高素质技术技能人才的要求,积极探索技术技能人才培养规律,坚持党的领导、坚持社会主义办学方向,认真贯彻党和国家的方针政策,并在实践中把习近平总书记关于职业教育的重要指示和全国职业教育大会精神落到实处,贯彻中共中央办公厅、国务院办公厅《关于推动现代职业教育高质量发展的意见》和新《职业教育法》精神,坚持立德树人、德技并修,切实抓好社会主义核心价值观和思想政治理论教育和道德教育;坚持产教融合、校企合作,主动把学校发展融入经济社会发展规划,主动开展校政行企合作办学,凝聚各方办学力量、整合办学资源;坚持面向市场、促进就业,不断增强对市场的适应能力、响应能力,并努力构建就业创业机制,增强学生就业创业能力;坚持面向实践、强化能力,要抓住实践教学这项基础性工作,抓住实习这个重要教学环节,抓住能力培养这个教育重点,不断增强学生技能水平和岗位适应能力;坚持面向人人、因材施教,要适应高等教育普及化这一特点,面向全体学生、注重学情分析,积极开展个性化培养和教育教学管理,形成人人出彩、人人尽展其才的良好氛围。

(三)尊重办学主体,激发办学潜能

新《职业教育法》增加了第五章“职业教育的教师和受教育者”,并对教师的权益保障、学生的权益维护等作了法律规定。这实际上是昭示我们,办学治校一定要充分重视主体力量,切实加强主体建设,形成良好办学氛围,要坚持教师为基,牢牢树立全心全意依靠全体教师的办学理念,花大力量筑大工程,切实推动教师培养、促进教师成名成家;要坚持学生为本,牢固树立“一切为了学生、为了学生一切、为了一切学生”的理念,关爱学生进步、关注学生困难、关心学生就业,切实推动学生成才成长;要坚持校友为宗,把校友力量纳入学校发展主体范畴,使

其成为学校发展进程中社会支持力量和自身发展力量的最佳结合点，激扬高层校友、激发中层校友、激活基层校友、激励全体校友、激情在校学生、促进校友成功成名；要整合教师、学生、校友力量，形成良性循环互动机制，打造教师、学生、校友发展共同体。在这方面，浙江金融职业学院创造性地提出教师千万培养工程、学生千日成长工程、校友千花盛开工程，其推动学校发展的实践值得借鉴推广。

(四)遵循办学规律，提升治理水平

新《职业教育法》增加了第四章“职业学校和培训机构”，实际上是对职业学校的治理提出了明确要求，强调要实行党组织领导下的校长负责制和党的建设，强调了办学自主权，强调了就业创业机制建设，强调了师德师风、校风学风建设和质量评价制度建设。它既保障了职业教育的发展，也对办学治校提出了要求。我们要坚持和不断加强党委领导下的校长负责制组织制度建设，加强党的全面领导和全面建设，构建完善的党建工作体系，同时，要支持校长依法全面负责学校教学科研和行政管理工作；我们要重视和加强学校学术组织建设，建立健全学术委员会工作机制，提升学校学术治理能力，促进学校学术繁荣；我们要加强教职工代表大会制度和工会等群团组织建设，充分发挥师生员工民主管理和当家作主积极作用，形成良性和谐氛围；我们要切实加强校政行企办学理事会建设，充分发挥党政部门、行业企业、知名校友、社会贤达和专家学者作用，推动产教融合、校企合作；我们要切实加强校院(系)两级管理体制机制建设，充分激发基层办学积极性，构建好以专业群为基点的二级学院体制机制，最大限度调动基层积极性和力量；我们要夯实学校治理的章程、制度、标准、数据和技术基础，努力为高水平治理创造条件。当然，更为重要的是，我们要大力加强教师队伍建设，为学校高质量发展和高水平治理提供人才支撑。

参考文献

[1] 习近平对职业教育工作作出重要指示[EB/OL]. http://www.gov.cn/xinwen/2021-04/13/content_5599267.htm,2021-04-13.

[2] 中共中央办公厅 国务院办公厅印发《关于推动现代职业教育高质量发展的意见》[EB/OL]. http://www.gov.cn/zhengce/2021-10/12/content_5642120.htm,2021-10-12.

[3] 周建松,陈正江.新时代中国特色高等职业教育基本内涵与发展路径[J].中国高教研究,2019(4):98-102.

[4] 习近平在参加青海代表团审议时强调 坚定不移走高质量发展之路 坚定不移增进民生福祉[EB/OL]. http://dangjian.people.com.cn/n1/2021/0308/c117092-32045365.html,2021-03-08.

[5] 周建松.稳步发展职业本科教育的思考与实践[J].中国高等教育,2021(13/14):67-69.

(本文发表于《中国高等教育》2022 年第 17 期)

新时代职业教育高质量发展的法治保障

周建松　陈正江

摘　要：党的十八大以来，以习近平同志为核心的党中央从坚持和发展中国特色社会主义的全局和战略高度定位法治、布局法治、厉行法治。新修订的《中华人民共和国职业教育法》是把党的主张转化为国家意志在职业教育领域的重要实践。回顾《中华人民共和国职业教育法》的颁布实施与修订历程，分析把党和国家关于职业教育改革发展的政策和任务转化为法律的具体内容，阐述新修订的《中华人民共和国职业教育法》强调的三个前提、明确的五个坚持与遵循的五个宗旨，及其为推动新时代职业教育高质量发展提供的法治保障。

关键词：职业教育法；职业教育；高质量发展；法治保障

党的十八大以来，以习近平同志为核心的党中央从坚持和发展中国特色社会主义的全局和战略高度定位法治、布局法治、厉行法治，把全面依法治国纳入“四个全面”战略布局，放在党和国家事业发展全局来谋划、推进，作出一系列重大决策，提出一系列重要举措。[1] 2022 年 4 月 20 日，第十三届全国人大常委会第三十四次会议表决通过新修订的《中华人民共和国职业教育法》，并于 5 月 1 日起施行。这是新时代我国教育立法史上的重大事件。本文回顾《中华人民共和国职业教育法》的颁布实施与修订历程，分析把党和国家关于职业教育改革发展的政策和任务转化为法律的具体内容，阐述新修订的《中华人民共和国职业教育法》强调的三个前提、明确的五个坚持与遵循的五个宗旨，及其为推动新时代职业教育高质量发展提供的法治保障。

一、《中华人民共和国职业教育法》颁布实施及其修订历程

（一）《中华人民共和国职业教育法》的颁布实施

20 世纪 90 年代，我国进入工业化、城镇化快速发展阶段，职业教育是工业化、城镇化的重要推力，随着我国教育体制改革的深入推进，职业教育中许多带有历史特征的制度和政策因素发生着深刻的变化。[2]1996 年 5 月 15 日，第八届全国人民代表大会常务委员会第十九次会议通过《中华人民共和国职业教育法》（以下简称《职业教育法》），随后以中华人民共和国主席令第六十九号公布，并自 1996 年 9 月 1 日起实施。《职业教育法》分总则、职业教育体系、职业教育的实施、职业教育的保障条件、附则五章共四十条，确立了职业教育的法律地位，明确了职业教育的根本任务、办学体制和管理体制，提出了发展职业教育的方法和途径，规定了政府、社会、企业、学校和个人的义务和权利，制定了职业学校的设置标准和准入条件等。《职业教育法》的颁布和实施，标志着我国职业教育走上制度化、法制化的轨道。21 世纪以来，为大力发展和加快发展职业教育，国务院先后发布《关于大力推进职业教育改革与发展的决定》《关于大力发展职业教育的决定》《关于加快发展现代职业教育的决定》《国家职业教育改革实施方案》等重大政策制度。同时，为确保法律的贯彻实施，全国人大常委会和地方各级人大常委会开展《职业教育法》执法检查，有力地保障了职业教育在法治轨道上持续发展。[3]

（二）《职业教育法》的修订完善

作为一种桥梁，法律对职业教育发展具有重要意义并产生重大作用，其体现为一种与变革密切相连的制度规范与保障。[4]职业教育对制

度变迁与经济社会发展的动态形势十分敏感，早在 2008 年，第十一届全国人大常委会将修订《职业教育法》作为教育法律中唯一的立法规划；《职业教育法》修订工作先后被列入第十二届、第十三届全国人大常委会立法规划，表明了职业教育及其法律制度的重要性与复杂性。2019 年 12 月，教育部在官网面向全社会发布关于《中华人民共和国职业教育法修订草案（征求意见稿）》；2021 年 3 月，国务院总理李克强主持召开国务院常务会议，原则通过《职业教育法（修订草案）》；2021 年 6 月，《职业教育法（修订草案）》提交第十三届全国人大常委会第二十九次会议审议，随后在中国人大网公布，向全社会公开征求意见，经修改后，同年 12 月再次提交第十三届全国人大常委会第三十二次会议审议，并向全社会公开征求意见；2022 年 4 月，《职业教育法（修订草案）》提请全国人大常委会第三次审议。在现代社会中，国家不仅是一国经济社会发展所需资源的主要提供者，也是经济社会发展制度的主要提供者。[5]国家通过拓宽公民有序参与立法途径，健全公众意见征求和采纳的反馈机制，广泛凝聚社会共识，深入推进科学立法、民主立法，提高立法的质量与效率。《职业教育法》修订历程正是这一精神的重要体现。

二、党的主张转化为国家意志在职业教育领域的重要实践

党的十八大后，党和国家高度重视并积极推动职业教育改革发展，习近平总书记先后于 2014 年和 2021 年对职业教育作出重要指示，为推动职业教育高质量发展指明了前进方向，提供了根本遵循。国务院分别于 2014 年和 2019 年印发《关于加快发展现代职业教育的决定》和《国家职业教育改革实施方案》；教育部等六部门和教育部等九部门分别于 2014 年和 2020 年印发《现代职业教育体系建设规划（2014—2020 年）》和《职业教育提质培优行动计划（2020—2023

年)》。2021年全国职业教育大会的召开及《关于推动现代职业教育高质量发展的意见》的印发,为我国职业教育高质量发展营造了良好环境。[6]

(一)把党关于职业教育改革发展的政策转化为国家意志

教育是党之大计、国之大计。为全面贯彻习近平总书记关于职业教育的重要指示,迫切需要把党中央关于职业教育改革发展的政策举措和实践中的成功经验,通过法定程序转化为法律规范,推动解决职业教育中的热点、难点问题。新《职业教育法》第三条明确规定,"职业教育是与普通教育具有同等重要地位的教育类型,是国民教育体系和人力资源开发的重要组成部分,是培养多样化人才、传承技术技能、促进就业创业的重要途径。"这一论述实际上就是把党的十八大以来党中央关于职业教育的决策部署和习近平总书记关于职业教育的重要指示进行了系统整理,并上升到国家法律层面,明确强调职业教育是一个类型,而且是与普通教育同等重要的教育类型,是国民经济体系的重要组成部分,是人力资源开发的重要途径。较之1996年的《职业教育法》更显其国民教育的地位,更显重要性的定位,更显以人为本的站位。新《职业教育法》第三条系统阐述了职业教育的三项基本职责,即培养多样化人才、传承技术技能、促进就业创业。这实际上明确了职业教育的具体职责是一体两翼,以立德树人为根本任务,具体来说是培养高素质技术技能人才;以传承技术技能、促进就业创业为主要任务,特别是就业创业,对职业教育来说更显突出。当然,对于高等职业教育而言,还需结合高等教育人才培养、科学研究、社会服务、文化传承与创新、国际交流与合作五大职能,正确处理职业教育类型与高等教育层次的关系,以更好更全面地履行职责和责任。[7]

(二)将国家发展职业教育的任务转化为法律规范

新《职业教育法》第三条第二款明确规定,“国家大力发展职业教育,推进职业教育改革,提高职业教育质量,增强职业教育适应性,建立健全适应社会主义市场经济和社会发展需要、符合技术技能人才成长规律的职业教育制度体系,为全面建设社会主义现代化国家提供有力人才和技能支撑”。为全面建设社会主义现代化国家提供人才和技能支撑是习近平总书记对职业教育提出的总任务,正式上升到了国家法律层面,转化为国家意志,这是我们必须履行的职责,也是衡量职业教育水平和质量的关键。为实现这一总任务,当前和今后相当长时期内,必须要深入理解并切实贯彻这一立法要求。一是国家大力发展职业教育。这是一贯的要求,但第一次写入法律,体现了优先发展、积极发展、加快发展,需要各级党委和政府及各级各类职业学校高度重视。二是推进职业教育改革。打造职业教育类型特色,离不开职业教育的改革创新,2019 年 1 月,国务院印发《国家职业教育改革实施方案》,系统部署职业教育改革,提出制度、标准、体系等建设要求,其中提出,构建纵向贯通、横向融通的现代职业教育体系,创建产教融合型城市和企业,实施“1+X”证书制度,建设高水平结构化双师型教师团队等都是重要内容,特别是推进以产教融合、校企合作、工学结合、知行合一为主要特征的人才培养模式尤为重要,也是改革的方向。三是提高职业教育质量。提高质量是教育工作永恒的主题,把提高职业教育质量写入新《职业教育法》则更具针对性,要求我们解决好类型特征不明显、规模质量不匹配、社会吸引力不强等问题,真正把职业教育发展好。四是增强职业教育适应性。增强职业教育适应性是党的十九届五中全会提出的重要命题,也是“十四五”时期乃至更长时期党和国家对职业教育的新要求。适应性既是匹配类型特征,适应人的发展、适应产业升级和技术进步、适应经济转型和结构优化,也是职业教育质量的重要标志,对职业教育社会吸引力、党政支持力、企业参与力具有重要影响。[8]五是健全制度体系。走中国特色教育发展之路，探索中国特色职业教育发展模式，建设中国特色、世界水平的职业教育制度与标准，不仅是职业教育深化改革、创新发展的重要任务，也是推进职业教育现代化的重要任务，新《职业教育法》对此明确了两大前提，即适应社会主义市场经济和社会发展需要，符合技术技能人才成长规律，这实际上也是研究中国职业教育类型特征的重要基础，对职业教育下一步发展，尤其是“双高”建设意义重大。

三、新《职业教育法》为职业教育高质量发展提供法治保障

新《职业教育法》包括总则、职业教育体系、职业教育的实施、职业学校和职业培训机构、职业教育的教师与受教育者、职业教育的保障、法律责任、附则等八章共六十九条，从法律层面对办好中国特色职业教育作出法律规定、提供法治保障，具体体现为三个前提、五个坚持、五个宗旨。

（一）新《职业教育法》强调的三个前提

一是坚持中国共产党的领导。坚持党对全面依法治国的领导是建设社会主义法治国家的根本前提。习近平总书记和党中央都明确强调，改革开放以来，我们全部工作的主题是巩固和发展中国特色社会主义，而中国特色社会主义最本质的特征和最显著的优势就是坚持中国共产党的领导。习近平总书记在 2018 年召开的全国教育大会上的讲话和在 2021 年 4 月对职业教育工作所作的重要指示中都强调，教育必须坚持中国共产党的领导，这实际上也是党的主张转化为国家意

志的又一印证。

二是坚持社会主义办学方向。坚定不移走中国特色社会主义教育发展道路，这是中国共产党一贯的主张，也是宪法和法律的基本要求，在习近平总书记的历次讲话与党和国家的系列文件中也多次明确强调。对于职业教育而言，中国共产党的领导必须坚持并不断加强，社会主义办学方向必须坚定不移，这也是坚持中国特色社会主义法治道路的应有之义。

三是贯彻国家的教育方针。党的教育方针已通过《中华人民共和国教育法》上升为国家意志。《中华人民共和国教育法》第五条明确规定："教育必须为社会主义现代化建设服务、为人民服务，必须与生产劳动和社会实践相结合，培养德智体美劳全面发展的社会主义建设者和接班人。"职业教育作为我国教育事业的重要组成部分，必须坚持并认真落实，坚持在法治轨道上推进职业教育治理体系和治理能力现代化。

（二）新《职业教育法》明确的五个坚持

一是坚持立德树人、德技并修。这是坚持以人民为中心的发展思想在职业教育领域的重要体现，当下尤其是强调培育和践行社会主义核心价值观，切实增强对习近平新时代中国特色社会主义思想的理念认同、思想认同和感情认同，坚持把德育放在首位，做到德技并修、育训结合，特别是要把思想政治教育与技术技能培养融合统一，办好思想政治理论课，全面推进课程思政建设。

二是坚持产教融合、校企合作。坚持并发展职业教育的跨界属性，正确处理好产教关系、校企关系，积极倡导和全面推动双主体办学，实施专业对接产业、课程对接岗位、教学过程对接生产经营过程，真正推动产教良性互动、校企优势互补。

三是坚持面向市场、促进就业。职业教育是与市场联系最为紧密，市场适应性、市场灵敏度最高的教育，促进就业创业是其核心职能之一，培养能够适应就业市场需要的人是职业教育的基本要求，尽管在新的历史条件下有些具体调整，但按照市场需求办好职业教育，推动职业教育学校布局、专业设置、人才培养与市场有机衔接，必须坚持，不能动摇。

四是坚持面向实践、强化能力。职业教育既是特色鲜明的类型教育，也是面向市场的就业教育，更是培养能力的实践教育，尤其是在推进技能型社会建设的进程中，职业教育不可或缺，大有可为。因此，在教育培养过程中，一定要瞄准能力、突出技能，让学生以一技之长走向职场、实现人生价值。

五是坚持面向人人、因材施教。职业教育是面向人人的教育，我们一定要站在全面、终身教育的视角，努力在人人努力成才、人人皆可成才、人人尽展其才上下功夫、见成效，推动职业教育高质量发展目标的圆满实现。

（三）新《职业教育法》遵循的五个宗旨

一是推动职业教育高质量发展。党的十九大指出，我国经济已由高速增长阶段转向高质量发展阶段，现阶段我国社会的主要矛盾是人民日益增长的美好生活需要和不平衡不充分的发展之间的矛盾。职业教育与经济社会发展有着紧密的联系，随着我国经济进入新发展阶段，产业升级和经济结构调整不断加快，各行各业对技术技能人才的需求越来越紧迫，职业教育的重要地位和作用越来越凸显，迫切需要通过高质量的职业教育，使劳动者能有效适应以知识生产配置为核心的产业转型升级，在技能积累中获得效率补偿。[9]从立足高质量发展阶段、贯彻新发展理念、构建新发展格局的现实要求出发，改进我国劳动者素质与产业结构转型升级需求不匹配的问题，有效提升劳动者素质技能，必须加大技术技能人才培养力度，推动职业教育高质量发展。

二是提高劳动者素质和技术技能水平。职业教育通过提升受教育者的知识与技能推动社会进步，服务经济社会发展和人的全面发展，是职业教育的根本任务。从这个意义上来说，职业教育既是教育改革的战略性问题，又是重大的经济和民生问题。1996 年的《职业教育法》第三条规定："职业教育是国家教育事业的重要组成部分，是促进经济、社会发展和劳动就业的重要途径。国家发展职业教育，推进职业教育改革，提高职业教育质量，建立健全适应社会主义市场经济和社会进步需要的职业教育制度。"在该法颁布实施后的 26 年间，我国经济实力和综合国力稳步增长，截至 2021 年底，国民生产总值超过 108 万亿元人民币。在新形势下，推动职业教育高质量发展必须充分发挥市场机制与政府作用，引导社会力量参与办学，使职业教育适应社会主义市场经济体制，通过提高劳动者素质和技术技能水平促进市场需求和劳动就业紧密结合。

三是促进就业创业。习近平总书记在 2014 年对职业教育作出的重要指示中强调，职业教育是国民教育体系和人力资源开发的重要组成部分，肩负着培养多样化人才、传承技术技能、促进就业创业的重要职责。中共中央办公厅、国务院办公厅印发的《关于推动现代职业教育高质量发展的意见》提出"五个坚持"的工作要求，其中就包括坚持面向市场、促进就业，推动学校布局、专业设置、人才培养与市场需求相对接。面向市场、促进就业是我国职业教育发展必须坚持的宝贵经验，也是推动人的全面发展与经济社会发展结合的有效途径。温家宝同志曾指出，职业教育是面向人人的，职业教育的目的就是就业。[10]就提高经济增长质量而言，在劳动力方面有教育与培训的要求，以提高专业化人力资本的积累水平。[11]就业是最大的民生，在加快壮大现代产业体系的背景下，在畅通国内大循环、打造开放的国内国际双循环的新发展格局下，培养能够适应市场需求的人才，实现优质就业，能够有效地将人力资本投入和就业两端紧密联系在一起。

四是建设教育强国、人力资源强国和技能型社会。作为人力资本投资的重要渠道和形式，教育是“通过增加人的资源影响未来货币与心理收入的活动”。[12]职业教育注重技术技能积累，这是建设教育强国、人力资源强国和技能型社会的基石。自20世纪90年代末始，我国职业教育办学机制逐渐由政府主导向政府引导、适应市场模式转变，推动职业学校面向社会需求办学，增强职业教育体系适应市场经济的能力。《中华人民共和国国民经济和社会发展第十四个五年规划和2035年远景目标纲要》提出“加大人力资本投入，增强职业技术教育适应性”，这是建设教育强国和人力资源强国的题中之义。技术技能积累是提升人力资本的基础性工作，尽管我国劳动年龄人口总量有减少趋势，但我国人力资源丰富，由人口文化素质和技术技能水平提升带来的“人才红利”“技能红利”将成为推动我国经济高质量发展和社会进步的重要基础。

五是推进社会主义现代化建设。早在1983年，邓小平同志在为北京景山学校的题词中就提出了教育的“三个面向”，即教育要面向现代化、面向世界、面向未来。这是根据我国社会主义初级阶段的基本国情和基本路线提出的在教育领域改革和发展的基本方针。1985年《中共中央关于教育体制改革的决定》再次重申这一方针。《中国教育现代化2035》提出，2035年职业教育的主要发展目标是服务能力显著提升。习近平总书记在2021年关于职业教育工作的重要指示中强调：“在全面建设社会主义现代化国家新征程中，职业教育前途广阔、大有可为。”职业教育要与社会需求紧密对接，适应经济社会发展以及劳动力市场需求，积极发展面向战略性新兴产业和现代服务业的专业，不断深化产教融合、校企合作，并根据行业人力资源需求预测和就业状况定期调整优化专业设置，扩大就业规模，提高就业质量，通过改革优化职业教育规模、结构、效益，为全面建设社会主义现代化国家、实现中华民族伟大复兴的中国梦提供有力人才和技能支撑。

参考文献

[1] 中共中央宣传部,中央全面依法治国委员会办公室.习近平法治思想学习纲要[M].北京:人民出版社,学习出版社,2021:3-4.

[2] 周建松,陈正江.我国高职教育的政策演进——基于1996到2016年三个重大事件的分析[J].中国人民大学教育学刊,2016(4):41-50.

[3] 周建松,陈正江.新时代中国特色高等职业教育的内涵与发展路径[J].中国高教研究,2019(4):98-102.

[4] 维拉曼特.法律导引[M].张智仁,周伟文,译.上海:上海人民出版社,2003:1.

[5] 陈正江.教育制度供给与高职院校发展——基于国家示范性高等职业院校建设计划的研究[J].中国高教研究,2016(7):106-110.

[6] 周建松,陈正江.职业教育高质量发展:背景、目标与关键[J].职业技术教育,2022(4):6-10.

[7] 周建松,陈正江.中国高等职业教育"十三五"回顾与"十四五"展望[J].中国职业技术教育,2021(10):18-22.

[8] 周建松.增强适应性是职业教育提质培优的关键[N].中国教育报,2021-02-23(3).

[9] 张鹏,张平,袁富华.中国就业系统的演进、摩擦与转型——劳动力市场微观实证与体制分析[J].经济研究,2019(12):4-20.

[10]《温家宝谈教育》编写组.温家宝谈教育[M].北京:人民出版社,2014:478.

[11] 蔡昉.中国人口与劳动问题报告 No.10——提升人力资本的教育改革[M].北京:社会科学文献出版社,2009:228.

[12] 加里·S.贝克尔.人力资本:关于教育的理论与实证分析[M].梁小民,译.北京:北京大学出版社,1987:1.

(本文发表于《中国职业技术教育》2022年第16期)

正确把握《中华人民共和国职业教育法》的核心要义

周建松

摘　要：新修订的《中华人民共和国职业教育法》于2022年5月1日起正式施行，该法体现了习近平法治思想中关于坚持党的领导与依法治国的高度统一。应全面完整正确理解新修订的《中华人民共和国职业教育法》的核心要义，厘清新时代《中华人民共和国职业教育法》的立法目的、主要内涵、法律规范及其工作要求，据此来深化改革、创新工作，推动职业教育高质量发展。为更好贯彻落实，一是要加深对新修订的《中华人民共和国职业教育法》重大意义的认识；二是要坚持党的全面领导和党的全面建设；三是要牢牢抓住立德树人根本任务；四是要致力于教育教学改革创新；五是要坚持依法治校，提高学校治理水平。

关键词：职业教育法；提质培优；职业教育体系

经过14年、三届人大的持续努力，实施了26年的《中华人民共和国职业教育法》已于2022年4月20日经第十三届全国人民代表大会常务委员会第三十四次会议正式通过修订，国家主席习近平签署了第112号主席令，正式公布了这部法律，该法律已于2022年5月1日起正式施行。4月27日下午，教育部召开新闻发布会，介绍了新修订的《中华人民共和国职业教育法》的主要内容，并就教育系统学习贯彻新修订的《职业教育法》作了系统部署。对于职业教育战线来说，当前最重要的任务就是要抓紧时间组织学习，全面完整正确理解新修订的《职业教育法》的核心要义，厘清新时代《职业教育法》的立法目的、主要内涵、法律规范及其工作要求，据此来深化改革、创新工作，推动我国职业教育高质量发展。

2022 年 5 月 8 日，第十三届全国人大常委会、教科文卫委员会副主任委员、中国高等教育学会会长、教育部原党组副书记兼副部长杜玉波同志以很高的政治站位，从中国高等教育学会会长和全国人大常委会组成成员以及教育部原党组副书记、副部长三重视角，对新修订的《职业教育法》作出扼要解读，并提出了学习贯彻要求，为我们明确了方向。教育部职业教育与成人教育司陈子季司长结合当前工作就学习贯彻《职业教育法》提出了意见，教育部政策法规司副司长王大泉同志着重为我们解析了《职业教育法》修法过程中的重点、难点及问题，对更好学习理解《职业教育法》，做好当前和今后的工作，具有重要指导意义。作为基层职业教育教学工作者，我们既要对他们表示由衷感谢，同时也要进一步增强责任和信心，努力以《职业教育法》的修订与实施为契机，进一步贯彻落实习近平总书记对职业教育的重要指示，为推动我国职业教育高质量发展做出更大努力和贡献。

一、正确认识《职业教育法》修法的背景

党和国家历来十分重视职业教育的发展，党的十八大以来，以习近平同志为核心的党中央高度重视职业教育的发展。习近平总书记多次调研视察职业学校，并多次就职业教育发展作出重要指示批示。特别是党的十九大以后，国务院出台《国家职业教育改革实施方案》，党中央、国务院召开全国职业教育大会，习近平总书记就职业教育发展作出重要指示，中共中央办公厅、国务院办公厅印发《关于推动职业教育高质量发展的意见》，各地各部门和全国职业教育战线认真学习贯彻习近平总书记的重要指示和党中央、国务院的决策部署，思想认识进一步统一，推动职业教育高质量发展和提质培优的行动不断深化。许多好的政策已经被实践证明行之有效，迫切需要上升到国

家法律法规层面，以便更好地遵照和执行，以利于把党中央的决策部署和习近平总书记的指示落到实处，并为职业教育高质量发展提供法制保障。

回顾历史，第八届全国人民代表大会常务委员会第十九次会议于1996年5月15日通过《职业教育法》，并于1996年9月1日开始实施。该法虽然对职业教育的一些基本问题和主要规定做过法律界定，但至今已过26年。26年来，我国经济社会发展形势、产业结构、技术水平都发生了重大变化。特别是党的十八大以来，中国特色社会主义进入新时代，我国的社会主要矛盾已经发生根本性变化，我国教育结构、教育规模也都发生了重大变化，尤其是我国已经取得了脱贫攻坚的全面胜利，如期建成了小康社会，开启了社会主义现代化国家建设新征程。形势发展对教育提出了新要求，国家宪法和许多法律也都开展修订和完善工作，其中包括《教育法》和《高等教育法》。《职业教育法》虽然从2008年开始启动修订程序，但由于各种原因一直未能适时修改。这不仅影响了法律的权威性和严肃性，也在一定程度上造成了有法难依的情况。因此，《职业教育法》必须适应新形势、新要求，着眼长远和未来，尤其是面向2035年推进教育现代化作出重要修改，也就是说，从职业教育改革发展现实情形和旧法的滞后性及不适应性来看，迫切需要对《职业教育法》进行修订。要把习近平总书记的重要指示、党中央的决策部署、实践证明行之有效的做法和经验积极加以吸收，上升为国家法律，以维护职业教育发展的合法性。

二、正确把握《职业教育法》的核心要义

《职业教育法》从2008年开始启动修订，修订工作超过了10年，修订的篇幅达到2/3。按照2022年4月27日教育部政策法规司邓传淮司长在新闻发布会上的介绍，至少有十个方面的亮点，即加强党的领

导、强调同等重要、加强统筹管理、推进体系贯通、明确企业主体、坚持多元办学、深化产教融合、突出就业导向、强调德技并修、完善保障机制。《职业教育法》修订的精神就是把党的主张上升为国家法律，把职业教育改革创新的成熟做法融入法律规范。党的十八大以来，习近平总书记曾先后两次对职业教育作出重要指示。在2014年，习近平总书记强调，职业教育是国民教育体系和人力资源开发的重要组成部分，是广大青年打开通往成功成才大门的重要途径，肩负着培养多样化人才、传承技术技能、促进就业创业的重要职责，必须高度重视、加快发展。习总书记同时指出，要树立正确人才观，培育和践行社会主义核心价值观，着力提高人才培养质量，弘扬劳动光荣、技能宝贵、创造伟大的时代风尚，营造人人皆可成才、人人尽展其才的良好环境，努力培养数以亿万计的高素质劳动者和技术技能人才。习总书记还强调，要牢牢把握服务发展、促进就业的办学方向，深化体制机制改革，创新各层次、各类型职业教育模式，坚持产教融合、校企合作，坚持工学结合、知行合一，引导社会各界特别是行业企业积极支持职业教育发展，努力建设中国特色职业教育体系。习总书记要求加大对农村地区、民族地区、贫困地区的职业教育支持力度，努力让每个人都有人生出彩的机会。同时要求各级党委和政府把加快发展现代职业教育摆在更加突出的位置，更好支持和帮助职业教育发展，为实现“两个一百年”奋斗目标和中华民族伟大复兴的中国梦提供坚强的人才保障。

2021年，经党中央批准，首届全国职业教育大会顺利召开。习近平总书记再次就做好职业教育作出重要指示，强调在全面建设社会主义现代化国家的新征程中，职业教育前途广阔、大有作为；要坚持党的领导，坚持正确办学方向，坚持立德树人，优化职业教育类型定位，深化产教融合、校企合作，深入推进育人方式、办学模式、管理体制、保障机制改革；稳步发展职业本科教育，建设一批高水平职业院校和专业；推动职普融通，增强职业教育适应性，加快构建现代职业教育体系，培养

更多高素质技术技能人才、能工巧匠、大国工匠。习总书记同时强调，各级党委和政府要加大制度创新、政策供给、资金投入力度，弘扬工匠精神，提高技术技能人才的社会地位，为全面建设社会主义现代化国家和实现中华民族伟大复兴的中国梦提供人才和技能支撑。习近平总书记对职业教育的重要指示，作为党关于职业教育的政策主张，其核心思想已经被吸收到新修订的《职业教育法》之中。尤其是关于职业教育的定义、定位、地位、内容、目标，办好职业教育必须确立坚持中国共产党的领导、坚持社会主义办学方向，贯彻国家教育方针和坚持立德树人、德技并修，坚持产教融合、校企合作，坚持面向市场、促进就业，坚持面向实践、强化能力，坚持面向人人、因材施教等内容，都被写在了《职业教育法》总则有关条款中。这就是党的主张法律化，体现了习近平法治思想中关于坚持党的领导与依法治国高度统一的原则。另外，党的十八大以来职业教育的积极实践成果和整个战线共同期盼的大部分问题也被吸收到《职业教育法》之中。如中国特色学徒制、产教融合型企业、毕业证书与职业技能证书、职业教育本科及专科层次高职举办本科专业、职业生涯规划教育和职业启蒙教育、落实地方政府主体责任和行业企业参与办学、建立生均拨款制度、切实维护师生权益和促进师生发展等问题，都已经被充分地吸收到新修订的《职业教育法》中。正因为这样，新修订的《职业教育法》，在 1996 年版合理、科学的基础上，把新时代党中央关于发展职业教育的政策主张实现了充分法制化，把党的十八大以来职业教育战线实践成果和共同期盼广泛吸纳到法律中。新法既尊重了现实基础，更体现了党的领导，也集中了民智民意，这将有力促进职业教育的繁荣发展。

三、以实际行动认真抓好新修订的《职业教育法》的学习贯彻

关于如何抓好学习和贯彻实施新修订的《职业教育法》，教育部办公厅已于2022年4月25日正式发出了通知。教育部提出，要充分认识《职业教育法》修订的重大意义、要深入组织《职业教育法》的学习宣传、要扎实做好《职业教育法》的贯彻实施等三个方面的要求。教育部职业教育与成人教育司陈子季司长也在2022年4月27日的新闻发布会上提出了加快完善现代职业教育体系、引导企业参与职业教育、提高职业教育质量水平、加强职业学校学风校风建设等四个方面的要求。这些要求对于今后的工作具有十分重要的指导意义。鉴于中国高等教育学会职业教育分会的绝大部分会员和理事单位是高等职业院校，笔者代表理事会并以个人名义，就高等职业院校如何学习贯彻新修订的《职业教育法》谈几点建议，供大家参考。

一要加深对新修订的《职业教育法》重大意义的认识。正如陈子季司长所说，新《职业教育法》凝练了职业教育发展的实践经验，回应了社会和群众的重要关切，破解了职业教育高质量发展的瓶颈障碍。特别是围绕职业教育与普通教育是两种不同类型、具有同等地位的基本定位，明确了法律关系，建立了制度体系和保障体系，为职业教育高质量发展，为加快构建现代职业教育体系提供了依据，我们必须正确把握、充满信心。二要坚持党的全面领导和党的全面建设。要坚持党建统领，牢牢把握党对职业院校办学的领导权，构建“纵向到底、横向到边”的党建工作体系。要坚持和完善党委领导下的校长负责制，认真贯彻《中国共产党章程》和《中国共产党基层组织工作条例》。学校党委要坚持做到“把方向过硬、管大局过硬、作决策过硬、抓班子过硬、带队伍过

硬、保落实过硬”，切实担负起立德树人、办学治校、管党治党职责。要抓好基层党组织建设，切实防止层层递减。院系党组织要按照“党组织领导和运行机制到位、政治把关作用到位、思想政治工作到位、基层组织工作到位、推动改革发展到位”的要求做好工作。基层党支部要做到“教育党员有力、管理党员有力、监督党员有力、组织群众有力、宣传群众有力、凝聚群众有力、服务群众有力”，要做好青年学生和高层次知识分子的思想工作，充分发挥全体共产党员的积极性、主动性和先锋模范作用，让共产党的旗帜在职业教育高质量发展中高高飘扬。三要牢牢抓住立德树人根本任务。要贯彻五个坚持总要求，弘扬社会主义核心价值观，注重思想政治教育；培育劳模精神、劳动精神、工匠精神，坚持价值引领、知识传授和能力培养三融合，做好育人文章；坚持以专业教育为龙头、素质教育为基础、合作教育为支撑，构建立德树人体系，要抓住教师队伍建设这个关键。要重视思想工作和学生管理队伍建设，注重维护学生合法权益并特别加强教学实习等各环节管理，不断深化教育教学改革，不断推进教育教学数字化、智能化，切实提高人才培养质量。四要致力于教育教学改革创新。要按照纵向贯通、横向融通的要求，积极推动现代职业教育体系建设的各种探索；要尊重中等职业教育的基础地位，坚持专科高等职业教育的主体地位，积极创造条件探索和稳步发展职业本科教育；要加强职业和社会培训工作，注重科技创新和技术技能积累，为加快推进特色鲜明的现代职业教育体系而不懈努力。五要坚持依法治校，提高学校治理水平。要进一步增强法制思维，认真学习习近平新时代中国特色社会主义思想和习近平法治思想，坚持依法治校、依法行政、依法治教；要坚持和完善党组织领导下的校长负责制，坚持党对学校工作的领导，支持校长依法行使教学、科研及行政管理职权；要充分发挥学术委员会作用，建立健全以教师为主体的教职工代表制度；要建立“校政行企”相结合的学校合作发展理事会，努力推进校院（系）两级管理；要积极承担社会责任，切实提高职业教育社会吸引力。当然，学习贯彻《职业教育法》，推动职业教育高质量发展不仅是一篇大文章，也是一项系统工程，更是一项重大政治任务。整条战线要抓紧行动，认真抓好贯彻落实，各理事单位尤其是副会长单位和中国特色高水平高职学校和专业建设单位要率先作为模范，起带头作用。我们坚信，乘着新《职业教育法》全面实施的东风，我国的职业教育一定会在高质量发展道路上阔步前进、在全面建设社会主义现代化新征程中大有作为。

（本文发表于《南宁职业技术学院学报》2022 年第 3 期）

提升高职院校办学治校水平的再思考

周建松

摘　要:提升办学治校水平是高职院校立足新发展阶段、贯彻新发展理念、构建新发展格局的一项十分重要而紧迫的任务。围绕推进高职院校治理体系与治理能力现代化,文章从建立健全高职院校治理体系,厚实院校治理制度、标准、文化与技术基础,健全优化校院(系)两级管理体制机制,培养选拔高素质办学治校专家队伍等方面进行分析,总结提升高职院校治校水平的实践探索,为推进高职教育高质量发展提供启示与借鉴。

关键词:高职院校;办学治校;治理体系;治理能力;管理机制

党的十八届三中全会提出推进国家治理体系和治理能力现代化,党的十九届四中全会通过了《中共中央关于坚持和完善中国特色社会主义制度、推进国家治理体系和治理能力现代化若干重大问题的决定》。[1]推进国家治理体系和治理能力现代化是中国特色社会主义现代化建设的重要内容。《国家职业教育改革实施方案》开宗明义指出,职业教育与普通教育是两种不同类型,具有同等重要地位,[2]这既给职业教育发展指明了方向、明确了道路,同时也对探索中国特色职业教育类型提出了要求、明确了任务。截至2020年底,我国已建成了1400多所高等职业院校,在校生规模超过1000万人,“千亩校园、万名学子”已是高职院校的常态。[3]在这样的条件和背景下,高等职业院校如何办出特色、提高质量、提升办学治校水平,是一项十分重要而紧迫的任务。为此,教育部、财政部在《关于实施中国特色高水平高职院校和专业建设计划的意见》(以下简称“双高计划”)中,明确提出“一加强、四打造、五提升”的改革发展任务，并对其中的提升学校治理水平细化了具体要求。[4]本文从建立健全高职院校治理体系，厚实院校治理制度、标准、文化与技术基础，健全优化校院(系)两级管理体制机制，培养选拔高素质办学治校专家队伍等方面进行分析和论述。

一、建立健全高职院校治理体系

我国高等职业教育是在推进高等教育大众化进程中发展起来的，是在构建现代职业教育体系中成长壮大的。因此，构建体现自身运行和发展特点的治理结构体系，是推进高职教育高质量发展的基础。

(一)党委领导下的校长负责制

《中华人民共和国高等教育法》第三十九条规定，国家举办的高等学校实行中国共产党基层委员会领导下的校长负责制(以下简称“党委领导下的校长负责制”)，这符合党的十九大报告中提出的“党政军民学，东西南北中，党是领导一切的”的要求，也符合《中国共产党章程》的要求，并在《中国共产党普通高等学校基层组织工作条例》中得到进一步明确。党委领导下的校长负责制，既是基本原则，也是工作要求。对此，《中国共产党普通高等学校基层组织工作条例》作了总体要求，中共中央组织部、中共教育部党组又明确提出了具体任务并明确制定了党委会、校长办公会议议事规则范本，对规范党委领导下的校长负责制提出具体要求，部分地区还制定了实施细则，各个学校也结合自身特点制定了实施办法。关于党委领导下的校长负责制，首先必须坚持，并在坚持中加强，在加强中完善，在完善中落实。贯彻落实好国家法律和党内法规，必须做到：一要加强党的领导，突出政治领导、思想领导、组织领导；二要加强对学校办学治校的领导，主要是办学方向的领导、发展规划的领导、依法治校的领导；三要加强对学校立德树人的领导，主要是思想政治工作体系、立德树人体制机制、师德师风建设的领导。党的领导是全方面的，既要完善党委领导下校长负责制的工作体系，确保校长以校长办公会议（校务会议）形式充分发挥对教学、科研及行政管理方面职权的履行，也要领导学校群团组织、学术组织有效行使职责，促进学校改革发展。

（二）学术委员会

《中华人民共和国高等教育法》第四十二条规定，高等学校设立学术委员会，并明确了五大方面职责。2014 年教育部印发了《高等学校学术委员会规程》，明确强调学术委员会为校内最高学术机构。[5] 在实践中，学术委员会在教学、科研等学术事务中发挥着重要作用，是完善高职院校内部治理结构的重要保障。"双高计划"明确高职院校要设立学术委员会，统筹行使学术事务的决策、审议、评定和咨询等职权。在高职教育高质量发展和高水平建设阶段，必须重视学术委员会建设，推动学术发展。一要完善学术委员会制度建设，充分发挥学术委员会在规范学术权力、推进学术民主、激发学术活力、深厚学术氛围、推动学术繁荣方面的积极作用；二要规范学术委员会运行机制，通过制定《学术委员会章程》等形式，把学术委员会工作制度化、规范化，真正让学术委员会统筹行使好学术事务的决策、审议、评定和咨询工作；三要统筹协调好学术委员会的学术权力与其他各方面的关系，坚持在党的领导下，协调好学术权力与行政权力之间的关系，真正把教育家治校与学术委员会治学和行政管理工作执事有机结合，形成合力。

（三）教职工代表大会

《中华人民共和国高等教育法》第四十三条规定，高等学校通过以教师为主体的教职工代表大会等组织形式，依法保障教职工参与民主管理和监督、保障教职工合法权益。2012 年教育部印发了《学校教职工代表大会规定》,[6]建立教职工代表大会制度,其根本出发点是为了推进民主管理、强化民主监督、充分发挥教职工当家作主的作用;“双高计划”也明确要求发挥教职工代表大会作用,审议学校重大问题。建立以教师为主体的教职工代表大会等的规定和要求,概括起来主要有三点:一要建立并不断健全教职工代表大会制度,并使其制度化、规范化,把凝聚教职工智慧的工作做好,把民主管理、民主监督的作用发挥好;二要规范教职工代表大会工作内容,一般而言,校长年度工作报告、学校年度财务预决算报告和年度工会工作,必须经教职工代表大会审议通过,有关学校改革发展中的重大问题和事关教职工切身利益的重要问题,应当由教职工代表大会审定;三要以教职工代表大会为载体,架起教职工当家作主、民主管理学校的桥梁,并通过教代会提案等路径,充分发挥教职工在办学治校中的民主监督、民主管理作用。

(四)校企合作理事会

2014年,教育部印发了《普通高等学校理事会规程(试行)》。[7]2021年4月,习近平总书记对职业教育工作作出重要指示,强调要优化职业教育类型定位。作为教育的一种类型,职业教育一直都在探索其类型特色。我国高等职业教育在过往40多年的发展历程中,先后研究了澳大利亚的TAFE、德国的双元制、美国的社区学院、英国的现代学徒制、加拿大的能力本位教育、新加坡的教学工厂等模式,并结合中国的国情加以吸收和借鉴,形成具有中国特色的职业教育基本经验——职业院校必须坚持产教融合、校企合作,在学校治理层面,必须建立健全校政行企理事会工作机制。为此,一要充分认识校企合作的重要性,这对于职业院校更好地面向市场、了解市场、引入市场机制办学具有积极意义,有利于学校更好地从市场经济发展变化中研究学校专业结构,正确定位专业,构建起专业对接产业、课程对接岗位、教学过程对接生产(经营)过程的机制;二要积极创造条件,建立校企合作理事会，并确保其规范运行，让理事会发挥密切社会联系、扩大决策民主、争取社会支持、完善监督机制的作用，在具体工作中，既要关照理事会成员的代表性、广泛性及其与学校发展的契合性，也要考虑这些代表的影响力与作用发挥；三要健全理事会工作机制，经常性地就学校发展目标、战略规划、重大项目改革、项目实施、专业设置、学校章程等发布咨询建议，参与审议校企合作重大事项，针对社会合作、校企合作、政企合作提供经常性的指导帮助，并就质量及评价提出改进意见，促进学校高质量发展。

二、厚实高职院校治理制度、标准、文化与技术基础

有效的学校治理，离不开健全的体系结构和良好的体制机制，必须以制度、标准为依托，以文化、技术为支撑，全面提高学校治理效能。

（一）章程：高职院校治理之基

章程是学校治理的基础性、引领性制度，制定好章程和按章程办事是依法治校的基本要求。1998 年颁布并经 2015 年修订的《中华人民共和国高等教育法》明确规定，申请设立高等学校的，应当向审批机关提交章程，并明确章程应当规定的事项，确立了章程在学校治理中的法律地位、基础地位。2011 年教育部颁布了《高等学校章程制定暂行办法》，并于 2013 年 9 月印发中央部委所属学校《高等学校章程建设行动计划（2013—2015 年）》，进一步推动了大学章程建设。推进高职院校治理体系和治理能力现代化建设，必须重视章程建设，建好章程、执行章程、遵守章程，构建以章程为核心的制度体系。具体来说，一是要按章程要求建立学校理论学习制度。认真学习习近平新时代中国特色社会主义思想，学习习近平总书记最新指示批示和讲话精神，建立和完善党委理论学习中心组制度、党员和教师理论学习制度，确保习近平新时代中国特色社会主义思想进教材、进课堂、进师生头脑。二是要按章程要求规范学校工作运行制度。建立党委会议事规则、校长办公会议议事规则、二级学院党组织会议议事规则、二级学院党政联席会议议事规则、教职工代表大会工作条例、学术委员会工作规程；并围绕党的政治建设、思想建设、组织建设、作风建设、纪律建设和教育教学、学生管理、招生就业等建立相应的运行和管理制度，推进制度建设规范化、系统化，并努力形成按制度办事的工作习惯。三是要按章程要求建立制度执行情况检查制度。有了好的制度，不等于就有了好的执行，学校不仅要制定制度，还要适应新情况修订制度、完善制度，更要形成遵守制度、执行制度的良好氛围；不仅要形成学校各职能部门自我检查制度执行的机制，更要建立学校党政办公室、纪检监察部门、审计部门监督制度执行的机制，使制度建设和遵章办事内化于心、外化于行。

（二）标准：高职院校治理之锚

加强职业教育标准体系建设，并切实发挥标准在学校治理和质量提升中的作用。一是在宏观上要健全国家职业教育制度框架，把握正确的改革方向，按照“管好两端、规范中间、书证融通、办学多元”的原则，严把教学标准和毕业学生质量标准两个关口，构建好纵向贯通、横向融通的现代职业教育体系，推动校企合作、育训结合人才模式机制的实现，为学校治理营造外部环境；二是建立健全职业教育标准体系，国家层面分别制定中职、专科、本科层次学校设置标准、专业标准、校长标准、教师标准、实习标准等，并推动国家、省、校三级标准体系的建立，为学校治理奠定内部基础；三是完善办学质量监督监管评价机制，推进评价机制改革，推进放管服改革，完善政府、行业企业、学校、社会多方参与的质量监管评价机制，把职业道德、职业素养、技术技能水平、就业质量和创业能力作为人才培养质量的重要内容，并深入推进教学工作诊断与改进制度建设，激发院校主体意识和积极性，真正把提高办学治校水平作为自觉行动；四是“双高计划”建设学校要积极在制度、标准、体系建设中发挥引领作用，并作为提高办学治校水平和实现高质量发展的基本功。

（三）文化：高职院校治理之韵

在党中央、国务院和教育部等有关部门的推动和高等学校的努力下，我国高等学校制度建设已经取得明显成效，而要进一步推进并实现好的治理，必须重视文化建设，在促进文化治理上下功夫。[8]一是要充分认识文化对制度建设和执行的影响。学校治理是在一定的文化场域进行的，学校的制度建设往往是文化的折射。从某种意义上说，制度是文化制度化的存在形式，反映了学校各组织成员对学校建设和发展基本价值的认知和集体意识，一所学校偏向什么样的治理，接受什么样的治理，都包含着相应的文化元素。与此同时，学校文化还影响着学校制度的实施，学校的制度只有在理念认可的情况下才能有效发挥作用，文化实际上是隐藏在治理背后的秩序，影响着组织成员、组织变革的接受和认同程度，从而对治理效果和作用产生直接或间接的影响。二是要充分认识文化的治理功能。文化具有规范、引导和激励作用，作家梁晓声曾对文化给出一个定义，即所谓文化，就是根植于内心的修养，无需提醒的自觉，以约束为前提的自由，为别人着想的善良。[9]一个单位所形成的文化，不管人们是否认识到，这种文化都会弥散在每一个角落，影响着人的思维和行动，文化相对于制度，更加潜移默化，有时也更有效果。三是要大力推进文化建设。一个智慧的管理者，不仅要重视制度建设，更要重视文化建设，注重制度建设和文化建设同步实施，让制度建设的硬约束与文化建设的软约束同步作用、协调发展，进而形成制度文化。在此基础上，培育与时代同行、健康向上、积极乐观、与学校发展同心同向的学校文化，使其在学校治理中发挥不令而行的作用。

(四)信息:高职院校治理之技

在人工智能、大数据、云计算、物联网等信息技术蓬勃发展的背景下,推进治理能力和水平现代化,离不开技术和数据的支撑,必须以信息化为条件、依托和保障。一是积极开展智慧校园建设。智慧校园是一个系统工程,涉及课堂教学、教学评价、招生就业、教学管理、科研管理、人事管理、财务管理、资产管理、后勤支持等各个方面。构建一个全方位的智慧化校园管理体系,可以为学校管理提供可具说服力的定量分析方法,实现从粗放型的人工管理走向精细化的智慧管理,起到事半功倍的效果。二是提升学校智能化管理水平。实施院校智慧化管理,必须从过去的条块式管理向一体化融合方向发展,实现一网通、一站式的管理跃迁,让师生少跑腿、让信息多跑路。三是加强学校信息中心建设。信息中心要与校本研究相结合,主要面向学校,对照上级方针政策和工作要求项目,全方位开展点对点、点对面的场景化分析,发现问题、及时预警;同时,信息中心要加强与同类学校的对比分析,发现差距,研究改进工作方案,提高其服务院校的治理水平与能力。

三、健全优化校院(系)两级管理体制机制

高职院校治理的宏观框架是在党委领导下,建立健全党委领导下的校长负责制、学术委员会工作机制、教代会工作机制,正确处理好政治权力、行政权力、学术权力和民主权力的关系,推动学校发展和师生发展。而学校各项工作尤其是改革发展任务要落到实处,必须夯实基层和基础,建立校院(系)两级管理体制机制,发挥基层党组织作用。

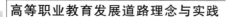

(一)校院(系)两级管理:细化管理之保障

随着高职教育的发展,高职院校办学规模在不断扩大。目前校均学生规模为8000人左右,按标准的生师比测算,教职工应该在600人左右,这样的规模必须建立健全两级管理的体制机制。事实上,推进校院(系)两级管理,既有利于发挥市场主体作用,更好地调动机构的积极性,也有利于深化产教融合、校企合作,深化专业和内涵建设,提高高质量发展绩效;同时,对培养和造就高素质干部队伍,也具有十分明显的作用。一是要以科学的理念认识和把握两级管理。管理学理论和实践证明,较为有效的管理幅度一般为6—12人,以此为理论指引,在实践中实施和把握两级管理,并切实推进有效管理。二是要以专业群建设规律来研究两级管理。基础教育重课程、高等教育重学科、职业教育重专业。研究院校治理,高等职业院校首先必须研究专业和专业群,研究专业群建设理念和规律,科学构建学校专业和专业群发展模式。所谓专业群,就是由一个重点、特色、优势、专业带动3—5个相关专业组合而成的专业链,它们学科基础相通、技术领域相近、职业岗位相关,而在专业群内部,则可以实现基础课程共用、教学资源共享、师资队伍共育,从而有利于资源整合利用,也有利于培养复合型人才。[10]三是要落实以专业群为基础的两级管理机制。比较理想的方式是以群建院,根据学科和专业建设规律选准龙头专业,组建专业群后,一般应以一个专业群为基础构建一个二级学院,二级学院以人才培养为根本,普及技术开发、社区教育、专业培养和社会服务,赋予二级学院国际交流工作、文化传承创新职能,成为相对独立的办学实体,而学校则综合考虑二级学院特点,为其紧密结合市场办学提供必要条件和保障,推动二级学院走向市场、创新发展。四是要充分调动二级学院的积极性和主动性。坚持责、权、利相结合,立足基层,责字当头、权责适当,以利益保障激发活力,以责任担当干事创业。

(二)基层党组织:落实管理之基础

党的基层组织和制度建设,既是校院(系)两级管理具体得到有效落实的基础,更是校院(系)两级管理能够朝着正确方向前进的关键。2021年4月,中共中央印发的《中国共产党普通高等学校基层组织工作条例》对此作了进一步的明确。在学校治理问题上,结合党中央的有关要求和高职院校的实际情况,要着重落实好以下要求。一是建立党政共同负责的领导体制机制。凡是重大问题,都必须由党政联席会议讨论确定。为突出加强和坚持党的领导,有关文件还要求,事关党的建设、干部任免等方面的问题由党组织讨论决定;事关办学方向、师资队伍建设等方面的问题,由党组织先行研究提出意见,然后提交党政联席会议审定。这是我们必须明确和坚持的基本制度。二是要切实加强基层党组织建设。总的要求是学校党委要做到把方向过硬、管大局过硬、做决策过硬、抓班子过硬、带队伍过硬、保落实过硬;院(系)总党支要做到党组织领导和运行机制到位、政治把关作用到位、思想政治工作到位、基层组织制度执行到位、推动改革发展到位;基层党组织要做到教育党员有力、管理党员有力、监督党员有力、组织师生有力、宣传师生有力、凝聚师生有力、服务师生有力,并注重充分发挥全体师生党员的积极性、主动性、创造性和先锋模范作用,形成体系化党建工作。三是要建立健全基层党建工作考核机制。按照校党委是领导力量、院(系)党组织是管党治党中坚力量、基层党支部是基础力量的总要求,始终做到一切工作到支部,建好教工党支部、学生党支部和教学(科研)创新协同平台党支部。按照政治建设、思想建设、治理建设、作风建设、纪律建设和引领发展等要求建立考核体系,突出"三会一课",强化制度化、规范化、思想性、政治性,确保基层党建工作充满活力和战斗力、充满凝聚力和向心力,从而推动党委领导核心力的形成。

四、培养选拔高素质办学治校专家队伍

推进学校治理体系和治理能力现代化，体系是基础，制度、标准、文化与技术能力建设是关键，校院（系）两级管理是抓手。必须清醒地认识到，人是决定性因素。尤其是以党委书记和校长为代表的社会主义政治家和教育家队伍，以及保障学校运行发展的中层干部和专业带头人队伍，是提高办学治校水平的核心队伍。

（一）学校领导班子：办学治校的灵魂

党委书记和校长是学校改革发展和办学治校的灵魂和关键人物，党中央反复强调要按照社会主义政治家和教育家的要求建设好高校党委书记和校长队伍。在新的历史条件下，这些要求必须再坚持、更明确，这些举措必须再加强、更重视。一是要高标准把好党委书记和校长入口关。要注意挑选那些有政治政策水平，党性和组织纪律观念强，有教育情怀和文化理论水平的同志担任党委书记或校长。尤其是党委书记，一定要按照懂教育的社会主义政治家的要求来选拔和配备，并切实注重同高职院校的类型和特点相吻合。二是要切实重视对党委书记和校长的培养和培训。培养和培训是提高党委书记和校长政策水平和履职能力的重要途径，及时将马克思主义中国化和中国共产党创新理论及党的路线方针政策传达和传递给党委书记和校长，及时用习近平新时代中国特色社会主义思想武装头脑指导工作，使党委书记和校长能够走在时代前列，切实推动学校各项工作朝着正确的方向前进。三是要重视加强对党委书记和校长的考核。党委书记和校长的履职，需要在监督下阳光运行，要通过制度建设的加强，完善制度约束，健全纪律监督、民主监督、群众监督和社会监督机制；要完善对党委书记和校长的履职考核评价机制，并建立相应的配套激励和奖惩体系，真

正做到优者上、能者留、庸者下、劣者汰，推动高校党委书记和校长不断提高管党治党和办学治校水平。在此基础上，切实加强领导班子整体建设，努力做到个体创优、整体创强，带领学校在中国特色高水平高职教育发展道路上奋勇前进。

（二）中层干部队伍：高质量发展的中流砥柱

中层干部队伍是学校的中流砥柱，在学校改革发展和建设中起着承上启下的作用，是推动学校创新发展和高质量发展的支撑力量，在提升学校办学治校水平进程中必须重视和加强培养。一要把中层干部队伍建设纳入学校发展总体规划。具体来说，组织人事部门要制订专门的专项规划，研究如何加强中层干部的选拔、培养和使用，包括必要的引进，确保中层干部能适应学校事业发展和治理提升的需要，确保数量充足、结构合理、战斗力旺盛。二要建立中层干部培养机制。除了按照中央有关要求，对中层干部进行思想政治、党性政策等方面的教育与培养，确保其具有良好的思想政治素养和政策水平外，还要加强对其与岗位相适应的业务知识和政策培训，使其真正成为一名德才兼备、称职的专业化干部。三要有中层干部建设的明确要求。中层干部要始终立足忠诚，忠诚祖国、忠诚党、忠诚学校、忠诚岗位，实干、苦干、巧干、善干，要管好自己、带好队伍，履行一岗双责，自己要做到从合格到称职，到优秀，再到卓越，对分管的人要进行指导教育、引导和监督；同时，中层干部必须做到正直、善良、上进，按照党中央提出的要求，不断提高忠诚力、凝聚力、服务力、引领力、廉洁力和影响力，成为一名平时训练有素，关键时用得上、冲得出、打得赢的好干部。

（三）专业带头人队伍：高质量发展的关键力量

专业建设是体现高职院校建设发展水平的关键内容。正因为如此，提升专业带头人的水平在学校治理体系和治理能力建设中具有特别的作用。在现实中，人们通常把学校领导班子比作“火车头”“领头雁”，而把专业带头人队伍和中层干部队伍视作提升办学治校的“双引擎”，需要花大力气用大工程加以培养和打造。[11]一是要充分认识专业带头人队伍建设的重要性。职业院校办学的基础在专业，专业建设是学校建设的基本面，而专业带头人是专业建设的领军领航人才，是专业人才培养方案的主要设计者和实施者，往往也是本专业领域主干课程的承担者，是专业市场开拓、专业培训、专业服务的主要策划人、行动者，影响并决定着专业发展和专业建设水平。二是要采取有力措施培养和造就专业带头人队伍。一般而言，学校发展到万人规模，专业数量一般有25—35个，一个专业需要2—3个专业带头人，也就是说，要按照专业培养60—90个左右专业带头人，而且要符合结构性的要求，既要在学校内部、人事、教务、组织和二级院（系）之间做好统筹，还要充分激发和调动本人的积极性和主动性。在高水平学校的创建过程中，要制订专门规划，采取专业措施，研究专业带头人培养方案，而且还要根据学校发展规划，做好引育方案，并制订具体的实施举措。三是培养和造就高水平专业带头人需要用真情、花大力气、筑大工程。专业带头人地位特别、作用特殊，可遇不可求，必须在政治待遇、经济待遇、社会待遇方面全方位关心、关爱，营造“政治上最为鲜红、经济上最为优厚、社会上最受尊重”的氛围，努力让优秀的专业带头人实现“百万年薪不是梦”，带动专业建设上水平，夯实学校改革发展和办学治校的基础。

高职院校提升治理能力和水平涉及的问题还有很多，诸如内外关系的协调、各项机制之间的统筹、跨专业跨学科组织的协同，等等。[12]但其核心是在党的领导下，切实把党的教育方针贯彻好，把立德树人根本任务落到实处，把各方面关系统筹好，寻求最大公约数、画出最大同心圆，努力办好让党放心、人民满意、师生幸福的高水平高职学校。

参考文献

[1] 习近平关于《中共中央关于坚持和完善中国特色社会主义制度推进国家治理体系和治理能力现代化若干重大问题的决定》的说明[EB/OL]. [2021-11-24]. http://cpc. people. com. cn/n1/2019/1106/c64094-31439569. html.

[2] 国务院关于印发国家职业教育改革实施方案的通知[EB/OL]. [2021-11-24]. http://www. gov. cn/zhengce/content/2019-02/13/content_5365341. htm.

[3] 周建松."双高"建设背景下高职院校治理能力提升研究[J]. 教育与职业,2020(14):13-18.

[4] 教育部、财政部关于印发中国特色高水平高职学校和专业建设计划绩效管理暂行办法的通知[EB/OL]. [2021-11-24]. http://www. tech. net. cn/news/show-92814. html.

[5] 中华人民共和国教育部令第 35 号高等学校学术委员会规程[EB/OL]. [2021-11-24]. http://www. moe. gov. cn/srcsite/A02/s5911/moe_621/201401/t20140129_163994. html.

[6] 中华人民共和国教育部令第 32 号学校教职工代表大会规定[EB/OL]. [2021-11-24]. http://www. gov. cn/flfg/2012-01/09/content_2040254. htm.

[7] 中华人民共和国教育部令第 37 号普通高等学校理事会规程(试行)[EB/OL]. [2021-11-24]. http://www. moe. gov. cn/srcsite/A02/s5911/moe_621/201407/t20140725_172346. html.

[8] 周建松. 高职教育的文化定位与建构路径[J]. 高教探索,2017(12):89-92.

[9] 梁晓声. 人世间[M]. 北京:中国青年出版社,2018:130.

[10] 周建松. 专业群是高水平高职院校的基石[N]. 光明日报,2018-

07-26(15).
[11] 周建松.提高质量:高职院校师资队伍建设的着力点[J].教育研究,2012(1):138-140.
[12] 周建松,陈正江.高职院校治理体系现代化:理论意涵与实现机制[J].现代教育管理,2016(7):6-12.

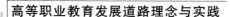

（本文发表于《中国职业技术教育》2022 年第 1 期）

“双高”建设背景下高职院校治理能力提升研究

周建松

摘　要：推进治理体系和治理能力现代化不仅是党中央的一项重大决策部署，更是2035年实现教育现代化的必由之路。文章在充分认识高职院校治理能力提升重要意义的基础上，从宏观层面对“双高计划”关于提升学校治理水平的内涵表述进行了科学、全面的分析，并有针对性地提出了提升高职院校治理能力的关键节点，包括围绕核心价值确立善治为本的治理观念、聚焦类型特色完善校本治理框架与结构、提升全员素质推动治理工作落实落地。

关键词：“双高计划”；高职院校；治理能力提升

党的十八大以来，以习近平同志为核心的党中央高度重视治理体系和治理能力建设，党的十八届三中全会正式提出了治理体系和治理能力现代化的新要求，党的十九届四中全会再次专门研究部署了推进国家治理体系和治理能力现代化问题，这对于正在进行的中国特色高水平高职学校建设具有重要的指导意义。如何结合“双高”建设，将我国高职院校的内部治理水平提到一个新的高度，是我们必须认真思考与切实需要解决的重大课题。

一、充分认识高职院校治理能力提升的重要意义

衡量一所学校办学水平的高低，判断一所学校是否为一流学校，除了一些显性指标外，还有隐性指标。治理能力作为一项颇具代表性的隐性指标，对高职院校发展具有重要意义。

(一)治理能力的高低是衡量高职院校办学水平高低的重要指标

评价一所学校的优劣,最为经典的是清华大学老校长梅贻琦先生的名言:“所谓大学者,非大楼之谓也,乃大师之谓也。”梅先生充分强调了大师的重要性。在新的历史条件下,人们在充分肯定大师重要性的同时,不断有人强调大楼(物质设施、办学条件、经费保障)及大爱(大学文化、师德师风、尊师重教)等的重要性。因此,人们普遍认为“大楼、大师、大爱”均是衡量学校优劣的显性指标。高职教育于20世纪80年代兴起,目前学校数量和学生规模已占据高等教育的“半壁江山”。在这一背景下,关于高职教育的各种排行榜也是层出不穷。一般而言,位居排行榜前列的应该是办学水平相对较好的学校,这符合总体规律。而真正衡量一所高职院校的办学水平需要关注以下八个方面。第一,人才培养质量佳,具体表现在毕业生就业率、签约率及用人单位满意率及岗位发展能力等方面。第二,专业建设水平高,具有一批招生受青睐、就业受欢迎、办学实力强且有特色的专业。第三,社会服务能力强,学校在多层次培训和服务行业区域发展过程中能展现较强的实力,在科学研究中也有较多的成果。第四,师资队伍水平较高,学校拥有素质优良、结构合理、数量充足的专任教师,并具有一大批理念认同、数量适当的兼职教师。第五,校企合作紧密,学校贯彻产教融合、校企合作、工学结合、知行合一的原则,拥有一大批紧密合作伙伴并积极发挥育人功效。第六,办学基础条件扎实,学校既有现代化的校园建筑及技术先进的实验实训设备,拥有充裕的财政保障条件,也有较强的资金筹措能力。第七,学校治理水平高,学校能正确处理好政治权力、行政权力、学术权力、民主权力及师生发展权利的关系,保证党委政治权力不偏、师生发展权利不缺,并形成同心发展最大公约数,包括有比较好的投入产出绩效。第八,外部品牌声誉美,学校能正确处理与党政部门、社会各界及新闻媒体的关系，积极承担社会责任，具有良好的社会声誉和品牌影响力。一个学校的品牌和声誉是综合的，而治理能力和水平对其他方面具有重要影响。

(二)高职治理能力提升是国家治理体系建设的重要体现

无论是有关教育体制机制改革的文件，还是国家关于“双一流”和“双高”建设的有关文件，都将治理体系建设、治理能力提升、治理现代化等问题摆上重要议程。首先，《中国教育现代化 2035》明确要求我国教育率先实现现代化，其中包括治理体系和治理能力现代化。国务院发布的《统筹推进世界一流和一流学科建设总体方案》明确把“完善内部治理结构”作为改革任务之一，具体包括以章程为统领的制度体系建设、以学术委员会为核心的学术管理体系建设、以教职工代表大会为主要内容的民主管理机制建设等。中共中央办公厅、国务院办公厅印发的《关于深化教育体制机制改革的意见》明确指出：要健全促进高等教育内涵发展的体制机制，依法落实高等学校办学自主权，改进高等教育管理方式，不断提升高校治理能力。教育部、财政部联合发布的《关于实施中国特色高水平高职学校和专业建设计划的意见》(简称“双高计划”)明确把“提高学校治理水平”作为改革发展的十大任务之一。这些足以证明党中央、国务院对学校治理体系和治理能力建设的重视。高职院校作为一个微观单位，其治理能力和水平既是整个国家推进治理现代化的基础环节，也是国家优化治理结构和水平的重要内容。目前大部分高职院校具有千亩校园、万名学子，并进入内涵发展阶段，正在朝着类型特色鲜明、中国一流乃至世界先进水平的目标前进。在这一新时代、新阶段，提高内部治理体系构建和治理能力应该被纳入内涵建设内容，同时也应该成为学校改革发展的重大任务。关于这一点，无论从落实“五位一体总体布局”和“四个战略布局”的要求，还是从推进实现国家教育治理体系和治理能力现代化、推进高职教育的内涵建设和特色办学等要求来看，都是有意义且必要的，必须被纳入重要议事日程。

二、深刻理解“双高计划”对治理能力提升的内涵表述

“双高计划”明确了中国特色高水平高职学校建设的指导思想、总体目标和基本原则，更明确了学校开展的改革任务，其中任务八“提升学校治理水平”又可细分为六个方面的内容。深刻理解文件表述，是未来高职院校提升治理能力的前提。

（一）完善以章程为核心的现代职业学校制度体系

“双高计划”任务八的第一款明确提出，“要健全内部治理体系，完善以章程为核心的现代职业学校制度体系，形成学校自主管理、自我约束的体制机制，推进治理能力现代化”。毫无疑问，将章程建设视为“提升学校治理水平”的首要要求是正确的。完备的章程建设和良好的章程执行是学校贯彻依法治国思想的重要体现，必须贯穿学校运行的各个方面。一要重视章程建设程序。章程建设程序要规范，要认真贯彻《中华人民共和国宪法》《中华人民共和国教育法》《中华人民共和国高等教育法》《中华人民共和国职业教育法》，具体落实《高等学校章程制定暂行办法》，努力做到定位准、内容全、程序规、核准到、监督力。尤其要将《深入学习习近平关于教育的重要论述》《中华人民共和国宪法》《中国共产党章程》中已经明确的内容清晰地体现在章程中。要写明“公办高等学校实行党委领导下的校长负责制”，写清建立学术组织、教职工代表大会等要求，明确立德树人这一根本任务，明确在中国共产党领导下培养中国特色社会主义建设者和接班人这一基本使命和职责。章程既要具体明确，也要抓大放小，经规范程序讨论通过并经核准后要及时公布、严格认真宣贯及执行。二要强化章程执行力度。要增强以校长为首的行政管理体系对章程的敬畏感和执行力，学校要设立章程执行监督小组，由校长每年向教职工代表大会报告章程执行情况，使章程的执行具有严肃性，真正做到按章程办事，发挥章程的刚性约束力、强制执行力。三要弘扬遵章办事精神。要提倡学习章程、尊崇章程、遵守章程，自觉形成弘扬章程的良好校风。应按正常程序修订不完善、不适时的章程，修订时坚持科学规范和程序严格，一经确定必须严格遵守。从某种意义上说，章程建设水平体现了学校的整体治理水平。

（二）健全校、行、企、社多元主体共同参与的校理事会

党中央、国务院的一系列文件都强调坚持产教融合、校企合作，“双高计划”也要求坚持产教融合，创新高职教育与产业融合发展的运行模式，精准对接区域人才需求，提升高职院校服务产业转型升级的能力，打造高职院校和行业企业形成命运共同体。因此，完全有理由认为，校企合作是职业教育的基本特征，也是“双高计划”的基本要求。为此，必须在治理体系建设上提供组织保证，在党委统一领导下，认真组建学校、行业、企业、社区共同参与的理事会或董事会，以发挥对办学治校、管理运行、专业建设等方面的咨询、协商、议事和监督作用，从根本上促进产学合作，提高人才培养质量。

（三）设立统筹行使学术事务职权的校学术委员会

“双高计划”在“提升学校治理水平”条款中明确说明，“设立学术委员会，统筹行使学术事务的决策、审议、评定和咨询等职权”。应该说，学术权力是高职院校作为高等学校的重要特征，是构建党委领导、校长负责、教授治校、民主管理的重要原因所在。高职院校作为高等教育的重要组成部分，必须坚持其学术性，确保相应的学术地位，将学术委员会建设作为行使学术权力的重要载体，通过学术委员会将“教授治校”落到实处。要认真贯彻落实《高等学校学术委员会规程》，并结合高

职院校特点和本校实际制定具体可行的、有可操作性的学术委员会章程，明确总体目标、组成规则、职责权限、运行制度等，明确对哪些学术问题做出决策、对哪些问题进行审议、对哪些事由进行评定、对哪类事项进行咨询，充分发挥学术委员会在学风建设、学科建设、专业建设、学术评审、成果转化等方面的积极作用。

（四）设立校级专业建设委员会和教材选用委员会

"双高计划"的一大创新点是强调"设立校级专业建设委员会和教材选用委员会，指导和促进专业建设和教学改革"。这既说明专业建设在高职院校办学治校中的重要性，也表明在新的历史条件下教材建设和选用工作的重要性。在职业教育发展之初，随着专业建设规模的扩大和内涵建设的深入，尤其是明确打造类型特色要求后，高职院校对专业建设重要性的意识逐渐提高。为此，教育部、财政部不断通过项目引领的方法推动高职教育专业建设，从 21 世纪教改项目到国家示范校、骨干校建设，从专业服务产业升级项目到高职教育创新发展行动计划，进一步将重点、特色、优势、骨干专业放到重要位置。新时代国家职业教育改革发展更是直接采用"双高计划"这一形式，再次把高职教育的专业建设提到新的高度。学校从治理层面建立专业建设委员会，对专业的设立、结构优化和布局调整进行审议。这既有利于正确处理好行政权力与学术权力的关系、充分发扬学术民主，也有利于不断提高专业建设水平。专业建设委员会不仅要正确处理好与学术委员会的关系，也要借鉴校企合作理事会中的部分合理内核，积极吸纳来自产业一线和行业企业专家的意见、建议，从而更好地推进专业建设适应经济社会发展和产业发展需要。关于教材选用，以往虽对教材建设有一些要求，但将其上升到学校治理高度还是第一次。以习近平同志为核心的党中央高度重视意识形态工作，多次强调"经济建设是我党的中心工作，意识形态是一项极端重要的工作"。为确保意识形态工作符合中国共产党治国理政的要求,党中央明确要求建立意识形态工作责任制,重视思想政治课建设,强调积极开展课程思政并加强教材建设。为此,国家建立了教材建设委员会,教育部设立了教材局,强化了教材编写、出版、发行、印刷管理机制,并对各校教材选用提出了要求。"双高"建设学校必须提高政治站位,在学校党委领导下,建立由宣传、教学等多部门参加的教材建设与选用委员会,并确保其充分有效地发挥作用。

(五)发挥好教代会在审议学校重大问题中的作用

"双高计划"在提升学校治理水平条目中明确强调"发挥教职工代表大会作用,审议学校重大问题"。这实际上包含多层含义:首先,必须建立教职工代表大会制度;其次,要发挥好教职工代表大会制度的作用;最后,强调重大事项决策要通过教职工代表大会。应当说,教育行政部门和高等学校对教职工代表大会制度一直是比较重视的。早在2011年,教育部就以中华人民共和国教育部第32号令的形式正式发布《学校教职工代表大会规定》,文件明确了基本要求、职权、代表产生、组织规则、工作机构等内容。在实际执行过程中,各校实施的情况不尽相同,但一般而言,每年开年之初召开一次教职工代表大会,同步召开工会代表大会,讨论审议的内容一般为"1+1+1+X":第一个"1"是校长工作报告,第二个"1"为学校财务预决算报告,第三个"1"为工会工作报告,"X"则为学校改革发展中的重大问题和事关教职工切身利益的问题。一些学校也通过代表提案的方式进一步反映教职工的诉求,有些提案经大会主席团确认后由有关部门研究落实,有些提案则供有关部门参考。教职工代表大会的常设机构在工会工作办公室,教职工代表大会的工作在校党委领导下进行。会议方案由党委审定,按程序产生大会主席团,由主席团领导大会工作。主席团应由党政工团和高层次人才代表组成,以体现群众性、民主性。

(六)建立健全校院(系)两级管理体制和运行机制

“双高计划”在提升学校治理水平第六款进一步强调“优化内部治理结构,扩大二级院系管理自主权,发展跨专业教学组织”,这实际上是行政管理组织体系中的组织设置和二级运行机制问题。一要优化学校内部治理结构。学校层面,要在学校党委统一领导下,认真把握党委领导下校长负责制的正确内涵,建立健全党委会、校长办公会议议事规则和决策机制,建好学术委员会并正常发挥作用,健全教职工代表大会体制机制,充分发挥民主监督作用。要适应高职教育特点和要求,建立健全校政行企理事会。要建好教材选用委员会,突出强化专业建设委员会职能,使政治权力、行政权力、学术权力、民主权力正常运行、相互约束,形成最大公约数,为学校发展画出最大同心圆。二要积极创造条件推进校院(系)两级管理。当学校办学发展到一定规模时,尤其是学校进入内涵发展和质量创优阶段,从有利于推进管理机制优化、提高管理效能、调动基层办学积极性和主动性、推动产学合作等多角度看,必须改变集中于一级的粗放式管理模式,积极构建两级管理新机制。在学校发展规模达到万人、教育部着力推进以专业群为基础的“双高”目标战略时,我们必须解放思想,在推进校院(系)两级管理上加大力度,真正让人、财、物向基层延伸。三要完善两级管理体系。随着校院(系)两级管理体制的推进,院级单位逐渐从教学实体向办学实体提升,这就要求院级单位必须拥有人、财、物的自主权,同时配备相应的管理力量。要建立党政工团组织体系,完善院长办公会议及党政联席会议制度。按照党中央的要求,二级院系目前实行党政共同负责制,因此,要规范议事规则和决策程序,配强配足党政班子尤其是主要领导,配备适量的管理服务人员,以确保二级管理运行顺畅、工作到位。四要发展跨专业教学组织。对跨专业教学组织这个问题目前尚存在一定争议。有专家认为,专业群组建前可以跨学院,组建后应及时调整到位；也有专家认为，为提高管理效能、教育质量和科研水准，我们始终需要保持并发展跨专业、跨学科的教学科研组织，通过建立柔性团队的方式推动教育教学和科研工作的开展。跨专业教学组织要从实际出发，因校而宜，适度保留和发展。

三、着力抓准高职院校治理能力提升的关键节点

“双高计划”对提升学校治理水平的要求，重点是围绕治理结构和治理内容展开的。作为一项工作要求，它无疑是十分必要和正确的，我们应当努力按此建设。然而，我们必须认识到：一流大学必然有一流的治理，建设中国特色高水平高职学校，实际上就是建设全国乃至世界一流的职业院校。对此，“双高计划”表达得十分清楚，即“引领改革、支撑发展、中国特色、世界水平”。正因为如此，我们必须抓准治理理念、治理结构、治理效能三个方面的关键节点，以整体提升高职院校的治理能力。

（一）创新治理理念：围绕核心价值确立善治为本的治理观念

善治是治理的一种高阶形式，其基本含义是实现公共利益最大化的社会管理过程。善治并非仅指一种管理时尚，而是社会发展进步到一定阶段的需要和产物，其本质可以理解为若干核心价值观在治理过程中的体现，即要求在实现治理目标的过程中更加强调法治、更加民主、更具效率。因此，结合高职教育发展实际，确立以善治为导向的治理观念，必须把握好四点核心价值观。一是坚持法治性，即强调治理过程和治理依据，强调依法办事，尤其要强调认真贯彻国家的法律和法规。对于学校组织而言，还要重视章程的作用，以章程来统领学校各项工作的运行，维护章程的权威，强化章程的作用。二是提倡民主性。在高校治理体系中，党的领导是一个重大政治前提，在党的领导下，我们

要正确处理政治权力、行政权力、学术权力之间的关系，努力寻求最大公约数，充分发挥民主，提高政策的最大受惠面和受惠率。三是强调包容性。坚持在治理过程中强调尊重个性、尊重差异，坚持激励兼容、有奖有罚、以奖为主，以充分调动各方面的积极性尤其是高层次知识分子的积极性。四是注重整体性，即强调学校内部各主体之间、学校与发展利益相关方之间是一个整体。要讲究整体认同，尤其是在教师、学生、校友三者之间坚持教师为基、学生为本、校友为宗，致力于打造教师、学生、校友发展共同体。

（二）优化治理结构：聚焦类型特色完善校本治理框架与结构

总体而言，我国高职院校的治理结构大多数是参照大学制度建立的。高职院校在发展初期，通过仿效大学制度，逐渐具备了高等教育形态，实现了办学升格、管理升级。然而，随着类型特色目标的确立，我们必须对传统的治理结构进行优化，研究建立与高教性和职教性双重属性匹配的治理结构，即从构建基本的治理框架、打造特色的治理结构两个层面出发优化治理结构。一是构建基本的治理框架，即高等教育治理体系的四大支柱：党委领导、校长负责、教授治学、民主管理。在党委领导、校长负责的体制内正确处理各种关系，强调以书记、校长为首的领导班子精于治校，以学术委员会为载体体现的教授精于治学，以一大批敬业爱岗的行政服务工作者精于治事，形成高水平学校的基本结构，体现结构现代化。具体来说，要坚持“一个前提”，即坚持和完善党委领导下的校长负责制。要坚持党委统一领导学校各项工作，坚持党的领导，坚持党委总揽全局、协调各方，坚持党要管党、从严治党，坚持“三重一大”党委决策制度。二是打造特色的治理结构。高职院校治理必须重视企业的参与，从某种意义上说，要通过校政行企的合作，通过企业代表参与学校治理，改善学校的发展环境，从而提升学校的治理效能。此外，学校接受财政拨款，使用纳税人的钱，也必须接受财政、审计等部门的监督检查,考核投入产出绩效。因此,现代治理结构建设还需要接受社会监督,由此形成“党委领导、校长负责、教授治学、民主管理、企业参与、社会监督”的治理新结构,其中党委领导是核心、校长负责是关键、教授治学是基本、民主管理是基础、企业参与是特色、社会监督是保证。

(三)激发治理效能:提升全员素质推动治理工作落实落地

先进的理念需要靠人来执行,完善的结构也需要人去运行。完善治理理念、结构框架、运行机制等固然重要,但更新人的思想、提升人的能力更是当务之急。对于高职院校来说,上至领导班子的整体水平,下至一般行政管理人员的服务能力,都是高职院校提升治理效能的重中之重。一要加强学校领导班子建设。领导班子在学校改革发展和运行中起着重要作用,必须按照党中央的要求,按照社会主义政治家和教育家的要求抓好落实,坚持忠诚担当、学习研究、开拓创新、服务示范、勤勉清廉的要求,提升领导班子的个体和整体水平。二要加强中层干部能力建设。中层干部在学校组织中起着承上启下的作用,必须培养好一支结构合理、素质优良、敢于担当、能力突出的中层干部队伍,尤其要培养其学习、创新能力和大局观念。从当前看,在青年教师干部队伍中培养一支面向 2035 年能担重任的人才队伍更为必要。三要注重管理服务队伍的专业化建设。建设高水平高职学校,关键在于高水平师资队伍,这无疑是正确的,也应当是我们的工作重心。但是,从提高治理水平角度看,我们也必须培养好忠于职守、办事有力的行政管理人员,从而把提升学校治理水平工作落到实处。

参考文献

[1] 别敦荣.治理体系和治理能力现代化与高等教育现代化的关系[J].中国高教研究,2015(1):29-33.

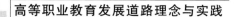

[2] 张建.教育治理体系的现代化:标准、困境及路径[J].教育发展研究,2014(9):27-33.

[3] 周建松,陈正江,吴国平.关于高等职业院校治理体系建设的思考[J].教育与职业,2016(16):29-31.

[4] 周建松,陈正江.学校发展系统:理论建构与实践探索[J].高等工程教育研究,2015(3):58-63.

[5] 眭依凡.论大学的善治[J].江苏高教,2014(6):15-21,26.

(本文发表于《教育与职业》2020 年第 14 期)

以“双高”建设为契机提升学校治理水平

周建松

摘　要：中国特色高水平高职学校和专业建设计划对提升学校治理水平提出明确要求，高职学校要坚持党委领导下的校长负责制，切实加强党的领导和党的建设；重视和加强学术委员会的建设，切实提高学术治理能力和水平；建立健全教职工代表大会制度，推进和落实科学决策、民主决策，在“双高”建设进程中不断提升学校治理水平。

关键词：中国特色高水平高职学校和专业建设计划；学校治理；党委领导下的校长负责制；学术委员会；教职工代表大会

中国特色高水平高职学校和专业建设计划（简称“双高计划”）对提升学校治理水平提出明确要求，教育部等九部门日前印发的《职业教育提质培优行动计划（2020—2023 年）》对提升职业教育治理水平也作出具体部署。作为高水平学校建设单位，我们要精准把握党中央关于管党治党、办学治校的决策部署，进一步健全体制机制，切实提高学校治理水平。

一、坚持党委领导下的校长负责制　切实加强党的领导和党的建设

习近平总书记在党的十九大报告中指出，党政军民学、东西南北中，党是领导一切的。《中华人民共和国高等教育法》明确规定，国家举办的高等学校实行中国共产党高等学校基层委员会领导下的校长负责制。在新的历史条件下必须坚决贯彻执行。

一是切实加强学校党的建设，按照党的十九大要求，全面推进党的政治建设、思想建设、组织建设、作风建设、纪律建设，把制度建设贯彻其中，深入开展反腐败斗争。

二是对照中共中央组织部、中共教育部党组印发的《高校党建工作重点任务》，健全党建工作体系，在落实立德树人根本任务上下功夫。

三是认真贯彻《中共教育部党组关于高校党组织"对标争先"建设计划的实施意见》要求，构建体系化党建工作格局。校党委要做到"六个过硬"，院（系）党组织要做到"五个到位"，基层党支部要做到"七个有力"。

四是在建立健全"七重"党委决策机制上下功夫，支持校长依法独立行使职权，建立健全党委会议事决策规则、校长办公会议事决策规则。

五是建设高素质党委班子，尤其是在忠诚担当、学习研究、开拓创新、求真务实、勤勉清廉上下功夫，努力把队伍带起来，使学校党委成为领导学校持续快速健康高质量发展的战斗堡垒，以切实提高管党治党、办学治校的能力和水平。

二、重视和加强学术委员会的建设　切实提高学术治理能力和水平

学术委员会是我国高校在"党委领导、校长负责、教授治学、民主管理"治理体制下，实现教授治学的重要组织载体。《中华人民共和国高等教育法》第四十二条明确规定，"高等学校设立学术委员会"；教育部2014年印发《高等学校学术委员会规程》强调，"健全以学术委员会为核心的学术管理体系与组织架构，并以学术委员会作为校内最高学术机构，统筹行使学术事务的决策、审议、评定和咨询等职权"；教育部、财政部《关于实施中国特色高水平高职学校和专业建设计划的意见》中也有同样的要求。

结合国家推进治理体系和治理能力现代化的要求，结合高等教育

尤其是高等职业教育内涵建设和特色发展的具体情况，重视和加强学术委员会建设，必须摆上“双高”建设和办学治校的议事日程。

一是充分认识学术委员会在高等学校治理架构中的重要地位。切实加强学术委员会的建设，充分发挥学术委员会在浓厚学术氛围、规范学术权力、推进学术民主、激发学术活力、推动学术繁荣、提升学术水平、促进学术发展等方面的积极作用。

二是规范学术委员会的运行。按照学校章程和《高等学校学术委员会规程》，制定符合学校特点和实际的学术委员会工作规程，明确委员资格，尤其要在规范运行上下功夫，统筹学术事务的决策、审议、评定和咨询等工作。

三是统筹协调好学术权力与各方面的关系。坚持学术组织在党的领导下开展工作这一基本原则，协调好学术权力与行政权力之间的关系，协调好以学术委员会为载体的教授治学和以党委书记、校长为代表的教育家治校以及广大教育工作者治事之间的关系，切实把学术发展工作推向纵深。

三、建立健全教职工代表大会制度　推进和落实科学决策、民主决策

为依法保障教职工参与学校民主管理和监督，完善现代学校制度，促进学校依法治校，教育部于 2011 年印发了《学校教职工代表大会规定》，明确了学校教职工代表大会的运行规范和工作要求，其中第七条详细列出了教职工代表大会的八项职权。近年来，全国总工会、教育部等部门在诸多文件中都强调，推进学校民主管理。应该说，建立健全教职工代表大会制度，是贯彻民主管理和教职工当家作主的重要途径，在新的历史发展时期，必须不断加强。

一要充分认识教职工代表大会制度的重要性。发挥其在教职工

当家作主、行使民主管理和民主监督权力，汇集教职工民智民意等方面的重要作用，这将有利于实现党委意志提升为全体教职工的意志，从而实现科学决策和民主决策。

二要规范教职工代表审议的内容。建立“1＋1＋1＋x＋y”必上教代会审议制度，其中的“1＋1＋1”是指校长工作报告、学校年度财务预决算报告、工会工作报告，“x”是指关于学校改革发展的重大问题，“y”是指事关教职工切身利益的重要问题。同时建立章程执行情况报告制度，有条件的还应建立学术委员会向教职工代表大会报告学术发展制度。

三要重视教职工代表的提案工作。提案是教职工代表行使民主权利、传递民智民意、表达管理和维权诉求的重要方式，教代会要围绕学校改革发展和师生员工切身利益，广泛公开征集服务发展、促进就业、人才培养、科学研究、社会服务、文化传承与创新、国际交流与合作等方面的意见。确认为正式提案的，要认真做好督查落实；明确为建议的，交有关部门作为工作参考。

四要切实加强教代会执委会建设。教职工代表大会作为一项制度，要长期坚持并有效发挥作用，必须建立教代会执委会，作为教代会的日常工作机构。执委会须加强自身建设，抓好教代会各项工作的落实。

提升学校治理水平，涉及的问题很多，如内外关系的协调，各项机制之间的统筹，校院（系）两级管理的推进，跨专业、跨学科组织的协同，章程、制度、标准的建立等，都十分重要。“双高”建设学校要加强以章程为核心的制度建设，在党的领导下，努力寻求政治权力、行政权力、学术权力、民主权力和发展权力的最大公约数，画出最大同心圆，切实把贯彻党的教育方针和立德树人根本任务落到实处，努力办好让党放心、人民满意、师生幸福的高水平高职学校。

（本文发表于2021年1月14日《中国教育报》）

浙江金融职业学院:完善治理体系　提升治理水平

陈正江

摘　要:浙江金融职业学院是中国特色高水平高职学校和专业建设计划建设单位。学校不断完善治理体系,以章程为统领,落实教代会制度,发挥学术委员会等作用,深化二级院系治理改革,完善内部质量保证体系,依托学校发展系统,形成校企共同体,持续提升学校治理水平。

关键词:浙江金融职业学院;治理体系;治理水平

浙江金融职业学院是全国首批国家示范性高等职业院校、浙江省重点建设高职院校、中国特色高水平高职学校和专业建设计划建设单位。办学46年来,学校不断完善治理体系,持续提升治理水平,扎实推进高品质幸福金院建设,努力办好"特色鲜明、人民满意、师生幸福"的高职教育。

一、以章程为统领,深入推进依法治校

持续完善以章程为核心的制度体系,探索建立不忘初心、牢记使命的制度,推进学校治理体系和治理能力现代化,建立章程实施监督机构,形成制度体系并以体制机制改革促进治理能力现代化,深入推进依法治校,形成支持人才培养和办学治校的治理体制与运行机制。贯彻落实党委领导下的校长负责制,坚持党委的领导核心地位,保证校长依法行使职权,执行民主集中制,健全《党委会议事规则》《校长办公会议事规则》,完善协调运行机制。推进"最多跑一次"

改革，始终把服务师生作为学校办学治校的出发点，建设依法治校标杆校。

二、落实教代会制度，审议学校发展重大问题

发扬教代会制度规范运行30年的优良传统，建立党、政、工、团、学协同机制，发挥教职工、学生在学校治理中的作用，审议学校年度工作报告、财务预决算报告和改革发展重大问题，以“年度重点工作任务分解”“年度服务师生实事”等为载体，推动教职工、学生参与学校民主管理和监督。以高品质幸福金院建设为指引，完善青年教师培养成长金翅膀、中年教师稳定发展金台阶、老年教师幸福安康金色降落伞的“三金机制”，激发全体教师干事创业热情，建好“全国模范职工之家”，积累可复制、可借鉴的改革经验和模式，发挥示范引领作用。

三、发挥学术委员会等作用，指导和促进学术、专业、教学改革

统筹行使学术委员会对学术事务的决策、规划、审议、评定和咨询等职权，指导学校“1＋2＋3＋X”即浙江省中国特色社会主义理论体系研究中心浙江金融职业学院研究基地，服务万亿金融产业创新中心和跨境电商技术协同创新中心，高等职业教育研究中心、地方金融研究中心、捷克研究中心科研平台开展研究；发挥专业建设委员会在专业与产业、课程内容与职业标准、教学过程与生产过程有效对接中的作用，组建教材选用委员会，发挥对教材遴选使用、质量监控和效果评价的功能，指导和促进学校学术发展、专业建设和教学改革，并通过持续开展“金院好课堂”活动将改革举措落到实处。

四、深化二级院系治理改革,组建跨专业教学组织

探索“以群建院、院为实体”改革,深化二级院系治理实践,扩大二级院系管理自主权,校院两级科学化、民主化、智能化决策与执行机制进一步完善,让教师发展有平台、成就有舞台。适应“1+X”证书制度改革试点,构建推动专业群建设的体制机制,组建“组团式”“委托型”“虚拟化”跨专业教学组织,鼓励二级学院搭建新型研究中心、博士工作所等,支持教师整合资源走向市场,并强化目标责任和绩效考核,提升校院两级治理水平。

五、以立德树人为根本,构建发展服务型工作体系

落实“育人为本”理念,深化以学生“千日成长”为主线,“爱生节”为载体,关爱学生进步、关注学生困难、关心学生就业“三关”体系为支撑,满足个性化成长需求为导向的发展服务型学生工作体系,着力在打造系统性学生成长环境、学习型学生工作队伍和研究式学生工作方法等方面下功夫,以学生的发展为最终目标和归属,努力实现学生在校学习生活的更大增值,培养德智体美劳全面发展的社会主义建设者和接班人。

六、坚持以师为尊,完善以育人为导向的评价机制

全面落实《深化新时代教育评价改革总体方案》的要求,始终坚持“全心全意依靠全体教师办学”,强调以育人为导向,细化基本要求、优化核心指标、强化价值导向,推动教师评价机制改革。注重学生工作履历,确立教师评价的基本要求;突出教育教学实绩,优化教师评价的核心指标;树立教书育人榜样,强化教师评价的价值导向;通过“金讲坛名

师”“五星级教师”“金院青年拔尖人才”“金院青年骨干人才”等教师计划推进实施。

七、依托学校发展系统，形成命运共同体

发挥发展理事会的咨询、协商、议事和监督作用，整合浙江金融职业学院校友总会、浙江省金融教育基金会等支持力量，打造与技术技能人才培养和创新服务相适应的产教融合、校企合作命运共同体。完善以事业单位法人浙江金融职业学院为主体，以企业法人杭州资信评估公司、浙江金苑培训中心和两个5A级社会团体法人组织——浙江金融职业学院校友总会、浙江省金融教育基金会为两翼的学校发展系统，打造教师、学生、校友发展共同体，促进和保障高水平学校和专业(群)建设。

八、完善内部质量保证体系，提升学校治理效能

在国家完善职业教育制度体系和构建职业教育国家标准的框架下，完善内部质量保证体系，推进学校质量诊断与改进工作。建设校情综合研判与决策服务支持系统，推进学校从传统经验式管理向基于数据驱动的智能化治理转变。以提质培优、增值赋能为指引，在已有内部质量保证体系基础上，加速职业教育数字化改革，并完善制度设计、运行规范和评价办法，构建提升学校治理效能的长效机制，形成可复制、可推广的改革经验和运行模式，助力学校高质量发展。

“十四五”期间，学校将持续完善治理体系，不断提升治理水平，进一步增强教师教书育人使命，激发学生成长成才动力，弘扬校友改革创新精神、干事创业热情、担当作为责任，努力打造新时代高水平高职教育的“重要窗口”。

（本文与张鹏超合作，发表于2021年4月27日《中国教育报》）

第四章 “双高”建设

多源流理论视域下“双高计划”政策过程考察

陈正江

摘　要:“双高计划”使高职教育改革成为一种公共事务,它是一系列基本程序与特定行动共同作用的政策过程。运用多源流理论的分析表明:对接产业升级、推进人力资源供给侧改革、高职资源配置转型等问题流是“双高计划”出台的原生动力;政府主管部门的主导与推动、专家学者提出的创造性政策建议等政策流是“双高计划”出台的顶层设计;全国人大代表提案、政党领袖集体行动等政治流是“双高计划”出台的利益诉求。政策制定者要精准把握住“职教20条”颁布的政策之窗,汇聚了三大源流,使“双高计划”得以落地实施。

关键词:多源流理论;“双高计划”;高职教育;政策过程

中国特色高水平高职学校和专业建设计划(简称“双高计划”)作为新时代我国推进高职教育高质量发展的一项前瞻性战略,意义重大。然而,无论是置身其中的参与者还是置身其外的观察者,均忽视了对“双高计划”政策过程中的政府决策逻辑与院校行动逻辑的关注,从而制约了对“双高计划”的深度理解。笔者尝试运用公共政策领域的多源流理论,从问题源流、政策源流和政治源流等三方面,系统考察“双高计划”的政策过程,进一步深化对中国特色高职教育的认识,增强政策理论对高职教育发展的解释力,为推进高职教育高质量发展提供参照与启示。

一、多源流理论及其在政策分析中的适切性

多源流理论最早由公共政策学家约翰·W. 金登提出。该理论指出,任何一项政策的成功出台都是问题源流、政策源流和政治源流三者在特定时期合力作用的结果。其中,问题源流是指引起决策者关注且有待政府解决的具体问题,如焦点事件、受到广泛关注的指标以及对既有政策的反馈等;政策源流是指专业人士针对某些问题提出的各种各样的政策建议、政策主张与政策方案;政治源流是指对政策议程设置产生影响的政治过程。三大源流均拥有独立的运行机制,但也会受其他源流的影响而改变自身的发展,当三大源流汇聚时,就形成了“政策之窗”。

改革开放 40 多年来,社会经济发展状况对高职教育的发展有着重大影响,高职教育需要对政治、经济、文化、社会做出恰当的回应。正如习近平总书记就加快发展职业教育的重要指示所强调的,“职业教育是国民教育体系和人力资源开发的重要组成部分,是广大青年打开通往成功成才大门的重要途径,肩负着培养多样化人才、传承技术技能、促进就业创业的重要职责”。在此过程中,高职教育需要提升地位、改善条件、获得资源,而不是改变性质、放弃特色。因此,无论是高职教育

整体，还是高职院校个体，都必须不断地使自己成为“历史”，也只有这样，才能为未来的发展注入持续而强劲的动力。党的十九大报告指出，“我国经济已由高速增长阶段转向高质量发展阶段”，提出“完善职业教育与培训体系，深化产教融合、校企合作”，在这种发展理念的指导下，“双高计划”所要解决的问题是通过扶优扶强，重点建设一批中国特色、世界水平的高职院校，引领高职教育高质量发展。随着以“互联网、大数据、人工智能”为代表的新技术革命的到来，迫切需要职业教育的政策制定主体间实现良性互动。

二、问题源流：“双高计划”的原生需求

美国政治学者哈罗德·拉斯维尔提出了一组更为具体的政策阶段，包括情报阶段、建议阶段、指示阶段、发动阶段、应用阶段、评价阶段和终结阶段。在对接产业转型升级和高职资源配置转型等原生动力的共同作用下，“双高计划”引起了政府层面的注意，并被提上了议事日程。

（一）新时期对接产业转型升级的现实诉求

在“双高计划”之前，我国高等职业教育领域最重要的政策举措是“示范计划”。“许多政府项目到某个时间就会过期并且必须重新获得授权。”通常说来，问题的逻辑起点是从生活中来、到生活中去，正所谓“源于生活，归于生活”。问题可以建构政府议程。每个人在现实中都会面临一些基本的问题，但问题在于我们面对的问题是不是真实的。随着我国人口红利的逐渐消失，迫切需要从粗放型经济增长方式向新的经济增长方式转变。教育与产业的契合是实现人力资本精准匹配的最有效途径，处于产业转型升级攻坚期的经济发展迫切需要高职院校加强产教融合、校企合作，创新应用型人才培养模式。

(二)高职教育资源配置转型的重要路径

职业教育从来就不仅仅是教育领域的事情,而是一项涉及多个领域利益相关者的公共事务。无论是“国家示范性高等职业院校建设计划”(以下简称“示范计划”)、《高等职业教育创新发展行动计划(2015—2018年)》(以下简称“行动计划”)还是“双高计划”,从本质上看,它们都不是一个固定的计划,而是一个创造性的务实的审慎推进的过程。而作为其基石和动力的,则是将高等职业教育视为一个活跃的、与经济社会发展相互依存的愿景。高职教育发展是中国本土的教育问题,但可以借鉴制度的视野去观察。笔者仅选取指示阶段和发动阶段两个环节进行深入分析,这一阶段的核心任务是建立议程。在现实生活中,需求导向、问题导向、目标导向等都是导致教育政策议题生成的现实背景。

三、政策源流:“双高计划”的结构要素

“双高计划”的产生,其背后的逻辑归根结底属于一种国家逻辑,随着“问题源流”的不断汇聚,包括政府官员、企业代表、专家学者在内的利益相关者参与其中,产生出职业教育“下好一盘大棋”的顶层设计。

(一)政府的主导推动

在“后示范”时代,思考中国高职教育的未来和高职院校发展走向,成为各界关注的议题。随着第四次工业革命的发展和中国制造2025的推进,国家加快发展现代职业教育的战略更显清晰,与此同时,高等教育从大众化向普及化转变,这两者都对高职教育发展产生了重要影响。事实上,“双高计划”一方面是参照了“示范计划”的经验和做法,另一方面也是充分借鉴了“双一流”建设的形式而开展的。“双高计划”的

酝酿起始于 2014 年《国务院关于加快发展现代职业教育的决定》，并在其后 2015 年《高等职业教育创新发展行动计划（2015—2018 年）》和 2017 年《国务院关于印发国家教育事业发展“十三五”规划的通知》中均有体现。与此相类似的重点建设项目是 2015 年国务院颁布的《关于统筹推进世界一流大学和一流学科建设总体方案》，即推进“双一流”建设也在一定程度上促成了“双高计划”的政策源流。2018 年 1 月，教育部提出启动中国特色高水平高职学校和专业建设计划；同年 6 月，教育部职成司召开高等职业教育创新发展行动计划工作会，提出近期筹划“中国特色高水平高职学校和专业建设计划”。2019 年 1 月发布的《国家职业教育改革实施方案》明确提出启动实施中国特色高水平高等职业学校和专业建设计划。2019 年 2 月，中共中央、国务院发布《中国教育现代化 2035》，将集中力量建成一批中国特色高水平职业院校和专业作为一项重要任务。作为新时代职业教育大棋中的重要一招，在 2019 年 4 月 4 日国务院深化职业教育改革电视电话会议召开后，“双高计划”紧锣密鼓地开始实施。

（二）学者的建言献策

在推动高职教育高质量发展的过程中，来自高等院校、研究机构、行业企业的专家学者在理论与实证研究的基础上，从不同学科理论视角为“双高计划”备选方案的选择和政策建议提供了决策参考。近年来，专家学者运用人力资本理论、新制度主义理论、三螺旋理论、布迪厄场域理论等多学科理论，从多个维度对高职教育的人才培养、技术技能积累、师资队伍建设、院校国际化、文化建设等高职教育高质量发展的核心问题进行了系统研究。同时，专家学者还综合运用数据包络分析方法、误差修正模型、差分分析方法、满意度指数测评模型等展现高职教育高质量发展的全貌。

(三)院校的积极行动

在我国推进教育现代化、建设教育强国和办人民满意教育的进程中,高职教育也迎来了大改革、大发展、大提高的重要机遇。作为这一变革的重要组成部分,高职教育担负着实现从制造大国向制造强国的转型、建设高素质产业工人队伍、打造更多"大国工匠"的重要任务,这既是推进我国人力资源强国建设的需要,也是加快我国产业升级与经济转型的需要。为更好地服务于国家战略和区域经济社会发展,高职院校以开展优质学校建设为契机,深化专业内涵建设,推进课程体系、教学模式改革,创新产教融合、校企合作、工学结合的育人机制;与人才培养和教师能力提升相结合开展应用技术研发和社会服务,提升学校对产业发展的贡献度;在这个过程中,以提高人才培养质量为核心,进一步完善治理结构,提升治理能力。这些行动在增强高职院校的办学治校水平的同时,也成为"双高计划"政策源流的重要构成要素。

四、政治源流:"双高计划"的利益诉求

制度理论认为,政府在国家经济社会发展中的作用是毋庸置疑的,"有目的的制度供给既反映了控制制度变革的那些人的权力和利益,又反映了在政治领域中的决策过程"。

(一)民众意愿生成全国人大代表提案

2019 年政府工作报告提出,"改革完善高职院校考试招生办法,鼓励更多应届高中毕业生和退役军人、下岗职工、农民工等报考""今年大规模扩招 100 万人""支持企业和社会力量兴办职业教育"等,这些重要表述迅速抬升了职业教育的舆情热度,使之成为今年两会期间最热的教育主题,毫无疑问,这是政府对民众普遍关注职业教育的客观反映和

积极回应。在我国,政策作为一种社会机制,对公众的认知产生了强大影响。政府内部的参与者、政府外部的参与者,主要包括学者、研究人员、咨询人员,他们既是促进因素,也可能是约束因素。当然,上述参与者为了在议程中占有一席之地,相互之间存在着激烈的竞争。事实上,“备选方案、政策建议以及解决方法都是在专业人员共同体中产生的”。

(二)执政党意志转换为政策集体行动

党的十八大以来,我国职业教育领域发生了重大变革。2014 年,习近平总书记就加快职业教育发展作出重要指示,此后,国家出台了一系列重大政策,如国务院发布《关于加快发展现代职业教育的决定》,国务院办公厅发布实施《关于深化产教融合的若干意见》,国家六部委出台《现代职业教育体系建设规划(2014—2020 年)》,教育部实施《高等职业教育创新发展行动计划(2015—2018 年)》,等等。政府是公共政策的重要参与主体,“制度蕴含利益”,人们借助教育政策将对教育利益的追求公开化、合法化。与此同时,公众社会态度的形成,即社会公众对职业教育怎么看或者怎么想也非常重要,而这种参与是一种基于个人教育利益的多元主义的制度博弈,这种博弈在一定程度上摆脱了政策的浪漫主义或理想主义,推动其从形式逻辑向生活逻辑转变。高职院校围绕建设现代职业教育体系、深化产教融合、实施现代学徒制、打造“双师型”教师队伍,开展集团化办学、落实生均拨款制度、建设专业教学资源库、举办职业教育活动周等方面的举措进一步推动了高等职业教育的改革和发展。

五、政策之窗:“双高计划”的启动实施

“双高计划”从产生认识到达成共识经历了一个较长时期的匹配过程。政策之窗之所以开启是因为紧迫的问题或政治源流中的重大

事件，它的开启同时也为相关部门推进问题解决政策提供了机会，也是他们促使该问题受到关注的机会。

（一）“职教 20 条”颁布实施开启了“双高计划”政策之窗

“职教 20 条”为“双高计划”的启动实施提供了政策依据，无论是对于政府部门，还是高职院校而言，都具有重要意义。一方面，对于政府部门而言，“双高计划”是一个漫长的政策过程，其中包含着一系列的政策，也存在一个“渐进调适”的过程，而渐进调适需要一些时机，即“政策之窗”。通过引导、确认，再加上事件的爆炸性效应实现了政策的扩展和转移。另一方面，对于高职院校而言，作为一种组织，在这种政策溢出过程中，它们会通过学习和实践来巩固“双高计划”的建设成果。通过这种公众的感知，教育的社会化旨在全面解决人的全面发展与教育发展之间的矛盾，从而摆脱权威主义，避免带来一厢情愿的政策制度设计。“职教 20 条”是国家层面的顶层设计和制度安排，其中提出实现“三个转变”的要求。为适应这一要求，政府在职业教育改革实施中的职能主要是负责规划战略、制定政策、依法依规监管，这是对高职教育未来走向至关重要的一项战略性指导方针。在互联网等新媒介普及化的时代，大众传播的巨大社会影响力已经逐步显现，通过媒介的作用，使得政府—院校—公众的关系得以维系，在教育制度和教育利益之间实现平衡，特别是在强制性制度向诱致性制度乃至自主性制度变迁的过程中，这种政策之窗的功能与价值就展现出来了。

（二）各部门协调使“双高计划”政策得以推进

一种宏观的，具有根本性、全局性的制度供给，必须建立在对现实社会行动主体制度需求情境加以分析的基础上，这种方法“强调问题与制度和制度变革的原因和后果相联系”。研究表明，议程设置的机理是政府政策引导高职院校自主发展，政策之窗力图实现的效果是实现政府与高职院校的良性互动。通过揭示教育政策生成与发展的基本逻辑，特别是在一项政策启动初始阶段的议题生产、科学的议程设置和有效的政策之窗，必定能使政策朝着政策制定者所希望的方向发展。

六、结语

笔者通过致力于描述、分析与解释“双高计划”的政策过程，尝试“理解国家对特定教育政策所赋予的意义、所做出的阐释以及尝试达致的意图，并分析这些意义与意图为何在特定政策脉络中得以彰显”。作为一门经验性学科，教育学如何面对现实状况进行有效分析，如何克服直观的经验感觉却又不能凌驾于经验之上，都需要必要的理论训练和政策分析。因为在理论的领域里，我们遇到的都将是经验性的问题，思考与质疑的习惯，将会帮助我们从经验中转化出理论的契机，让我们发现经验本身所蕴含着的意义。特别是在克服直观思维的同时，建立有理论想象力的具体分析视角，并养成发现问题与解决问题的习惯。从这个意义上来说，要摆脱当前高职教育的发展困境，必须要先摆脱现有的研究困境。更好地把握中国特色高职教育发展变革的方向究竟还需要什么外在的政策推动，还需要我们发挥社会学的想象力，借鉴社会科学多学科的理论资源，推进对高职教育发展更广阔社会背景的理解，以形成对公共政策过程及其内在机理更有说服力的解释，进一步推进高职教育高质量发展。

参考文献

[1] 习近平. 更好支持和帮助职业教育发展 为实现“两个一百年”奋斗目标提供人才保障——习近平就加快发展职业教育作出重要指示[N]. 人民日报，2014-06-24(1).

[2] 习近平.决胜全面建成小康社会　夺取新时代中国特色社会主义伟大胜利——在中国共产党第十九次全国代表大会上的报告[N].人民日报,2017-10-28(1).

[3] 约翰·W.金登.议程、备选方案与公共政策[M].2版.丁煌,方兴,译.北京:中国人民大学出版社,2017.

[4] 陈正江.教育制度供给与高职院校发展——基于国家示范性高等职业院校建设计划的研究[J].中国高教研究,2016(7):106-110.

[5] 孙歌.历史与人——重新思考普遍性问题[M].北京:生活·读书·新知三联书店,2018.

[6] 道格拉斯·C.诺思,张五常,等,著;李·J.阿尔斯通,恩拉恩·埃格特森,等,编.制度变革的经验研究[M].罗仲伟,译.北京:经济科学出版社,2003.

[7] 詹姆斯·S.科尔曼.社会理论的基础[M].邓方,译.北京:社会科学文献出版社,1997.

[8] 曾荣光.教育政策行动:解释与分析框架[J].北京大学教育评论,2014:(1):68-89.

[9] 郭建如,周志光.项目制下高职场域的组织学习、能力生成与组织变革[J].北京大学教育评论,2014(2):141-164.

[10] 谢俐.中国特色高职教育发展的方位、方向与方略[J].现代教育管理,2019(4):1-5.

(本文与梁帅合作,发表于《高等工程教育研究》2021年第4期)

从"双高计划"绩效管理办法看我国高职教育高质量发展的重心

周建松

摘　要：2020 年 12 月，教育部、财政部印发《中国特色高水平高职学校和专业建设计划绩效管理暂行办法》，对"双高计划"的绩效目标管理提出了明确方向性要求和具体考核办法。通过对"双高计划"绩效考核目标和具体内容的学习，可以进一步清晰地理解和把握高职教育高质量发展的时代要求，从《绩效管理办法》看我国高等职业教育高质量发展，其重心是：坚持正确办学方向，确定科学办学定位，打造高职类型特色，夯实专业（群）建设基础，加强师资队伍建设，深化投入产出研究。

关键词："双高计划"；高职教育；高质量发展；绩效管理办法

党的十八大以来，以习近平同志为核心的党中央高度重视职业教育改革发展，习近平总书记对职业教育多次作出重要指示批示，多次视察职业学校。党的十九大以后，为加快发展现代职业教育，中国特色高水平高职学校建设的理念逐步形成。2019 年 1 月，国务院发布的《国家职业教育改革实施方案》（国发〔2019〕5 号）明确提出，启动实施中国特色高水平高职学校和专业建设计划。

2019 年 3 月，教育部、财政部正式发布《关于实施中国特色高水平高职学校和专业建设计划的意见》（教职成〔2019〕5 号，以下简称"双高计划"），提出建设一批"引领改革、支撑发展、中国特色、世界水平"的高职学校和专业。经申报遴选，56 所高水平高职学校建设单位，141 个高水平专业群建设单位正式公布。[1]为推进"双高计划"朝着正确的方向前进，推动形成高质量的建设成果，2020 年 12 月，教育部、财政部印发

《中国特色高水平高职学校和专业建设计划绩效管理暂行办法》(教职成〔2020〕8号,简称《绩效管理办法》),对“双高计划”的绩效目标管理提出了明确方向性要求和具体考核办法。这不仅是对“双高计划”绩效管理的要求,也是对高等职业教育高质量发展的引领。

一、科学把握预算绩效管理作为国家制度的重要性

党的十九大以来,以习近平同志为核心的党中央高度重视推进国家治理体系和治理能力现代化建设,加强推进党和国家治理体系和治理能力现代化的根本制度、基本制度、重要制度建设。作为推进国家治理体系和治理能力现代化的内在要求之一,《中共中央、国务院关于全面实施预算绩效管理的意见》(以下简称《意见》)正式印发。《意见》针对预算绩效管理中存在的突出问题,如绩效理念尚未牢固树立,一些地方和部门存在重投入轻管理、重支出轻绩效的意识,绩效管理的广度和深度不足,尚未覆盖所有财政资金,一些领域财政资金低效无效、闲置沉淀、损失浪费,绩效激励约束作用不强,绩效评价结果与预算安排和政策调整的挂钩机制尚未建立等问题和情况,坚持以问题为导向,提出了全面系统而又有针对性的解决方案。在此基础上,《意见》根据经济高质量发展的要求,就加快建立现代财政制度,建立全面规范透明、标准科学、约束有力的预算制度,以全面实施预算绩效管理为关键点和突破口,解决好绩效管理中存在的突出问题提出了明确要求,即要基本建成全方位、全过程、全覆盖的全面绩效管理体系,实现预算和绩效管理一体化,着力提高财政资源配置效率和使用效益,改变预算资金分配的固化格局,提高预算管理水平和政策实施效果,为经济社会发展提供有力保障。《意见》也明确提出了实施预算绩效管理的基本原则,即坚持总体设计、统筹兼顾,坚持全面推进、突出重点,坚持科学规范、公开透明,坚持权责对等、约束有力。在此基础上,《意见》围绕

构建全方位预算绩效管理格局，建立全过程预算绩效管理链条，完善全覆盖预算绩效管理体系，健全预算绩效管理制度，硬化预算绩效管理约束等方面作出了具体规定。应该说，以党中央、国务院的名义印发预算绩效管理的文件，并提出预算绩效管理的要求和具体举措，规格高、方向明、要求清、政策细，我们必须认真学习并切实抓好贯彻落实。

二、全面认识“双高计划”绩效管理的目标和要求

根据《中共中央、国务院关于全面实施预算绩效管理的意见》《现代职业教育质量提升计划资金管理办法》（财教〔2019〕258 号）、“双高计划”等规定，教育部、财政部印发了《绩效管理办法》，对“双高计划”绩效管理作出明确界定，即绩效管理是中央及省级教育部门和财政部门、“双高计划”学校组织实施绩效目标管理，依据设定的绩效目标实施过程监控，开展绩效评价并加强评价结果应用的管理过程。

（一）坚持绩效管理的目标导向

绩效目标是指“双高计划”在实施期内预期达到的产出和效果，《绩效管理办法》明确“双高计划”目标着重对接国家战略，响应改革任务，紧盯“引领”、强化“支撑”，凸现“高”、彰显“强”、体现“特”，展示在国家形成“一批有效的职业教育高质量发展政策、制度、标准”方面的贡献度，并通过“双高计划”有关系统填报与备案。《绩效管理办法》明确提出，绩效目标应做到科学合理、细化量化，可衡量、可评价，体现项目核心成果。

（二）把握目标设定体现高质量发展的要求

“双高计划”的出发点是建设一批“业内都认可、地方离不开、国际可交流”的高职学校和专业。[2] 从这个出发点看，“双高计划”必须突出

一个"高"字，这个"高"既要与高职教育发展的阶段相适应，也要与"双一流"建设目标相呼应，更要与党中央提出的高质量发展阶段目标相协调。也就是说，"双高计划"在确定绩效目标时，必须充分体现我国经济社会发展进入高质量发展的基本要求，坚持高起点、高标准、高站位；同时还要实现财政资金投入产出绩效，体现高产出、高绩效；更要高在展示点，既要体现相对水平之高即体现在与同行比较和历史比较，也要体现绝对水平之高即体现新阶段的新要求；还要体现类型特色的要求，即体现在优化类型特色方面的贡献。因此，改革和创新是"双高计划"绩效目标不可或缺的内容。

(三)把握目标任务综合性和立体化的特点

"双高计划"的总体目标是建设一批引领改革、支撑发展、中国特色、世界水平的高职学校和专业群，形成一批有效支撑职业教育高质量发展的政策、制度、标准，探索形成中国特色职业教育发展模式。在此目标指引下，加强党的建设，打造技术技能人才培养高地、技术技能创新服务平台、高水平专业群、高水平师资队伍，提升校企合作水平、服务发展水平、学校治理水平、信息化水平、国际化水平是十大改革发展任务。同时，也鼓励各校从自身发展和办学特点出发，自立"双高"特色建设项目。也就是说，规定动作必须做到位，自选动作要有特色，而高水平专业群和十大任务之间本身也要有交叉和立体关系，从而形成了综合性、立体化成果的要求。

(四)把握绩效目标科学性和可量化的特点

《绩效管理办法》明确绩效目标应做到科学合理、细化量化、可衡量可评价，体现项目核心成果，这符合现代项目管理的要求。当今社会已进入数字化时代，对项目绩效目标进行定性考核固然重要，但量化考评更为科学，尤其是《绩效管理办法》明确采用自评报告加绩效信息采集表的形式，更充分说明了定性考核和定量考核相结合的要求。无论定性还是定量考核，都要体现科学性、合理性，纵向和横向之间、条和块之间、专业群建设和学校相关条线工作之间形成统一合理的格局。当然，成果形成过程中一定要注意量化，做到可测量、可比较、可考核。在这个过程中，核心成果即标志性成果显得尤为重要，如全国性评比中的获奖、立德树人方面的突出贡献、国际影响的制度标准形成中的作用等，如这些实践成果能上升到理论层面，则更有意义。[3]

（五）认真落实绩效目标评价责任体系

绩效评价是指学校、中央及省级教育部门和财政部门，对建设成果进行客观公正的测量、分析和评判，其中学校自评是基础。《绩效管理办法》明确提出，学校自评包括年度、中期及实施期结束后自评，学校对自评结果的客观性、真实性负责，学校法人代表是第一责任人。《绩效管理办法》同时强调，学校应当结合实际，设定绩效目标，对绩效目标实现情况进行全方位、全过程的自我评价，对绩效自评发现的绩效目标落实中存在的问题，应及时纠正、调整，确保绩效目标如期完成。这实际上是明确了绩效管理的责任基础主要在学校自身及其在花钱办事、干事创业、改革发展中的责任。[4]对此，我们必须强化意识、明确责任，而中央和省级教育部门、财政部门的主要任务是进行客观公正的测量、分析、评判。当然，这其中还包括了监督和指导，更负有复核和考评之职责。

三、以《绩效管理办法》推动“双高计划”建设任务落到实处

当然，我们也要清醒地认识到，与党中央、国务院关于建设高质量的教育体系这一总体要求和“双高计划”项目建设的目标任务相比，高职教育高水平建设中还面临一些问题，存在不小的差距。一些地方和

学校存在重申报轻建设、重文件轻过程，看中带上“双高”的“帽子”、轻深化改革的倾向，比如项目建设更多依赖政府财政投入，与行业企业共建共培的力度不够，行业企业投入不足；[5]还有部分学校的建设方案和任务书中任务分散，绩效目标设置过多过细，而国家性、标志性、引领性目标较少；此外，部分地区部分学校普遍在促进产教深度融合，增强职业技术教育适应性，完善治理结构，提升治理能力等方面还存在不深入、不到位的情况。形成上述问题既有受疫情影响、工作没能全面开展的客观原因；也有进入“双高”建设单位后，思想上松懈、工作劲头不足的主观因素。建立健全绩效管理制度，就是为了加强“双高计划”实施的过程监控，提高资金配置效率和使用效率，推动“双高计划”建设任务落到实处，使“花钱必问效，无效必问责”的理念落实在“双高计划”全过程，确保建设目标如期实现。

《绩效管理办法》正文共十二条内容，附表包括五张信息采集表和自评报告（提纲），主要包括绩效管理界定和绩效目标、绩效评价体系、绩效评价的数据采集和评价结果运用，目的是对“双高”学校和专业群建设的核心指标进行量化监测。这里面体现了“五个突出”，即突出目标要求的约束、突出支撑的过程管理、突出分级评价、突出服务贡献、突出动态调整。一是突出目标要求的约束，根据“双高计划”的建设方案来确定绩效评价任务。二是突出支撑的过程管理，依据数据采集表，由学校按照年度中期和实施期结束后三个阶段进行填报，通过分阶段提高来督促学校落实建设的主体责任，持续提高建设的工作水平。三是突出分级评价，包括学校自评、省级评价和中央评价，这些评价都必须严格按照规则规程进行，学校设定绩效目标开展测评。学校自评由学校在总体指标的框架下，根据本校的建设方案自行设置指标，充分发挥职业学校的创造性。省级评价是省级教育行政部门会同同级的财政部门分层负责本地学校的绩效管理工作。中央评价是教育部、财政部和部分“双高计划”院校总体的开展周期以及实施结束后的绩效评价。四是突出服务贡献，即绩效评价紧盯建设成效，使学校在引领改革发展、支撑国家战略经济发展、形成一批首创性的制度标准等方面发挥更大作用，提升学校在业内的影响。五是突出动态调整，坚持有进有出动态调整机制，教育部、财政部将绩效评价结果作为完善后续相关政策，调整中央财政资金，本周期验收以及下一周期遴选的重要依据。以上“五个突出”使绩效管理既成为促进“双高计划”项目建设的主要内容，又成为推动高职教育高质量发展的重要抓手。

四、从《绩效管理办法》看我国高等职业教育高质量发展重心

党的十九大明确提出我国经济进入高质量发展新阶段，习近平总书记在 2021 年全国“两会”与青海代表团座谈时对高质量发展作出了明确阐述。党的十九届五中全会进一步明确要求建设高质量教育体系，而《国家职业教育改革实施方案》就推进高等职业教育高质量发展提出了明确要求。通过对“双高计划”绩效考核目标和具体内容的学习，可以进一步清晰理解和把握高职教育高质量发展的时代要求，从而为开展“双高”建设、推进高等职业教育高质量发展提供新启示。

（一）坚持正确办学方向

坚持正确的办学方向，是办好中国特色高等职业教育的重大政治前提，其核心含义是回答好“培养什么样的人、怎样培养人、为谁培养人”的问题。对此，习近平总书记在多个场合、多次会议上反复强调，并提出了明确要求。在“双高”建设实施和学校发展过程中，一定要坚持和加强党的领导，自觉以习近平新时代中国特色社会主义思想武装头脑；同时，要教育引导学生坚定中国特色社会主义道路自信、理论自信、

制度自信和文化自信，强化政治意识、大局意识、核心意识、看齐意识，切实做到“两个维护”。学校各项工作要坚持贯彻立德树人主线，落实立德树人根本任务，把价值引领、知识传授和能力培养紧密结合起来，尤其是要培育和践行社会主义核心价值观，培养学生正确的世界观、人生观和价值观，使其成为德智体美劳全面发展的社会主义建设者和接班人。

（二）确定科学办学定位

《国家职业教育改革实施方案》明确强调，要把发展高等职业教育作为优化高等教育结构和培养大国工匠、能工巧匠的重要方式，使更多城乡新增劳动力接受高等教育。高等职业学校要培养服务区域发展的高素质技术技能人才，重点服务企业特别是促进中小微企业的技术研发和产品升级，加强社区教育和终身学习服务，这是对高等职业教育定位最明确的要求。因此，既要处理好高教性与职教性的关系，突出职教性，体现高等教育的要求，也要正确处理服务人的全面发展与适应市场需求培养人才的关系，尊重市场需求，体现人的发展诉求。既要正确处理好服务国家战略和区域发展的关系，从高职院校使命出发，围绕区域经济社会发展，研究中小微企业需求，着力在为区域和行业服务上下功夫，也要正确把握学历教育和职业培训的关系，在抓好学历教育的同时，认真做好职业培训和社会培训工作，积极发展社区教育，真正为区域、行业发展做贡献。

（三）打造高职类型特色

优化办学结构、加快构建现代职业教育体系是新时代教育改革发展的重大任务，这既是我国经济社会发展对人才结构需求的现实需要，更是我国教育结构优化和中国特色教育体系建设的长期战略。从当前情况看，一方面是学校毕业生就业难，另一方面是用人单位选不到合适的人才，这需要从结构上考虑质量问题。与此同时，我国以知识学科为基础的学术型（普通型）高等教育比例过高，导致人才供需失衡。这几年虽然在推动应用型转变上取得了一定进展，但进一步优化类型结构的任务仍十分艰巨。也就是说，推进高职教育高质量发展，必须在坚持培养高质量、高适应性的技术技能人才上保持定力，必须在构建产教融合、校企合作的体制机制上坚定不移，真正形成类型特色鲜明的中国特色高等职业教育。

（四）夯实专业（群）建设基础

作为一种类型教育，高等职业教育的主要任务和特征是专业教育，它既不同于普通本科的学科教育，也不同于基础教育的课程教育，办好高职教育，必须牢牢抓住专业建设这个基础不放松。在现实工作中，专业既是高职学校教育的标志，也是学生评价和选择的依据，还是一所学校特色的重要彰显，是学校内部资源配置的基础。因此，从某种意义上说，高质量高职教育实际上就是高质量专业教育，必须牢牢抓好；而从整合优化资源、培养复合型技术技能人才要求看，从专业向专业群方向发展也是科学合理的趋势。[6]所谓专业群，就是由一个重点、特色、优势专业带动，相关若干专业联合组合而成的专业链。虽然不同专家站在不同视角有不同的表述，但其基本含义是统一的，即专业群学科基础相通，技术领域相近，职业岗位相关，专业群内部基础课程共用，教学资源共享，教师队伍共育；经过建设，努力使专业链与产业链、人才链、创新链衔接，在科学构建专业群的基础上，推进校院（系）两级管理，深化“三教”改革，把高职教育的高质量发展推向纵深。

（五）加强师资队伍建设

高素质师资队伍既是高水平建设的重要内涵，更是高质量发展的重要支撑，在构建类型教育体系和科学办学定位过程中，人是最重要的因素，人的观念和素质决定着事物的发展，如何构建好与高等职业教育相适应的师资队伍是发展之重。我们既要在构建较高学历层次和理论素养的专任教师队伍上下功夫，更要从专业技能、专业知识要求出发，精心打造具有丰富专业素养和实践经验的专业课教师队伍，使其成为推动职业教育高质量发展的重要支撑。同时，高职院校还要充分利用《国家职业教育改革实施方案》和教育部等四部门《关于深化新时代职业教育“双师型”教师队伍建设改革实施方案》的政策红利，积极探索“固定岗＋流动岗”相结合的师资队伍建设模式，着力在高水平结构化教师教学创新团队上下功夫。[7]按照专业(群)和课程组的实际，构建起规模适当、结构合理、优势互补的素质优良、教研能力突出的结构化创新型教师团队，为实施高质量专业建设和人才培养创造条件。必须坚持以爱为首、引育并举、专兼结合，在提高专任教师素质和能力的同时，推动专兼结合的教师团队建设。

(六)深化投入产出研究

从某种角度讲，高质量发展应该是高绩效产出的发展，《绩效管理办法》的一个明显导向就是要体现投入产出绩效，用纳税人的钱是要有绩效的，花专项资金应该有特别的绩效，而投入产出绩效体现在人才培养贡献度、科学研究贡献度、社会服务贡献度、文化传承创新贡献度、国际交流合作贡献度等方面，要吃透高水平建设和高质量发展的主要任务、关键要素、目标定位和政策导向，特别是用全国职业教育大会前夕习近平总书记关于职业教育的重要指示来对标对表，真正做到用较少的钱办更多的事，真正使高职教育实现以低分录取、低要素投入、低学历层次谋“三高”，即通过改革创新实现高素质、高技能、高适应性的要求。特别是要把增强高等职业教育人才培养的适应性、社会服务的针对性作为衡量投入产出绩效的重要指标，认真研究并加以落实，[8]推动新时代高职教育高质量发展。

参考文献

[1] 周建松.精准把握中国特色高水平高职学校和专业建设的要义[J].中国高等教育,2020(12):62-64.

[2] 晋浩天.“双高计划”的现在与未来——专访“双高计划”建设咨询委员会主任委员黄达人[N].光明日报,2019-10-26(9).

[3] 周建松.以“三低”谋“三高”:高等职业教育发展政策和机制创新的研究与实践[J].中国高教研究,2010(7):104-108.

[4] 康翠萍.“治策”、“知策”、“行策”:教育发展规划决策模式及其选择[J].教育研究,2015(9):46-50.

[5] 徐国庆.我国二元经济政策与职业教育发展的二元困境——经济社会学的视角[J].教育研究,2019(1):102-110.

[6] 周建松.基于双高视阈的高素质技术技能人才培养思路研究[J].职教论坛,2020(3):62-68.

[7] 周建松.基于双高建设的校企合作体制机制深化研究[J].黑龙江高教研究,2020(7):125-129.

[8] 周建松.以创新性研究引领中国特色高水平高职学校建设[J].职业技术教育,2020(4):6-10.

（本文发表于《职业技术教育》2021 年第 21 期）

基于“双高”绩效管理的高职教育高质量发展研究

周建松　陈正江

摘　要：2020 年 12 月，教育部、财政部印发《中国特色高水平高职学校和专业建设计划绩效管理暂行办法》，附件包含“双高”学校建设数据采集表、高水平专业群建设数据采集表、基于“双高绩效目标实现贡献度”信息采集表、基于“高水平学校和专业群社会认可度”信息采集表、基于“地方政府（含举办方）重视程度”信息采集表等五张表和绩效自评报告，这为基于“双高”绩效管理、推进高职教育高质量发展提供了指引。

关键词：高职教育；“双高计划”；绩效管理；高质量发展

一、引言

2020 年 12 月，教育部、财政部印发了《中国特色高水平高职学校和专业建设计划绩效管理暂行办法》（教职成〔2020〕8 号，简称《绩效管理办法》），作为教育部、财政部《关于实施中国特色高水平高职学校和专业建设计划的意见》（教职成〔2019〕5 号，简称“双高计划”）的配套文件，《绩效管理办法》是继《中国特色高水平高职学校和专业建设计划项目遴选管理办法（试行）》（简称《遴选管理办法》）之后的又一个规范性文件，从而完成了最初政策设计时构想的“一个意见”“两个办法”“三个通知”的规范体系。

“双高计划”绩效管理表包含“双高”学校建设数据采集表、高水平专业群建设数据采集表、基于“双高绩效目标实现贡献度”信息采集表、基于“高水平学校和专业群社会认可度”信息采集表、基于“地方政府（含举办方）重视程度”信息采集表等五张表。具体而言，“双高”学校建设数据采集表和高水平专业群建设数据采集表这两张表以数据填报为主，侧重对院校和专业建设情况做定量分析；基于“双高绩效目标实现贡献度”信息采集表、基于“高水平学校和专业群社会认可度”信息采集表和基于“地方政府（含举办方）重视程度”信息采集表等三张表以信息采集为主，侧重对需求满足和利益相关者的评价做定性分析。事实上，这五张表是绩效自评报告的数据支撑，可以称之为“数据版”的自评报告。

《绩效管理办法》提供了绩效自评报告的参考提纲，为“双高”学校开展绩效管理提供了指南。具体而言，绩效自评报告包括“双高”学校绩效目标实现程度及效果，建设任务进度及绩效指标的完成情况，项目预算执行情况，实现“双高”学校绩效目标采取措施（含改进措施）的有效性（附相关佐证材料），对“双高”绩效目标实现的贡献度和社会认可度有关情况的说明、经验与做法，未完成或偏离绩效目标的原因以及发现的问题，改进措施及有关工作建议，其他需要特别说明的有关事宜与有关建议等八项内容，其中前四项是必填项、后四项为可选项。这反映出“双高计划”在实施执行过程中，保持了相对的原则性和灵活性，有利于各地各校根据自身情况办出特色，彰显高水平，这为基于“双高”绩效管理、推进高职教育高质量发展提供了指引。

二、“双高”建设的战略导向与目标管理

（一）从战略导向看“双高”建设

战略导向的核心是明确使命，这种使命既包括国家战略导向，也包括组织使命担当，这在“双高”建设启动实施过程中得到了充分的体现。

从国家的战略导向来看，2018 年 11 月，中央深改委会议通过《国家职业教育改革实施方案》（简称《实施方案》）并于 2019 年 1 月发布，《实施方案》提出“启动实施中国特色高水平高等职业学校和专业建设计划，建设一批引领改革、支撑发展、中国特色、世界水平的高等职业学校和骨干专业（群）”；2019 年 2 月，中共中央、国务院发布的《中国教育现代化 2035》，在十大战略任务中就包含“集中力量建成一批中国特色高水平职业院校和专业”；2019 年 4 月，教育部、财政部开始实施“双高计划”，引领新时代职业教育高质量发展。

从组织的使命担当来看，“双高”建设的使命是建设一批引领改革、支撑发展、中国特色、世界水平的高等职业学校和骨干专业（群），要完成这个使命，56 所“双高计划”建设立项学校和 197 个高水平专业群首先必须在基于类型特色打造上下功夫，并立足于类型特色在能力建设与内涵深化上见成效，将落实《实施方案》作为必修课，将实施“双高计划”作为必答题，通过开展“一加强、四打造、五提升”十大任务，完成好推进高等职业教育高质量发展这份时代答卷。从这个意义上来说，“双高”学校建设的项目必须从资金预算安排和资金使用两方面面予以加强，因为无论是中央财政投入资金、地方各级财政投入资金，还是举办方投入资金、行业企业支持资金，都是外部对学校完成“双高建设”的重要支持，因此对投入绩效提出要求是必然的，这也从另一方面促使学校要以更大的担当来完成这一光荣使命。

（二）从目标管理看“双高”学校建设数据采集表

根据“双高计划”明确的十大任务，“双高”建设学校自身内涵建设主要体现在“一加强、四打造、五提升”上，其中，加强党的建设是出发点，发挥着重要的指导和引领作用，也就是在党建指导和引领“双高”建设的前提下，通过完成九大任务，即“四打造”——打造技术技能人才培养高地、打造技术技能创新服务平台、打造高水平专业群、打造高水平双师队伍和“五提升”——提升校企合作水平、提升服务发展水平、提升学校治理水平、提升信息化水平、提升国际化水平来强化内涵建设，带动职业教育持续深化改革，实现高质量发展。

“双高”学校建设数据采集表包括指标、目标值、实现值三大要素，其中指标包括一级指标、二级指标和三级指标，而这些指标在一种逐级递进的关系中形成指标体系，即一级指标分别细化为若干个二级指标，二级指标又分别细化为若干个三级指标。同时，目标值、实现值均以累计数的形式呈现，这种增量体现出项目建设的效益，其中，目标值包括了实施期满目标值和阶段性目标值。具体而言，这些指标均以完成“四打造”“五提升”的重点任务为其具体工作内容。《绩效管理办法》要求“双高计划”学校提供五个左右反映十大建设任务的案例，原则上每个案例字数不少于 500 字；时效指标以任务完成进度为其具体评价方式；效益指标项下的社会效益指标将引领职业教育改革发展和人才培养的贡献度等三方面贡献度作为测量依据，可持续影响指标则把项目标志性成果可持续影响的时间作为评价标准。满意度指标项下的服务对象满意度指标，则从在校生、毕业生、教职工、用人单位、家长这些学校中的主体及利益相关者的角度进行测量，也就是说，在实践中，这种测量应具有定量统计和定性描述相结合的特征。

三、基于高水平专业群建设的高职教育高质量发展

“双高计划”采用高水平学校和高水平专业群两类布局和模式，高水平专业群建设是“双高计划”的重要内容，全国 253 个高水平专业群的内涵式发展要求提升每一个专业群人才培养环节的质量。高水平专业群建设数据采集表产出指标项下的数量指标、质量指标均包括人才培养模式创新、课程教学资源建设、教材与教法改革、教师教学创新团队、实践教学基地、技术技能平台、社会服务、国际交流与合作等八方面。

(一)人才培养模式创新

专业教育是动态响应和服务国家重大战略和区域经济社会发展需求、培养经济社会建设所需应用型专门人才的主渠道。人才培养模式是指在一定的教育思想指导下,为达到所追求的人才培养目标而确立的学生需要具备的知识、能力、素质结构,以及为达成该目标而建立的组织、制度和方法。人才培养方案主要分为课程建设、培养模式和培养环节、教学支撑体系三部分,在"双高计划"中,通常采用"项目制"来扎实推进高水平专业群建设。

(二)课程教学资源建设

在新世纪高等教育人才培养与教学改革项目以及国家示范性高等职业院校建设、国家骨干高职院校建设过程中,国家级、省级精品课建设在高职教育界树立了好课程的典范,每个学校好的教学传统在一门一门精品课程、在线开放课程,一个个"双师型"创新性教学团队中继承发展。在"双高计划"背景下,要进一步结合课程思政推进要求,深入开展基础课、公共外语课、思政课、体育课、通识课程、专业课程等各类课程资源建设,并充分发挥优质课程和资源的引领示范作用。

(三)教材与教法改革

"三教"是教学基本建设的重要内容,教材、教法分别对应解决"谁来教,教什么,如何教"三个核心问题。高水平专业(群)建设数据采集表将教材与教法改革和教师教学创新团队并列,为我们深化教育教学改革、推动内涵式发展奠定了良好的基础。深化"三教"改革对于建设中国特色、世界水平的高质量人才培养体系和实现课堂革命、意义重大。随着"互联网+职业教育"迅猛发展,教师运用现代信息技术更新教材和改进教法成为新常态，具体表现为适应新技术的需求，通过创造性的转化，将其纳入教学标准和教学内容。这种新技术体现在实验、实训、实习等教学过程的关键环节。

（四）教师教学创新团队

百年大计，教育为本；教育大计，教师为本。教师是推动“三教”改革的主体，制订和实施教师教学能力提升计划，构建更为完善有效的教师教学培训体系；在此基础上，不断推进教师教学培训实现全覆盖。特别重要的是，专业带头人作为高水平专业群建设的领导者、组织者和具体实施者，对专业群建设的目标定位、课程体系建设、人才培养、科研和社会服务等具有重大关系乃至产生着决定性影响，因此要加大专业带头人培养培训力度。除在教师队伍建设上加强学校自身培养外，还要通过引进高层次人才、聘任行业专家、优秀校友等担任兼课教师的方式，进一步充实提升师资力量和质量，着力构建“顶尖专家学者、双专业带头人、‘双师型’教师”三位一体高水平、结构化教师教学创新团队。

（五）实践教学基地

随着“互联网＋职业教育”的迅猛发展，教师运用现代信息技术更新教材和改进教法成为新常态，具体表现为适应新技术的需求，通过创造性的转化，将其纳入教学标准和教学内容，这种新技术在实验、实训、实习等教学过程的关键环节中应用尤为重要，这些都是保证教学质量的前提条件。在这个过程中，要联合行业企业共建现代产业学院，通过这个产教融合、校企合作的载体，将行业发展新技术、企业实用新工艺、岗位实践新规范等元素融入人才培养方案和教学标准，努力实现“岗课证赛”综合改革和一体化培养。

(六)技术技能平台

“职业教育是以技能为中心的综合职业能力的教育”,技术技能积累是高职教育的重要特征,这就要求高职院校以应用技术解决生产生活中的实际问题。为此,必须打破在学校里办教育的思维定式,深化产教融合,强化教学、学习、实训相融合的教育教学活动,推动专业设置与产业需求对接、课程内容与职业标准对接、教学过程与生产(经营)过程对接、毕业证书与职业资格证书对接,在教学改革中紧贴职业实践,融入职业要素,完善职业教育和培训体系。

(七)社会服务

社会服务是高等职业教育的重要职能,也是其不可回避的社会责任。对于高职院校而言,社会服务的立足点在专业和专业群,而高水平专业群的社会服务能力更强,社会服务的成效通常也更明显。通常而言,应用技术开发与应用、开展社会培训以及为行业提供咨询等是高职院校开展社会服务的重要领域。有学者对 197 所 253 个高水平专业群社会服务情况进行深入调研后,得出社会服务能力与高水平高职院校专业群建设水平相匹配的研究结论,因此可以说,社会服务是高水平专业群彰显其建设成效的重要指标与依据。

(八)国际交流与合作

建设中国特色高等职业教育体系,离不开与国际社会的交流与合作,这种交流与合作通常在双边或多边组织的框架内得以实施。对于职业教育而言,国际交流与合作通常在联合人才培养、联合技术研发与跨文化交流三方面体现得更加明显。新冠肺炎疫情暴发以来,对包括高等职业教育方面的国际交流与合作影响较大。当前,服务国际产能合作成为国际交流与合作的重要任务,特别是随着“一带一路”倡议得到越来越多的国家和地区认可与支持的前提下，服务中国企业“走出去”，并充分发挥职业教育在培养所在国技术技能人才中的重要作用，推动高等职业教育国际交流与合作在实践中取得进一步的实效。

四、以“双高”建设绩效引领高职教育高质量发展

（一）引领职业教育改革发展和人才培养方面

“双高计划”为建设教育强国、人才强国做出重要贡献，推动职业教育“下好一盘大棋”，并致力于把职业教育改革发展的“龙头”舞起来，这反映了国家加快实现职业教育现代化的制度取向，回应了高职教育推进高质量发展的制度需求。通过实施“双高计划”，促进高职学校和专业群办学水平、服务能力、国际影响力显著提升，为职业教育改革发展和培养数以千万计的高素质技术技能人才发挥示范引领作用，建设一大批当地离不开、业内都认同、社会均满意、国际可交流的高职院校，持续为职业教育高质量发展打造样板、树立标杆贡献力量。

（二）支撑国家战略和地方经济社会发展方面

我国高等职业教育与改革开放同步，40 多年来尤其是进入 21 世纪后，在积极推进高等教育大众化和加快发展职业教育双重政策的推动下，我国高等职业教育实现了历史性的发展，为支撑国家战略和地方经济社会发展做出了历史性的贡献。中国特色社会主义进入了新时代，从服务建设现代化经济体系和更高质量更充分就业需要出发，高等职业教育必须牢固树立新发展理念，聚焦高端产业和产业高端，不断深化产教融合、校企合作，引领职业教育服务国家战略、融入区域发展、促进产业升级，推动职业教育长入经济、汇入生活、融入文化、渗入人心、进入议程。

(三)推动形成一批国家层面有效支撑职业教育高质量发展的政策、制度、标准方面

政策、制度、标准在推进国家治理体系和治理能力现代化的过程中发挥着重要作用。在我国现实国情条件下，各级政府是各类推动经济社会发展项目的最重要的供给主体，随着政府职能逐渐向提供公共服务的转变，计划逐渐成为政府公共服务体制的重要载体，以计划推进高职教育改革和发展也是实现这种公共服务的重要手段，高等职业教育改革与发展的显著特征是“计划驱动与项目引领”。随着《国家职业教育改革实施方案》的颁布，我国高等职业教育迎来了新一轮制度供给，持续出台的政策措施推动着高职教育大发展、大改革、大提高。

五、基于教育评价改革的“双高”建设绩效评价

教育评价事关教育发展方向，有什么样的评价指挥棒，就有什么样的办学导向。2020 年 10 月，中共中央、国务院印发了《深化新时代教育评价改革总体方案》，基于教育评价改革的“双高”建设绩效评价应把握以下三大原则。

(一)内部评价与外部评价相结合

我们知道，不同的高职院校处于不同的区域经济社会发展和历史文化环境中，不同地区和不同院校如何促进建设一批引领改革、支撑发展、中国特色、世界水平的高职学校和专业群？它们是否面临同样的问题和挑战？一些区域和院校的成功战略和经验是否可以复制到其他区域和院校的环境之中？当然，“双高”院校和专业群在资源、治理、领导力和组织文化方面，处于不同的地区或位于不同的教育生态系统

中的高职院校所采取的建设路径是不同的，尽管不同的高职院校拥有共同的战略焦点和目标，但从自评报告中可以识别出它们之间不同的建设重点、发展过程和管理机制，因此要坚持内部评价与外部评价相结合的原则。

(二)过程性评价与终结性评价相结合

对于“双高”建设学校而言，过程性评价与终结性评价通常均包含院校治理框架、质量保障体系、经费投入与使用、透明度与信息公开等要素，由于各个院校所处的环境不同，一些要素可能是必需的，另一些则可能并非十分重要，但是，所有这些要素都具有非常重要的评估价值和指导意义。评估指标体系包含一级指标、二级指标、观察点，其中，评价标准、指标说明及计分办法也非常重要，它要求各建设院校对照指标做出自评描述，然后在院校内部由相应的责任部门领受工作任务，继而通过任务分解加快指标的完成度。在自评的基础上，更好地开展督导评价。

(三)奖优励先与劣效问责相结合

与投入、绩效、问责相联系的是建设、管理与评估，从国家或区域的视角来看是建设高职教育发展高地，从学校的视角来看是管理“双高”建设进程，从绩效考核的视角来看是评估“双高”建设绩效，从而形成一个包含多层次指标的闭环系统，因为具有竞争力的经费来源和资助计划，一定要求院校和专业群层面开展与其相对应的内涵建设与治理改革，这对于“双高”建设学校而言是一种激励或是倒逼其开展改革，进而通过开展有效和自治的管理评估，鼓励实现战略愿景和行动创新，以此有效回应快速变化的区域、全国乃至全球的需求与挑战。

六、结语

改革开放40多年来，我国高等职业教育改革的显著特征是“政策驱动”。在我国现实国情条件下，虽然不是每一项政策都会驱动改革，但每一次改革背后毫无疑问都会有政府的政策驱动，“双高计划”及其绩效管理就是有代表性的典型案例。而政策驱动高等职业教育改革的成功得益于行政权力的强制性、锦标赛体制以及对顺从的激励。由于政府所拥有的体制权威，使得以政府主导成为当代中国国家治理的制度逻辑。在中国特色社会主义新时代，特别是在“双高计划”推进实施过程中，高等职业教育政策演进需要充分考量激励相容，以保持政府、行业企业与院校之间的张力，最大限度整合高职教育内外部资源，构建政府、行业、企业、学校协同推进“双高”建设的新机制，为优化职业教育类型定位、推进高职教育高质量发展奠定坚实基础。

参考文献

[1] 教育部 财政部关于印发《中国特色高水平高职学校和专业建设计划绩效管理暂行办法》的通知，教职成〔2020〕8号[A].

[2] 教育部 财政部关于实施中国特色高水平高职学校和专业建设计划的意见，教职成〔2019〕5号[Z].

[3] 教育部 财政部关于印发《中国特色高水平高职学校和专业建设计划项目遴选管理办法(试行)》，教职成〔2019〕8号[Z].

[4] 教育部 财政部关于印发《国家示范性高等职业院校建设计划管理暂行办法》的通知，教高〔2007〕12号[A].

[5] 杜月.制图术：国家治理研究的一个新视角[J].社会学研究，2017(5)：192-217.

[6] 道格拉斯·C.诺思,张五常,等,著.李·J.阿尔斯通,恩拉恩·埃格特森,等,编.制度变革的经验研究[M].罗仲伟,译.北京:经济科学出版社,2003:2.
[7] 陈正江.教育制度供给与高职院校发展——基于国家示范性高等职业院校建设计划的研究[J].中国高教研究,2016(7):105-109.
[8] 青木昌彦.比较制度分析[M].周黎安,译.上海:上海远东出版社,2001:28.
[9] 陈正江.国家示范性高职院校建设项目运作机制与治理逻辑[J].高教探索,2016(11):80-84.
[10] 康永久.教育制度的生成与变革——新制度教育学论纲[M].北京:教育科学出版社,2004:5.
[11] 周建松,孔德兰,陈正江.高职院校高水平专业建设政策演进、特征分析与路径选择[J].中国职业技术教育,2017(25):41-48.
[12] 周建松,陈正江.高职院校“三教”改革:背景、内涵与路径[J].中国大学教学,2019(9):91-95.
[13] 陈正江.高职教育高水平专业建设——基于专门性人才培养与专业化教师发展的二维审视[J].中国职业技术教育,2019(2):78-83.
[14] 张红.高职院校高水平专业群建设的路径选择[J].中国高教研究,2019(6):105-108.
[15] 潘海生.中国特色高水平专业群建设的核心任务与建设路径[J].大学教育科学,2020(1):116-118.
[16] 王亚南.高职学校专业带头人专业化的制度制约及优化路径[J].高等工程教育研究,2019(2):108-112.
[17] 刘晓.高职学校高水平专业群建设:组群逻辑与行动方略[J].中国高教研究,2020(6):104-108.
[18] 王亚南,成军.高职学校高水平专业群建构:内涵意蕴、逻辑及技术路径[J].大学教育科学,2020(6):118-124.

[19] 欧阳河. 以范式改革推进高水平专业群建设[N]. 中国教育报，2020-03-03.

[20] 康翠萍. “治策”、“知策、“行策”：教育发展规划决策模式及其选择[J]. 教育研究，2015(9)：46-50.

[21] 王建华. 政策驱动高等教育改革的背后[J]. 清华大学教育研究，2019(1)：56-64.

[22] 阎光才. 政策情境、组织行为逻辑与个人行为选择——四十年来项目制的政策效应与高校组织变迁[J]. 高等教育研究，2019(7)：33-45.

[23] 周建松，陈正江. 改革开放以来我国高等职业教育发展政策的演进[J]. 教育学术月刊，2019(12)：3-8.

[24] 周建松，陈正江. 我国高等职业教育政策的演进——基于1996—2016年三个重大事件的分析[J]. 中国人民大学教育学刊，2016(4)：41-50.

[25] 罗伯特·W. 麦克米金. 教育发展的激励理论[M]. 武向荣，译. 北京：北京师范大学出版社，2008：92.

（本文发表于《江苏高教》2021年第11期）

基于“治理表”的“双高”建设绩效管理研究

陈正江

摘　要:2020 年 12 月,教育部、财政部印发《中国特色高水平高职学校和专业建设计划绩效管理暂行办法》,附件包含“双高”学校绩效自评报告及五张表,即“双高”学校建设数据采集表、高水平专业群建设数据采集表、基于“双高绩效目标实现贡献度”信息采集表、基于“高水平学校和专业群社会认可度”信息采集表、基于“地方政府(含举办方)重视程度”信息采集表,表格内容既包括院校、专业,也包括社会、政府,利用表格载体,这些主体在一系列基本程序与特定行动的共同作用下,生成了“治理表”现象,本文即围绕这一“双高”绩效管理新模式展开研究。

关键词:高职教育;“双高计划”;“治理表”;绩效管理

一、问题的提出

2020 年 12 月,教育部、财政部印发《中国特色高水平高职学校和专业建设计划绩效管理暂行办法》(教职成〔2020〕8 号,简称《绩效管理办法》),作为教育部、财政部《关于实施中国特色高水平高职学校和专业建设计划的意见》(教职成〔2019〕5 号,简称“双高计划”)的配套文件,《绩效管理办法》是继《中国特色高水平高职学校和专业建设计划项目遴选管理办法(试行)》(简称《遴选管理办法》)之后的又一个规范性文件,从而完成了“双高计划”最初政策设计时构想的“一个意见”“两个办法”“三个通知”的规范体系。

《绩效管理办法》对接国家战略需要,响应改革任务部署,紧盯“引领”、强化“支撑”、凸显“高”、彰显“强”、体现“特”，通过绩效评价体现示范引领作用，采用以表格填报和复核进行绩效管理的方式，力争以项目建设带动职业教育发展大有作为。其中的表格内容既包括院校、专业，也包括社会、政府，利用表格载体，这些主体在一系列基本程序与特定行动的共同作用下，生成了“治理表”现象。

在“双高计划”实施过程中，无论政府还是行业企业，特别是院校自身，越来越重视对绩效的研究，据此维持并不断提高其自身的竞争优势与地位。但当前有关“双高计划”及“双高”建设绩效管理的研究成果不多，而且处于缺乏系统整理、发表出版的状态。特别值得引起重视和注意的是，目前多数高职院校只是粗糙地使用了各类评价指标体系中的绩效数据，而且对这些数据和信息的分析也比较狭窄和浅陋，这既不利于建设院校将已有的研究成果应用于指导实践，也不利于同行之间的深入交流和提高。基于此，本文即围绕“治理表”这一“双高计划”绩效管理新模式展开深入研究。

二、“双高”绩效管理“治理表”现象、特征及其政策意涵

（一）“双高”绩效管理“治理表”现象

报表对我们来说，是再正常不过的事情了，可能是每天都在做的工作。在现实的经验场景中，我们高职院校的“双高”建设办公室里最常见的办公用品是一个个蓝色的文件盒，在这些文件盒里装满了包括表格在内的诸多佐证材料。在这些佐证材料重要性越发凸显的表象之下，我们看到，“技术治理”甚至是“数字治理”“表格治理”已经成为重要的治理理念。

对于任何一个组织而言，报表是该组织信息的采集和输出工具，通过报表这个载体，可以了解该组织的数据与信息，为组织及利益相

关者决策提供依据。特别是在当前大数据、云计算和人工智能的时代里，当报表与这些先进的数据信息处理工具和平台相融合，能更及时、准确、高效地反映组织的运行状态，以便为进一步提升组织绩效提供决策支撑。由此，利用表格进行绩效管理进而希图达致治理状态的行为就自然而然地发生了，笔者用“治理表”来概括这种现象。事实上，信息积累是一个长期的过程，“双高”建设的标志性成果及其社会评价等的生成更是一个长期的过程，《绩效管理办法》提供了这种用“治理表”实施绩效管理的新模式。

（二）“双高”绩效管理的特征

与 2007 年教育部、财政部发布的《国家示范性高等职业院校建设计划管理暂行办法》（教高〔2007〕12 号，以下简称《管理办法》）相比，《绩效管理办法》具有以下三个特征。

1. 突出绩效

《绩效管理办法》第一条开宗明义提出，为规范和加强中国特色高水平高职学校和专业建设计划（简称“双高计划”）绩效管理，明确责任，提高资金配置效益和使用效率，确保绩效目标如期实现，而特制定本办法。具体实施过程中，以“双高”学校绩效自评报告（参考提纲）作为基础文本开展考核评价。

2. 条款精简

《绩效管理办法》只有区区十二条，与《管理办法》二十九条的篇幅相比可谓大幅缩减。这主要是因为《管理办法》中的申报评审与组织实施，在《绩效管理办法》出台前的《遴选管理办法》中已作出相关规定。

3. 表格治理

这集中在《绩效管理办法》的第五条中，该条用附件中的五张表即“双高”学校建设数据采集表、高水平专业（群）建设数据采集表、基于

"双高绩效目标实现贡献度"信息采集表、基于"高水平学校和专业群社会认可度"信息采集表、基于"地方政府(含举办方)重视程度"信息采集表来体现"双高"建设绩效。

(三)"双高"绩效管理"治理表"的政策意涵

"治理表"即采用表格形式对"双高"建设进行绩效管理,其中蕴含着丰富的政策意涵。

首先,一种宏观的,具有根本性、全局性的制度供给,必须建立在对现实社会行动主体制度需求情境加以分析的基础上,这种方法"强调问题与制度和制度变革的原因和后果相联系"。在"项目制"的治理理念下,表格在中国行政系统中的地位日益重要,按常规的行政程序即事前、事中、事后,"治理表"被分解为"制表""对表""验表"三个环节。

其次,具体到"双高计划"中,就《绩效管理办法》附件所列的五张表而言,"双高"学校建设数据采集表和高水平专业(群)建设数据采集表两张表以数据填报为主,侧重对院校和专业建设情况做定量分析;基于"双高绩效目标实现贡献度"信息采集表、基于"高水平学校和专业群社会认可度"信息采集表和基于"地方政府(含举办方)重视程度"信息采集表这三张表以信息采集为主,侧重对需求满足和利益相关者的评价做定性分析。

最后,"治理表"在强制性制度向诱致性制度乃至自主性制度变迁的过程中发挥着重要的中介作用,对于政策制定者而言,"双高计划"是一个相对较长的政策过程,其中包含着一系列的政策,也存在着"渐进调适"的过程,而"治理表"因其所具有的在数据统计、模型建构、比较分析、评价反馈等方面的天然优势,在与其他治理模式的竞争中取得了优势。随着"双高计划"的推进,政府、社会、院校三者间的需求和供给在"治理表"这一政策框架中得以聚合,这有利于促进教育制度和教育利益实现平衡。

三、“治理表”：目标管理导向在“双高”绩效管理中的体现

目标管理是由组织制定一定时期内组织期望达到的总目标，然后由各部门和全体员工根据总目标的要求，制定各自的分目标，并积极主动地设法实现这些目标的管理方法。

（一）“治理表”对应“双高”建设十大任务

根据“双高计划”明确的十大任务，“双高”建设学校自身内涵建设主要体现在“一加强、四打造、五提升”上，其中，加强党的建设是出发点，发挥着重要的指导和引领作用，也就是在党建指导和引领“双高”建设的前提下，通过完成九大任务即“四打造”——打造技术技能人才培养高地、打造技术技能创新服务平台、打造高水平专业群、打造高水平双师队伍和“五提升”——提升校企合作水平、提升服务发展水平、提升学校治理水平、提升信息化水平、提升国际化水平来强化内涵建设，带动职业教育持续深化改革，实现高质量发展。

（二）“治理表”细化为建设数据采集表

“双高”学校建设数据采集表包括了指标、目标值、实现值三大要素，其中指标包括一级指标、二级指标和三级指标，而这些指标在一种逐级递进的关系中形成指标体系即一级指标分别细化为若干个二级指标，二级指标又分别细化为若干个三级指标。同时，目标值、实现值均以累计数的形式呈现，这种增量体现出项目建设的效益，其中目标值包括了实施期满目标值和阶段性目标值。

（三）“治理表”将定量统计和定性描述相结合

具体而言，指标体系中包括产出指标、效益指标、满意度指标三个一级指标。同时，在产出指标项下又包括数量指标、质量指标、时效指标；在效益指标项下又包括社会效益指标、可持续影响指标；在满意度指标项下又包括服务对象满意度指标。产出指标项下的数量指标、质量指标均以完成“四打造”“五提升”为其具体工作内容，《绩效管理办法》要求“双高计划”学校提供五个左右反映十大建设任务的案例，原则上每个案例不少于500字；时效指标以任务完成进度为其具体评价方式。效益指标项下的社会效益指标将引领职业教育改革发展和人才培养的贡献度、支撑国家战略和区域经济社会发展的贡献度、推动形成一批国家层面有效支撑职业教育高质量发展的政策、制度、标准的贡献度作为测量依据；可持续影响指标则把项目标志性成果可持续影响的时间作为评价标准。满意度指标项下的服务对象满意度指标则从在校生、毕业生、教职工、用人单位、家长这些学校中的主体及利益相关者的角度进行测量，也就是说，在实践中，这种测量具有定量统计和定性描述相结合的特征。

四、“治理表”：指标、编码与标志性成果在“双高”绩效管理中的应用

就“双高计划”而言，不到两年时间，就完成了政策“组合拳”即一个《意见》、两个《办法》、三个《通知》。“意见”立足于“建”，明确学校改革发展任务和中央地方保障举措；《遴选管理办法》立足于“选”，明确遴选条件和程序，公开申请、公平竞争、公正认定；《绩效管理办法》立足于“管”，突出过程管理、动态调整，保证建设质量。当然，“双高计划”的推

进不能仅仅停留在政策、制度、标准层面，它必须依靠具体的运作机制和操作方式才能落地实施。基于“双高绩效目标实现贡献度”的信息采集表就是这样一项运作机制，其中的指标与编码就是为了实现这项运作机制的可操作、可复制、可推广而设计的。

(一)指标

作为非必填项的一张表，基于“双高绩效目标实现贡献度”信息采集表具有开放性，也就是说，填表前要先判断绩效目标设定中有无对应的三级指标，如有，才填。然后根据对应的三级指标，填写指标值，这种就充分发挥职业院校的主动性和创造性，鼓励其根据本校建设方案自行设置指标，学校根据设定绩效目标开展自评，并按照年度、中期及实施期结束后三个阶段进行填报；省级和中央在此基础上，按照规则和程序进行检查评价，督促学校落实建设主体责任，持续提高建设水平。

(二)编码

编码是信息从一种形式或格式转换为另一种形式的过程，将数据转换为代码或编码字符，并能译为原数据形式，是计算机书写指令的过程，是程序设计中的一部分。由编码构成的编码体系有利于人们运用计算批量处理数据和信息。《绩效管理办法》设计了“双高计划”建设数据采集样表，这些样表旨在引导和规范 197 所“双高计划”建设单位能根据自身建设情况，及时、准确、完整地采集数据，当这些海量数据生成后，通过一定的编码规则进行转换，使之成为信息，而这些信息可更好地为“双高计划”建设单位、政府部门、社会公众所知晓和应用，进一步彰显数字治理在“双高计划”中的显著成效。

(三)标志性成果

基于"双高绩效目标实现贡献度"信息采集表中特别对标志性成果予以强调,标志性成果主要包括名称和简介,每个维度的标志性成果简介不超过1000字,同时要以社会评价作为佐证,并附列材料目录。可以说,标志性成果是"双高计划"建设成效的重要体现,必须做到有始有终、有声有色、有果有实、有形有神。作为"双高计划"项目建设单位,我们必须提出符合自身实际、务实可行的目标、任务、举措,以重大标志性成果为牵引,争创制度优势,提升治理效能,加快形成具有中国特色和世界水平的重大标志性成果。

五、"治理表":贡献度、社会认可度、重视程度在"双高"绩效管理中的拓展

"治理表"中还包括基于"双高绩效目标实现贡献度"信息采集表、基于"高水平学校和专业群社会认可度"信息采集表、基于"地方政府(含举办方)重视程度"信息采集表,这三张表是"治理表"在"双高"绩效管理中的拓展。

(一)基于"双高绩效目标实现贡献度"信息采集表

围绕办好新时代职业教育的新要求,基于"双高绩效目标实现贡献度"信息采集表从引领职业教育改革发展和人才培养方面、支撑国家战略和地方经济社会发展方面、推动形成一批国家层面有效支撑职业教育高质量发展的政策、制度、标准等三个方面维度对"双高"绩效目标实现贡献度进行定量和定性的测量和评价。每个维度均包括标志性成果名称、绩效目标设定中对应的三级指标编码与指标值、标志性

成果简介、社会评价佐证材料目录四个要素。具体而言，绩效目标设定中对应的三级指标包括数量指标、质量指标、社会效益指标、可持续影响指标等，其中数量指标为定量指标，其他三个指标为定量与定性相结合指标，这些指标都是为了佐证标志性成果，而标志性成果由名称、简介及社会评价佐证材料目录等构成。

（二）基于“高水平学校和专业群社会认可度”信息采集表

“双高计划”为建设教育强国、人才强国做出重要贡献，推动职业教育“下好一盘大棋”，并致力于把职业教育改革发展的“龙头”舞起来，这反映了国家加快实现职业教育现代化的制度取向，回应了高职教育推进高质量发展的制度需求。通过实施“双高计划”，促进高职学校和专业群办学水平、服务能力、国际影响力显著提升，为职业教育改革发展和培养数以千万计的高素质技术技能人才发挥示范引领作用，聚焦高端产业和产业高端，不断深化产教融合、校企合作，引领职业教育服务国家战略、融入区域发展、促进产业升级，推动职业教育长入经济、汇入生活、融入文化、渗入人心、进入议程，建设一大批当地离不开、业内都认同、社会均满意、国际可交流的高职院校，持续为职业教育高质量发展打造样板、树立标杆贡献力量。

（三）基于“地方政府（含举办方）重视程度”信息采集表

“双高计划”明确的基本原则之一为坚持省级统筹，即发挥地方支持职业教育改革发展的积极性和主动性，加大资金和政策保障力度。中央财政以奖补的形式通过相关转移支付给予引导支持，多渠道扩大资源供给，构建政府、行业、企业、学校协同推进职业教育发展新机制。“地方政府（含举办方）重视程度”信息采集表从地方性政策制度、地方政府主要领导联系学校机制的建立与运行、地方政府主导共建的技术技能人才培养及创新与服务平台、人财物的投入四个维度就地方政府(含举办方)重视“双高”建设的程度进行定量和定性的测量、评价。

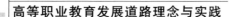

六、“治理表”:基准化分析在“双高”绩效管理中的深化

基准化分析是一种对照目标和指标进行绩效评估的方法,也就是我们经常所讲的“对标”“对表”,这种方法非常强调质量标准和质量优化在绩效评估中的作用。因此,基准化分析可拓展“双高”绩效管理的效度,做到科学合理、细化量化、可衡量可评价、体现项目核心成果。

(一)目标实现程度

目标实现程度属于方向性的范畴,它在一定程度上影响甚至可能决定了“双高”建设学校往哪里发展的问题,是战略问题,因此,它对于“双高”建设学校而言是至关重要的,这方面的内容主要包括总体目标的实现程度及效果、阶段性目标的实现程度及效果。

(二)指标完成情况

指标是目标的下位概念,指标是用来衡量达成目标的各项建设任务的完成情况。相对于目标实现程度而言,指标完成情况属于战术问题,这方面的内容主要包括学校层面和专业(群)层面建设任务进度、绩效指标的完成情况及相应的项目预算执行情况。此外,还需要对实现“双高”建设学校绩效目标采取措施的有效性,以及对“双高”绩效目标实现的贡献度和社会认可度有关情况的说明进行评估。

(三)经验与改进

“双高计划”旨在通过集中力量建设一批引领改革、支撑发展、中国特色、世界水平的高职学校和专业群,带动职业教育持续深化改革,强化内涵建设，实现高质量发展，因此，对“双高”建设中的经验与做法，甚至包括未完成或偏离绩效目标而出现的问题，无论是对“双高”建设学校自身，还是其他“双高”建设单位，抑或是其他高职院校都是弥足珍贵的。“双高”建设学校要基于此总结经验，并对发现的问题提出改进措施及有关工作建议，在这个意义上说，只有对高职院校的评价机制进行了较为具体的指标性的规定，“双高计划”的价值效应才可能最大化。

七、治理表：“双高”绩效管理与评价结果的运用

《绩效管理办法》明确了绩效管理的结果运用原则，即强调教育部、财政部评价结果是完善相关政策、调整中央财政奖补资金、本周期验收以及下一周期“双高计划”遴选的重要依据。同时规定，若发生“学校思政工作出现重大问题”“在实施期出现重大问题，经整改仍无改善”等情形时，“双高计划”学校将退出计划，并且不得再次申请“双高计划”。以此来评价学校的“双高”水准，并以此为依据给予特别财政支持。

在“双高计划”推进过程中，开展院校自评即通过基准化分析，考察其在战略愿景、决策过程、规章制度、竞争性环境以及组织文化等方面目标的实现程度和指标的完成情况。如今基准化分析已经将院校绩效比较变成一项战略工具，特别是在大数据、云计算和人工智能的时代，绩效评价逐渐开始向鼓励开展数据交换和广泛分析转变。特别是就未完成或偏离绩效目标的原因以及发现的问题与改进措施的描述和分析而言，这对于一所学校来说殊为不易，可以说，做到这一项的关键是要在日常的建设与管理中列出更加详细的量化指标，以清单式的形式来进行数据的实时采集与即时评价。

而对于政府及其部门而言，需要认真评估“双高”建设学校的需求、

资源和长期利益，以此为基础，设计整个国家高职教育发展战略。对于"双高"建设院校而言，追求最佳没有通用的模式或秘方，力争能够成为"最佳实践案例"是多数院校的工具性目标，有学者用更形象的"百花园""百家宴"来描述，"双高"建设学校绩效自评要扭转"一纸报告"就是"一个句号"的观念，应当深挖绩效自评报告后续成果，提升绩效自评后的产出与效能，发挥绩效管理与评价的综合作用。

八、结语

一项教育改革的成功在很大程度上取决于教育规划方案的科学性、合理性，但选择什么样的方案则又取决于规划决策的主体及其决策模式。2018 年 1 月，《教育部 2018 年度工作要点》提出启动实施中国特色高水平高职院校和高水平专业计划，在过去的几年里，越来越多的省(自治区、直辖市)和院校，以及众多的机构加入到了这场追求高质量发展的过程中来。这种旨在提升办学内涵的现象，不仅可追溯到优质校建设、骨干校建设乃至示范校建设阶段，我们也可以看到这种趋势必将延续到今后较长一段时间。

虽然笔者提出"治理表"的概念，然而在实践中基于表格治理的经验研究却没有得到相应的发展。当然，要优化职业教育的类型特色，简单的经验复制并不能有效地将某一模式从一个学校移植到另一个学校中去，需要各个"双高"建设学校根据自身情况博采众长、消化吸收，真正做到创造性转化、创新性发展。因此，接下来笔者所在的研究团队尝试将"治理表"的概念运用于观察和分析中国现阶段高职教育"双高计划"的项目治理中，为制定出与国情相适应的职业教育改革实施政策，进而为推进高职教育高质量发展提供研究支撑。

参考文献

[1] 中华人民共和国教育部,财政部.教育部 财政部关于印发《中国特色高水平高职学校和专业建设计划绩效管理暂行办法》的通知,教职成〔2020〕8号[A].

[2] 中华人民共和国教育部,财政部.教育部 财政部《关于实施中国特色高水平高职学校和专业建设计划的意见》,教职成〔2019〕5号[Z].

[3] 中华人民共和国教育部,财政部.教育部 财政部关于印发《中国特色高水平高职学校和专业建设计划项目遴选管理办法(试行)》,教职成〔2019〕8号[Z].

[4] 陈正江.治理表:“双高计划”绩效管理新模式[N].中国教育报,2020-12-29(9).

[5] 杜月.制图术:国家治理研究的一个新视角[J].社会学研究,2017(5):192-217.

[6] 中华人民共和国教育部,财政部.教育部 财政部关于印发《国家示范性高等职业院校建设计划管理暂行办法》的通知,教高〔2007〕12号[A].

[7] 康翠萍.“治策”、“知策、“行策”:教育发展规划决策模式及其选择[J].教育研究,2015(9):46-50.

[8] 道格拉斯·C.诺思,张五常,等,著.李·J.阿尔斯通,恩拉恩·埃格特森,等,编.制度变革的经验研究[M].罗仲伟,译.北京:经济科学出版社,2003:2.

[9] 青木昌彦.比较制度分析[M].周黎安,译.上海:上海远东出版社,2001:28.

[10] 康永久.教育制度的生成与变革——新制度教育学论纲[M].北京:教育科学出版社,2004:5.

[11] 陈正江.“双高计划”下高职教育高质量发展的战略导向与推进策

略[J]. 职业技术教育,2020(16):17-25.

[12] 高志研.“双高计划”引领新时代职业教育高质量发展[N]. 中国教育报,2019-04-09(9).

[13] 陈子季. 用系统思维下好“职业教育一盘大棋”[N]. 中国教育报,2020-12-03(9).

[14] 王继平. 扎根中国大地,奋力办好新时代职业教育[EB/OL]. (2018-11-07)[2020-12-28]. http://www.moe.gov.cn/jyb_xwfb/xw_fbh/moe_2069/xwfbh_2018n/xwfb_20181107/sfcl/201811/t20181107_353850.html.

[15] 周建松. 试论国家示范高职院校“百花园”建设[J]. 中国高教研究,2009(10):72-74.

[16] 陈正江. 国家示范性高职院校建设项目运作机制与治理逻辑[J]. 高教探索,2016(11):80-84.

[17] 陈正江. 教育制度供给与高职院校发展——基于国家示范性高等职业院校建设计划的研究[J]. 中国高教研究,2016(7):105-109.

[18] 周建松,陈正江. 贯彻落实《实施方案》着力推进高职教育类型特色建设[J]. 职教论坛,2019(7):73-78.

(本文发表于《职教论坛》2021 年第 11 期)

“双高”建设基准分析与绩效评价研究

陈正江

摘　要:“双高计划”是一个相对较长的政策过程,基准分析与绩效评价旨在分析与评价“双高计划”建设单位在实施期内预期达到的产出和效果。文章基于对《中国特色高水平高职学校和专业建设计划绩效管理暂行办法》的探讨,认为作为“双高”建设过程的政策工具,基准分析强调质量标准和质量优化在绩效评估中的作用,绩效评价则注重体现建设核心产出成果和效益。通过基准分析与绩效评价体现项目的增量和增值,彰显学校特色和水平,引领职业教育高质量发展。

关键词:“双高”建设;基准分析;绩效评价;高质量发展

一、问题的提出

2018年1月,《教育部2018年度工作要点》提出启动实施中国特色高水平高职院校和专业建设计划。2019年3月,教育部、财政部印发《关于实施中国特色高水平高职学校和专业建设计划的意见》。自此,越来越多的省(自治区、直辖市)政府和高职院校,以及众多的机构参与到了这一过程中来。2020年12月,教育部、财政部印发的《中国特色高水平高职学校和专业建设计划绩效管理暂行办法》[1](以下简称《绩效管理办法》)第三条规定,绩效目标是“双高计划”在实施期内预期达到的产出和效果。对于政策制定者而言,“双高计划”是一个相对较长的政策过程,其中包含着一系列的政策,也存在一个“渐进调适”的过程。[2]具体到“双高计划”本身,《绩效管理办法》附件包含“双高”学校绩效自评报告及“双高”学校建设数据采集表、高水平专业(群)建设数据采集表、基于“双高绩效目标实现贡献度”信息采集表、基于“高水平学校和专业群社会认可度”信息采集表、基于“地方政府(含举办方)重视程度”信息采集表五张表,而基准分析与绩效管理因其所具有的在数据统计、模型建构、比较分析、评价反馈等方面的天然优势,在与其他治理模式的竞争中取得了优势。[3]随着“双高计划”的推进,政府、社会、院校三者间的需求和供给在基准分析与绩效评价这一政策框架中得以聚合,这有利于促进教育制度和教育利益实现平衡。

二、“双高”建设的基准化分析

基准分析是一种对照目标和指标进行绩效评估的方法。埃伦·哈泽尔科恩提出,“基准分析已经将院校绩效比较变成一项战略工具”,[4]也就是我们通常所讲的“对标”“对表”,这种方法非常强调质量标准和质量优化在绩效评估中的作用。

(一)高水平学校建设基准分析

《绩效管理办法》附件中列举了“双高”学校绩效自评报告(以下简称“自评报告”)的参考提纲,要求各“双高”建设学校在摸清计划实施期内达到的产出和效果基础上,做出自我总结与评价。“双高计划”明确了十大建设任务——“一加强”“四打造”和“五提升”,即加强党的建设,打造技术技能人才培养高地、技术技能创新服务平台、高水平专业群、高水平双师队伍,提升校企合作水平、服务发展水平、学校治理水平、信息化水平、国际化水平。自评报告参考提纲主要包括“双高”学校绩效目标实现程度及效果等八项内容,这既界定了“双高”建设的“共同的目标”,也为“双高”建设学校开展自评提供了一个通用模板。通过对照这些目标是否达成,可以对“双高”建设学校的绩效做出评价。其中前四项是必填项，后四项为可选项，这反映出“双高计划”在实施执行过程中保持了相对的原则性和灵活性，有利于各地各校根据自身情况办出特色，彰显高水平。笔者将这八项内容整合为以下三方面加以分析。

1. 绩效目标实现程度

目标实现程度属于方向性的范畴，它在一定程度上影响甚至可能决定了“双高”建设学校往哪里发展的战略问题，因此，它对于“双高”建设学校而言是至关重要的，这方面的内容主要包括总体目标的实现程度及效果与阶段性目标的实现程度及效果。“双高”学校建设数据采集表和高水平专业群建设数据采集表这两张表以数据填报为主，侧重于对院校和专业建设情况做定量分析；基于“双高绩效目标实现贡献度”信息采集表、基于“高水平学校和专业群社会认可度”信息采集表和基于“地方政府（含举办方）重视程度”信息采集表这三张表以信息采集为主，侧重于对需求满足和利益相关者的评价做定性分析。

2. 任务指标完成情况

指标是目标的下位概念，用来衡量达成目标的各项建设任务的完成情况。相对于目标实现程度而言，指标完成情况属于战术问题，这方面的内容主要包括学校层面和专业群层面建设任务进度、绩效指标的完成情况及相应的项目预算执行情况。具体而言，上述两个层面的评价指标均包括产出指标、效益指标、满意度指标、管理与执行指标，此外还需要对实现“双高”学校绩效目标采取措施的有效性及对“双高”绩效目标实现的贡献度和社会认可度有关情况的说明进行评估。这五张表特别是自评报告中的第五部分即对“双高”绩效目标实现的贡献度和社会认可度有关情况的说明，具体包含了两大方面，即“双高”绩效目标实现的贡献度和社会认可度：前者包括引领职业教育改革发展和人才培养，支撑国家战略和地方经济社会发展，形成一批有效支撑职业教育高质量发展的政策、制度、标准等三方面；后者包括学生家长认可度、行业企业认可度、业内影响力、国际影响力等四方面，是对“当地离不开、业内都认同、国际可交流”目标的进一步提升。

3. 建设经验与改进措施

“双高计划”旨在通过集中力量建设一批引领改革、支撑发展、中国特色、世界水平的高职学校和专业群，带动职业教育持续深化改革，强化内涵建设，实现高质量发展。因此，“双高”学校建设中的经验与做法，甚至包括未完成或偏离绩效目标而出现的问题，无论是对“双高”建设学校自身，还是其他“双高”建设单位，抑或是其他高职院校，都是弥足珍贵的。“双高”建设学校要基于此总结经验，并对发现的问题提出改正措施及有关工作建议。在这个意义上，只有对高职院校的评价机制进行较为具体的指标性规定，“双高计划”的价值效应才可能最大化。[5]

（二）高水平专业（群）建设基准分析

1. 高水平专业（群）建设数据采集表

高水平专业（群）建设数据采集表的内容主要包括绩效指标及其他需要特别说明的问题两部分，更显精炼和聚焦。与“双高”学校建设数据采集表绩效指标的形式相同，高水平专业（群）建设数据采集表也包括指标、目标值、实现值三大要素，由一级指标、二级指标、三级指标三个层次构成。同时，目标值、实现值均以累计数的形式呈现，这种增量统计体现出项目建设的效益，其中，目标值包括实施期满目标值和阶段性目标值。

2. 高水平专业（群）建设指标体系

高水平专业（群）建设数据采集表产出指标项下的数量指标、质量指标均包括人才培养模式创新、课程教学资源建设、教材与教法改革、教师教学创新团队、实践教学基地、技术技能平台、社会服务、国际交流与合作八个方面，通过促进专业资源整合和结构优化，发挥专业群的集聚效应和服务功能。与此同时，《绩效管理办法》要求“双高计划”专业群需要提供五个左右反映专业群九大建设任务的案例，每个案例不少于500字。

3. 高水平专业(群)建设指标分析

高水平专业(群)建设数据采集表中的指标包括产出指标、效益指标、满意度指标。其中，在产出指标项下包括数量指标、质量指标、时效指标；在效益指标项下包括社会效益指标、可持续影响指标；在满意度指标项下包括服务对象满意度指标。这些指标的评价方式多种多样。产出指标项下的时效指标以任务完成进度为具体评价方式。效益指标项下的社会效益指标将引领职业教育改革发展和人才培养的贡献度，支撑国家战略和区域经济社会发展的贡献度，推动形成一批国家层面有效支撑职业教育高质量发展的政策、制度、标准的贡献度作为测量依据；可持续影响指标把项目标志性成果可持续影响的时间作为评价标准。满意度指标项下的服务对象满意度指标从在校生、毕业生、教职工、用人单位、家长这些教育主体及利益相关者的角度进行测量。在实践中，这种测量具有定量统计和定性描述相结合的特征。

三、“双高”建设的绩效评价路径

我国高职教育有着“基层出政策”的优良传统。很多院校在专业群建设实践中创造性地开展工作，积累了很多好的经验和做法。如何把这些好的经验和做法，以及行之有效的举措总结推广开来，建立健全多方协同的专业群可持续发展保障机制，推动高水平专业群建设持续

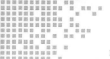

深入，不断提升高职教育人才培养质量，这将是“双高计划”永恒的主题，而“双高”建设绩效评价是“双高计划”顺利推进的重要保障。因此，绩效目标应做到科学合理、细化量化、可衡量可评价、体现项目核心成果。用通俗的话来说，绩效评价可以用两把“尺子”来比较：一个是和自己比，从纵向历史发展中体现增量和增值形成经验和机制；另一个是跟“同学”比，从横向比较中体现特色和水平，发现短板与差距。

（一）从纵向历史发展中体现增量和增值，形成经验和机制

“双高”建设绩效评价以“双高计划”建设单位自评为基础，围绕办好新时代职业教育的新要求，明确基于建设方案和任务书的落实情况。特别是“双高绩效目标实现贡献度”信息采集表从引领职业教育改革发展和人才培养，支撑国家战略和地方经济社会发展，推动形成一批国家层面有效支撑职业教育高质量发展的政策、制度、标准三个维度出发，对双高绩效目标实现贡献度进行定量和定性的测量和评价。每个维度均包括标志性成果名称、绩效目标设定中对应的三级指标编码与指标值、标志性成果简介、社会评价佐证材料目录四个要素。具体而言，绩效目标设定中对应的三级指标包括数量指标、质量指标、社会效益指标、可持续影响指标，其中数量指标为定量指标，其余三个指标为定量与定性相结合指标，这些指标都是为了佐证标志性成果，而标志性成果由名称、简介及社会评价佐证材料目录等构成。这些指标与编码就是为了保证“双高绩效目标实现贡献度”这一运作机制可操作、可复制、可推广而设计的。

1. 指标

作为非必填项的一张表，基于“双高绩效目标实现贡献度”信息采集表具有开放性，即填表前要先判断绩效目标设定中有无对应的三级指标，如无则不填，如有则根据对应的三级指标填写指标值。这

种表格可以充分发挥职业院校的主动性和创造性，鼓励其根据本校建设方案自行设置绩效目标并开展自评，按照年度、中期及实施期结束后三个阶段进行填报。各级教育行政部门在此基础上按照规则和程序进行检查评价，督促学校落实建设主体责任，持续提高建设水平。

2. 编码

编码是信息从一种形式或格式转换为另一种形式或格式的过程，在这个过程中将数据转换为代码或编码字符，并能被转换回原数据形式。由编码构成的编码体系有利于人们利用计算机批量处理数据和信息。《绩效管理办法》设计了“双高计划”建设数据采集样表，这些样表旨在引导和规范197所“双高计划”建设单位根据建设情况及时、准确、完整地采集数据。当这些海量数据生成后，通过一定的编码规则进行转换，使之成为信息，而这些信息可更好地为“双高计划”建设单位、政府部门、社会公众所知晓和应用，进一步彰显数字治理在“双高计划”中的显著成效。

3. 标志性成果

“双高绩效目标实现贡献度”信息采集表对标志性成果予以重点强调。标志性成果主要包括名称和简介，每个维度的标志性成果简介不超过1000字，同时要以社会评价作为佐证，并附列材料目录。可以说，标志性成果是“双高计划”建设成效的重要体现，必须做到有始有终、有声有色、有果有实、有形有神。“双高计划”项目建设单位必须提出符合自身实际、务实可行的目标、任务、举措，以重大标志性成果为牵引，争创制度优势，提升治理效能，打造硬核成果，彰显建设引领改革、支撑发展、中国特色、世界水平的高职学校和专业群的使命担当。

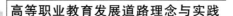

(二)从横向比较中体现特色和水平,发现短板与差距

《绩效管理办法》附件基于"双高绩效目标实现贡献度"信息采集表中的三个维度,是根据横向比较体现特色和水平,发现短板与差距的原则而设定的。

1. 引领职业教育改革发展和人才培养维度

"双高计划"推动职业教育"下好一盘大棋",致力于把职业教育改革发展的"龙头"舞起来,为建设教育强国、人力资源强国做出重要贡献。[6]这反映了国家加快实现职业教育现代化的制度取向,回应了推进高职教育高质量发展的制度需求。通过实施"双高计划",促进高职学校和专业群办学水平、服务能力、国际影响力显著提升,特别是通过人才培养模式创新,促进学生成长成才,建设一大批当地离不开、业内都认同、社会均满意、国际可交流的高职院校,[7]持续为职业教育高质量发展打造样板、树立标杆贡献力量。

2. 支撑国家战略和地方经济社会发展维度

我国高等职业教育的发展历程与改革开放同步。过去 40 多年来,尤其是进入 21 世纪后,在积极推进高等教育大众化和加快发展职业教育双重政策的推动下,我国高等职业教育实现了历史性的发展,为支撑国家战略和地方经济社会发展做出了历史性的贡献。中国特色社会主义进入了新时代,从服务建设现代化经济体系和满足更高质量更充分就业需要出发,"双高"建设必须贯彻落实新发展理念,聚焦高端产业和产业高端,不断深化产教融合、校企合作,引领职业教育服务国家战略、融入区域发展、促进产业升级,而"双高"评价尤其要关注建设单位在承担改革发展任务和发挥引领作用方面的成效,推动职业教育长入经济、汇入生活、融入文化、渗入人心、进入议程。[8]

3. 推动形成一批国家层面有效支撑职业教育高质量发展的政策、制度、标准维度

政策、制度、标准在推进国家教育治理体系和治理能力现代化过程中发挥着重要作用。在我国现实国情下，各级政府是各类推动经济社会发展项目的最重要的供给主体。随着政府职能逐渐向提供公共服务转变，计划逐渐成为政府公共服务体制的重要载体，以计划推进高职教育改革和发展成为实现这种公共服务的重要手段，高等职业教育改革与发展的显著特征是“计划驱动与项目引领”。[9] 2019 年《国家职业教育改革实施方案》印发后，我国高等职业教育迎来了新一轮制度供给。[10] 2020 年教育部等九部门联合印发《职业教育提质培优行动计划（2020—2023 年）》，2021 年中共中央办公厅、国务院办公厅印发《关于推动现代职业教育高质量发展的意见》，持续出台的政策措施推动着高职教育大发展、大改革、大提高。尤其是 2022 年 4 月，第十三届全国人民代表大会常务委员会第三十四次会议修订通过《中华人民共和国职业教育法》，这为新时代职业教育高质量发展提供了法治保障。在国家加大制度创新、政策供给、投入力度的引领下，“双高”建设单位通过自下而上的基层探索和创新实践，为形成一批国家层面有效支撑职业教育高质量发展的政策、制度、标准夯实基础。

四、“双高”建设绩效评价结果的运用

《绩效管理办法》明确了绩效管理的结果运用原则，即强调教育部、财政部评价结果是完善相关政策、调整中央财政奖补资金、本周期验收以及下一周期“双高计划”遴选的重要依据。同时规定，若发生“学校思政工作出现重大问题”“在实施期出现重大问题，经整改仍无改善”等情形时，“双高”建设学校将退出计划，并且不得再次申请“双高计划”。

简而言之，即以“双高”建设绩效评价结果来评价学校的“双高”建设水准，并以此为依据给予特别财政支持。政府及相关部门需要认真评估“双高”建设学校的需求、资源和长期利益，以此为基础设计高职教育整体发展战略。对于“双高”建设院校而言，追求最佳没有通用的模式或秘方，力争能够成为“最佳实践案例”是多数院校的工具性目标，对此有研究者用更形象的“百花园”“百家宴”来描述。“双高”建设学校绩效自评要扭转“一纸报告”就是“一个句号”的观念，应当深挖绩效自评报告后续成果，提升绩效自评后的“产能”，发挥绩效自评报告的综合作用。这种旨在提升办学内涵的要求不仅可追溯到优质校建设、骨干校建设乃至示范校建设阶段，事实上，这种要求必将在今后较长一段时期得以延续。当然，简单的经验复制并不能有效地将某一模式从一所学校移植到另一所学校中去，而是需要各个“双高”建设学校根据自身情况博采众长、消化吸收，真正做到创造性转化、创新性发展。与此同时，基于“地方政府(含举办方)重视程度”信息采集表从地方性政策制度、地方政府主要领导联系学校机制的建立与运行、地方政府主导共建的技术技能人才培养及创新与服务平台、人财物的投入四个维度出发，对地方政府(含举办方)重视“双高”建设的程度进行定量和定性的测量和评价。这一方面旨在促进地方政府履行发展职业教育的工作职责，对照绩效评价要求，组织开展督导评估，统筹协调区域职业教育发展；另一方面旨在督促举办方履行实施职业教育的义务，深度参与职业教育，开展多元办学，共同推进职业教育高质量发展。

五、结语

在“双高计划”推进过程中，开展院校自评即是通过基准分析，考察“双高”建设院校在战略愿景、决策过程、规章制度、竞争性环境及组织文化等方面目标的实现程度和指标的完成情况。从实践来看，绩效信息积累是一个长期的过程，“双高”建设的标志性成果及其社会评价等的生成更是一个长期的过程。在大数据、云计算和人工智能的时代，绩效评价逐渐开始向鼓励开展数据交换和广泛分析转变。特别是就未完成或偏离绩效目标的原因，以及发现的问题与改进措施进行描述和分析而言，这对于一所学校来说殊为不易，而做到这一条的关键是院校在日常建设与管理中结合更加详细的量化指标，借助“互联网＋”及信息技术系统等手段，以清单管理和负面清单的形式进行数据的实时采集与跟踪评价。综上，《绩效管理办法》为“双高”建设与绩效管理绘制了“作战图”，明确了“施工图”。特别是在教育部、财政部开展“双高计划”中期绩效评价工作的过程中，高水平学校和高水平专业群建设单位要把已有的政策红利用好用足，把绩效评价的精神和内容学深吃透，全面扎实推进“双高”建设，引领职业教育高质量发展。[11]

参考文献

[1] 中华人民共和国教育部，财政部. 教育部 财政部关于印发《中国特色高水平高职学校和专业建设计划绩效管理暂行办法》的通知[EB/OL]. (2020-12-23)[2022-01-29]. http://www.moe.gov.cn/srcsite/A07/moe_737/s3876_qt/202012/t20201225_507515.html.

[2] 陈正江. “双高计划”背景下高职教育高质量发展的战略导向与推进策略[J]. 职业技术教育，2020(16)：12-17.

[3] 陈正江. 基于“治理表”的“双高”建设绩效管理研究[J]. 职教论坛，2021(11)：146-151.

[4] HAZELKORN E，MAROPE P T M，WELLS P J. Rankings and Accountability in Higher Education：Uses and Misuses[J]. UNESCO，2013.

[5] 周建松，陈正江. 基于“双高”绩效管理的高职教育高质量发展研究

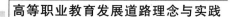

[J]. 江苏高教,2021(11):28-32.
[6] 高志研. “双高计划”引领新时代职业教育高质量发展[N]. 中国教育报,2019-04-09(9).
[7] 王继平. 扎根中国大地,奋力办好新时代职业教育[EB/OL]. (2018-11-07)[2022-01-29]. http://www.moe.gov.cn/jyb_xwfb/xw_fbh/moe_2069/xwfbh_2018n/xwfb_20181107/sfcl/201811/t20181107_353850.html.
[8] 陈子季. 用系统思维下好“职业教育一盘大棋”[N]. 中国教育报,2020-12-03(1).
[9] 周建松,陈正江. 计划引领与项目驱动:我国高职教育发展政策的制度逻辑——基于“示范计划”和“双高计划”的分析[J]. 黑龙江高教研究,2019(9):116-119.
[10] 微言教育. 10问答权威解读“双高计划”,看职业教育如何“下好一盘大棋”[EB/OL]. (2019-04-08)[2022-01-29]. https://mp.weixin.qq.com/s/VK4ifX-mQKc7pkXqOvFdIKw.
[11] 周建松,陈正江. 职业教育高质量发展:背景、目标与关键[J]. 职业技术教育,2022(4):6-10.

(本文发表于《江苏高职教育》2022年第3期)

第五章

高质量发展

高质量发展背景下高职教育新定位与新使命

周建松　陈正江

摘　要：高等职业教育是一种具有中国特色的教育类型，其在我国的发展呈现出一种活跃的、与经济社会发展相互依存的图景。在高质量发展的时代背景下，我国高职教育面临着新定位、肩负着新使命。文章立足新发展阶段、贯彻新发展理念、构建新发展格局，结合时代背景、教育基础、产业发展、技术进步、社会关切等因素分析高职教育发展环境，从类型、层次和功能等层面深入探讨高职教育新定位，从忠实践行为党育人、为国育才职责，深入推进育人方式、办学模式、管理体制、保障机制改革，积极建设现代职业教育体系等方面科学把握高职教育新使命，推动高职教育高质量发展。

关键词：高职教育；高质量发展；类型；层次；新定位；新使命

高等职业教育是一种具有中国特色的教育类型，其在我国的发展呈现出一种活跃的、与经济社会发展相互依存的图景。[1] 21 世纪以来，在高等教育大众化和建设现代职业教育体系双重利好政策的推动下，我国高等职业教育实现了历史性的发展，取得了历史性的成就。中国特色社会主义进入新时代，在建设社会主义现代化国家新征程中，立足新发展阶段、贯彻新发展理念、构建新发展格局，我国高职教育面临着新定位、肩负着新使命，我们必须对其进行深入分析和科学把握，为推动高职教育高质量发展提供坚实的研究支撑。

一、高质量发展背景下的高职教育环境分析

习近平总书记指出，高质量发展是体现新发展理念的发展，是体现创新成为第一动力、协调成为内生特点、绿色成为普遍形态、开放成为必由之路、共享成为根本目的的发展。[2]在高质量发展背景下，要从时代背景、教育基础、产业发展、技术进步、社会关切等方面对高职教育环境做深入分析。

（一）时代背景

党的十九大报告指出，我国经济已由高速增长阶段转向高质量发展阶段。《国家职业教育改革实施方案》（以下简称《实施方案》）强调，没有职业教育现代化就没有教育现代化。这是由职业教育在教育体系中的重要地位决定的，也是由职业人才在经济社会发展中的重要作用决定的。中国式现代化在本质上是在高质量发展中形成需求牵引供给、供给创造需求的更高水平动态平衡。[3]在建设社会主义现代化国家新征程中，高等职业教育对优化高等教育结构和现代职业教育体系具有基础性作用，它通过优化我国人才培养体系结构对全社会的人力资本供给产生重要影响。特别是在全面实施

乡村振兴战略、推动"一带一路"高质量发展的进程中,高等职业教育大有可为。

(二)教育基础

改革开放以来,高等职业教育为我国经济社会发展提供了有力的人才和技能支撑,在现代职业教育体系中发挥着引领作用,服务经济社会发展能力和社会吸引力不断增强,具备了基本实现现代化的诸多有利条件和良好工作基础。但高职教育发展不平衡不充分的问题十分突出,与建设现代化经济体系、建设教育强国、办好人民满意的教育的要求相比,还存在着类型定位不够优化、体系建设不够完善、制度标准不够健全、办学和人才培养质量水平参差不齐、社会参与办学的动力不强、适应性不强、社会吸引力不强、有利于技术技能人才成长的配套政策尚待完善等问题。高职教育与经济社会发展有着紧密的联系,随着我国经济结构调整和产业迭代升级不断加快,各行各业对高素质技术技能人才的需求越来越紧迫,迫切需要通过高质量的高职教育,为有效适应以知识生产配置为核心的经济转型与产业升级提供人才和技能支撑。

(三)产业发展

经济发展是分阶段的,不同阶段对应不同的需求结构、产业结构和技术体系。高职教育一头连着教育,一头连着经济,既体现着内在的教育性,也体现着外部的经济性。因此优化高职教育类型定位不仅是教育问题,也与经济工作和社会发展有着直接而密切的联系。2020 年中共中央、国务院《关于构建更加完善的要素市场化配置体制机制的意见》提出,要完善土地、劳动力、资本、技术、数据五大要素,其中与高职教育紧密相关的就有劳动力和技术两大要素。据教育部、人力资源和社会保障部、工业和信息化部三部门印发的《制造业人才发展规划指南》预测，到 2025 年，高档数控机床和机器人等制造业十大重点领域的人才缺口将进一步扩大到 3000 万人左右。[4]为适应产业转型升级、基层一线技术技能人才需求层次上移的现实，迫切需要职业教育人才培养提质升级，要求高等职业教育在类型上进一步完善、层次上进一步提升。

（四）技术进步

随着我国进入新的发展阶段，经济结构优化和产业迭代升级进一步加快。技术进步推动生产模式变革，新一轮的科技革命正在塑造新的产业形态，人工智能、大数据、物联网等新技术的广泛应用对高素质技术技能人才提出了新的要求，更对人的职业生涯发展产生了深刻而长远的影响。中等职业教育层次的技术技能人才在很多领域已经难以有效适应工程和技术两个方面的发展要求。在高等教育普及化背景下，社会需要的技术蓝领已不再是只有中职学历的技术工人，基本都要具有高职及以上学历者，这就需要高等职业教育在服务产业转型升级、服务地方经济社会发展中发挥更大作用。这既是我国经济高质量发展新阶段的产物，更是产业转型升级对高素质技术技能人才的迫切要求，并为高职教育定位与人才培养带来了机遇和挑战。

（五）社会关切

中国特色社会主义进入新时代，我国社会的主要矛盾是人民日益增长的美好生活需要和不平衡不充分的发展之间的矛盾。高职教育自改革开放之初在我国生成，在过往的 40 多年时间里，逐步由小变大，目前，已跨入由大变强的征途。但在我国现行的教育体系中，政府、社会乃至院校自身对高职教育类型和层次的认知还不够深入，这导致高职教育面临着一系列体制机制障碍，造成了在教育机构发展、学习者意愿等方面的利益相关者主体性困境。[5]随着人口结构变化，社会吸引力将是建设高质量高职教育体系应着力补齐的一块短板。事实上，类型和层次对高职教育吸引力也产生着十分重要的影响。吸引力和培养质量互为条件,培养质量是基础,吸引力是条件。

二、高质量发展背景下的高职教育新定位

定位是指为开展工作确定一个科学合理的位置。高职教育新定位既要反映其传统与基础,也要体现当前的优势与重点,更包含着未来发展的目标与规划,是实现高质量发展的重要基础。2021 年,中共中央办公厅、国务院办公厅印发的《关于推动现代职业教育高质量发展的意见》(简称《意见》)提出强化职业教育类型特色,及时总结中国特色职业教育办学规律和制度模式。高质量发展背景下的高职教育新定位不仅体现着职业教育的类型特色,更关乎着高职教育的可持续发展,必须对其进行科学而精准的分析。

(一)类型定位

《实施方案》开宗明义:职业教育与普通教育是两种不同的教育类型,具有同等重要地位。在社会科学研究中,分类是一种唤起身份和规则的机制。通过分类,研究对象得以明确,并在分类的基础上形成了类型。通常而言,类型的各成分是用假设的各个特别属性来识别的,这种分组归类方法因在各种现象之间建立有限的关系而有助于论证和探索。[6]高职教育的类型定位取决于教育功能、培养目标、教学内容,职业属性使高职教育在国民教育体系与人力资源开发中具有不可替代性。

1. 服务区域和行业发展的办学面向

高职教育要瞄准国家战略,对接区域和行业发展,努力做到专业对接产业、课程对接岗位、教学过程对接生产(经营)过程,不断调整

和优化专业结构和课程体系，努力做到“不求最大、但求最优、但求适应社会需要”，[7]真正使高职教育成为区域离不开、行业都需要的教育类型。

2. 产教融合、校企合作的教育模式

实践证明，产教融合、校企合作是培养应用型职业化技术技能人才的必要条件和必由之路，高职教育必须充分利用国家重视产教融合的重要契机，出台一系列产教融合政策，鼓励支持建设一批产教融合型城市和企业，不断深化产教融合、校企合作，并真正把它作为技术技能人才培养的重要载体和基本抓手。

3. 高素质技术技能人才的培养目标

不同类型和不同层次教育的人才培养目标具有差异性。高职教育作为一个类型，要遵循教育规律、人的发展规律和市场需求规律，坚持以服务为宗旨、就业为导向，培养适应生产、建设、服务、管理等一线岗位的高素质技术技能人才，尤其是要着力培养就业能力及基于专业的创新创业能力，使学生就业有能力、创业有本领。

（二）层次定位

我国职业教育改革是从中等教育开始的，随着20世纪80年代短期大学的自发兴办，逐步有了专科层次的高等职业教育。20世纪末、21世纪初，随着高等教育大众化政策的推进，我国专科层次高等职业教育有了更大的发展，逐步形成了我国高等教育阶段高职教育占“半壁江山”的格局。近年来，本科层次职业教育试点取得积极进展，从中职到专科高职再到本科职教进而到专业学位职业教育的现代职业教育体系正在逐步完善。[8]在这种格局中，高职教育层次定位具体体现为高中后教育和高等教育。

1. 高中后教育

根据联合国教科文组织 2007 年修订的《国际教育分类》,高等职业教育属于高中后教育,其层次定位为 5B。新修订的《中华人民共和国职业教育法》(简称《职业教育法》)第十四条第二款规定,国家优化教育结构,科学配置教育资源,在义务教育后的不同阶段因地制宜、统筹推进职业教育与普通教育协调发展。中国特色社会主义进入新时代,人民群众对接受职业教育、开展终身学习有了新的需要。其中,有通过中等职业教育、高等职业教育途径参与学历型职业教育的,也有需要通过职业培训来提升岗位从业能力或转岗优岗的。[9]作为高中后教育的重要主体,高职教育由专科、本科及以上教育层次的高等职业学校和普通高等学校实施,高职教育应对社会公众接受职业教育与培训的需求积极加以回应。

2. 高等教育

《中华人民共和国高等教育法》第十六条规定,高等学历教育分为专科教育、本科教育和研究生教育。事实上,新修订的《职业教育法》也为高职教育打开了专科、本科及以上教育层次的通道。在高等教育由大众化向普及化过渡的进程中,高职教育肩负着使城乡新增劳动力更多接受高等教育的重大使命,是培养高素质技术技能人才、大国工匠、能工巧匠的重要方式。特别是高职教育要培养服务区域发展的高素质技术技能人才,重点服务企业特别是中小微企业的技术研发和产品升级,加强社区教育和终身学习服务。同时,高职教育培养的人才大多在现代农业、先进制造业、现代服务业等一线岗位,在服务现代产业体系建设中具有独特的价值,其培养目标、入学标准、教与学过程等对于促进人才结构、教育结构的优化和推动产业升级与经济转型都将产生积极作用。

(三)功能定位

职业教育是各类教育中与经济社会发展最为紧密的教育,高职教育具有高等性与职业性的跨界特征,对于加强教育体系内循环及实现教育体系与经济社会体系连接互动发挥着重要作用,高职教育的功能定位具体体现为培养高素质技术技能人才和构建服务全民终身学习的教育体系。

1.培养高素质技术技能人才

《职业教育法》第二条规定,本法所称职业教育,是指为了培养高素质技术技能人才,使受教育者具备从事某种职业或者实现职业发展所需要的职业道德、科学文化与专业知识、技术技能等职业综合素质和行动能力而实施的教育,包括职业学校教育和职业培训。经济社会发展对高素质技术技能人才尤其是高层次技术技能人才提出了新的要求,对复合型创新型技术技能、紧缺型技术技能人才也有具体的要求,这里的"高"主要是指所培养的复合型技能人才,其从事的岗位工作更具专业性,这是智能化时代产业生产方式与组织方式变革下某些岗位工作的特征。[10]而毕业生所从事的工作岗位的综合、全面和复杂程度,是对真实职业活动内容从经验层面向策略层面的整合性迁移。因此,高职教育在学历层次、专业结构优化、课程教学更新、技术与内容结构等多方面加以探索和实践,使其人才培养模式真正能适应经济社会发展需求。

2.构建服务全民终身学习的教育体系

《职业教育法》第十四条规定,国家建立健全适应经济社会发展需要,产教深度融合,职业学校教育和职业培训并重,职业教育与普通教育相互融通,不同层次职业教育有效贯通,服务全民终身学习的现代职业教育体系。在我国现行的教育体系中,高职教育起着承上启下的作用。一方面，高职教育可推进不同层次职业教育纵向贯通，将教育系统内部的不同资历、学历和职业资格连贯起来；另一方面，经由高职教育可促进不同类型教育横向融通，实现各类学习成果的认证、积累和转换。在此基础上，巩固职业教育类型定位，一体化设计职业教育人才培养体系，加快构建服务全民终身学习的教育体系。

三、高质量发展背景下的高职教育新使命

新定位是高职教育高质量发展的前提和基础，而新使命是高职教育高质量发展的方向与路径。立足新发展阶段、贯彻新发展理念、构建新发展格局，高职教育肩负着重大使命和担当，必须认真学习贯彻习近平总书记对职业教育的重要指示精神，忠实践行为党育人、为国育才职责，深入推进育人方式、办学模式、管理体制、保障机制改革，积极建设现代职业教育体系。

（一）立足新发展阶段，忠实践行为党育人、为国育才职责

2021 年习近平总书记对职业教育工作的重要指示强调，坚持党的领导、坚持正确办学方向、坚持立德树人，这是高职教育践行为党育人、为国育才职责的根本前提。

1. 坚持党的领导

中国特色社会主义的本质特征是中国共产党的领导。教育是国之大计、党之大计。2021 年 4 月 29 日，经第十三届全国人大常委会第二十八次会议审议，《中华人民共和国教育法》第五条修改为“教育必须为社会主义现代化建设服务、为人民服务，必须与生产劳动和社会实践相结合，培养德智体美劳全面发展的社会主义建设者和接班人”，将党的教育方针落实为国家法律规范。《职业教育法》第四条规

定“职业教育必须坚持中国共产党的领导”。2021年，中共中央印发的《中国共产党普通高等学校基层组织工作条例》强调，坚持和加强党对高校的全面领导，为培养社会主义建设者和接班人提供坚强的组织保证。

2. 坚持正确办学方向

习近平总书记在全国教育大会上强调，坚持中国特色社会主义教育发展道路，培养德智体美劳全面发展的社会主义建设者和接班人。新时代中国特色职业教育坚持正确办学方向，必须立足中国实践、总结中国经验、解决中国问题，与产业发展相结合、与生产劳动相结合、与社会实践相结合、与职业培训相结合。而坚持正确办学方向要求扎根中国大地办职业教育，求解中国高等职业教育发展面临的现实难题，特别要切实解决高等职业教育发展不平衡不充分的问题，这既是中国特色高职教育科学建构的原则，也是实现高职教育高质量发展的关键，更能促成中国特色职业教育改革经验的理论升华与实践深化。[11]

3. 坚持立德树人

立德树人解决“培养什么人、怎样培养人、为谁培养人”这一根本问题，这既是中华优秀教育传统的核心理念，也是新时代职业教育的根本任务。新时代重申立德树人根本任务，这源于我们对教育的根本目的、教育的社会功能这样一些重大问题认识的深化。立德树人作为国家职业教育改革、高质量发展、提质培优行动计划的重要任务，是一个长期性、持续性的过程，重在推动习近平新时代中国特色社会主义思想进教材、进课堂、进头脑，创新思想政治教育模式，构建“三全育人”新格局，为培养德智体美劳全面发展的社会主义建设者和接班人培根铸魂。

(二)贯彻新发展理念,深入推进育人方式、办学模式、管理体制、保障机制改革

贯彻新发展理念就是以质量和效益取代规模和速度,培育经济增长新动能,实现以劳动生产率提升为重要特征的效率驱动型高质量发展。[12]对于高职教育而言,以质量和效益取代规模和速度,就是要深化内涵建设,深入推进育人方式、办学模式、管理体制、保障机制改革。

1. 深入推进育人方式改革

推进育人方式改革是贯彻以人民为中心的发展思想和落实办好人民满意的教育的根本要求,深刻揭示出对"为谁培养人、培养什么人、如何培养人"这一问题的价值判断。高职教育要依据学生身心发展的规律和学生的知识基础、兴趣爱好、能力水平设计教育目标、选择教学内容,采取灵活多样的教育教学方式,使其得到全面发展。同时,制度设计、教学管理、配套改革等各相关环节都必须将促进学生的全面、主动、有个性的可持续发展作为根本目的,从办学目标、教育传统和培养特色等方面努力将德技并修、育训结合渗透到学生成长中。在实践中,通过调查研究、科学设计和有效实施,不断健全完善"三全育人"工作机制,通过理论武装、思想引导、文化引领、典型带动、行为激励、成长导航,并在实施反馈中不断优化方案、改进设计,指导和推动更好实践,培养职业操守好、岗位适应快、动手能力强的高素质技术技能人才。

2. 深入推进办学模式改革

办学模式一般包括理念、目标、层次、类型、专业、教学、布局、运作、管理和规模等多个方面,每个方面都有一定的选择范围和空间。[13]打造开放办学系统是高职教育推进办学模式改革的重要路径,开放开门办学意味着要整合和引进各种社会资源;相应地,高职办学模式应从学校本位向产业、行业、企业本位转变,努力完成由政府举办为主向政

府统筹管理、社会多元办学的格局转变，由追求规模扩张向提高质量转变，由参照普通教育办学模式向企业社会参与、专业特色鲜明的类型教育转变。

3. 深入推进管理体制改革

管理体制是规范权力运行和维护公共秩序的一系列制度和程序，这里包括三个基本问题：谁管理，如何管理，管理得怎样。这三个问题实际上就是管理体制的三要素，即管理主体、管理机制和管理效果。[14]通过理解和把握职业教育管理体制改革要素间的特定逻辑，高职教育以深入推进管理体制改革来推进探索混合所有制办学、集团化办学和中国特色学徒制培养，把已经封闭甚至有些僵化的组织结构再度开放出来，激发推进高职教育高质量发展的动力和活力。

4. 深入推进保障机制改革

深入推进保障机制改革亟须加强职业教育内外沟通协调，在发展规划、重大项目安排、经费投入等方面形成保障合力。就高职院校而言，要发挥质量保证主体作用，形成持续改进的质量文化。一方面，完善“五纵五横五大链”即决策指挥、资源建设、教学服务、质量生成、监督控制纵向系统，学校、专业、课程、师资、学生横向层面，目标链、任务链、标准链、操作链、反馈链协调运行的内部质量保证体系，全面优化教学诊改工作运行机制，做好质量年度报告编制与发布，强化质量监控，切实保证内部质量螺旋式上升，提升学校内部质量保证体系建设水平。另一方面，深入开展与行业、协会、基金会及专门第三方评价与认证组织的合作，委托开展学校办学质量监测评价、人才培养质量或满意度评价，完善学生成长跟踪评价、毕业生跟踪反馈、用人单位满意度调研等不同利益相关方的反馈机制，全面实施教学工作诊断与改进制度，形成常态化的内部质量保证制度体系和运行机制。

(三)构建新发展格局,积极建设现代职业教育体系

构建新发展格局既是发展问题,更是改革问题。对于高职教育而言,构建新发展格局主要在建设现代职业教育体系上有更大作为,能发挥更大作用。

1.推进不同层次职业教育纵向贯通

职业教育层次衔接是指两个职业教育层次之间构成有机联系,在学制、招生考试、专业设置、培养目标、教学内容、评价等方面相互承接、相对分工及不重复浪费的一种有机结合状态,两者互相渗透、互为条件,从而实现较高的教学质量和办学效益。[15]推进不同层次职业教育纵向贯通,包括提升中等职业教育水平、高职教育提升培优、建立一体化职业教育人才培养体系,尤其是重视职业教育本科发展问题。纵向贯通的当务之急是提升高层次职业教育发展水平,扩大职业本科教育招生规模,建设更多的职业技术大学,允许开设更多的职业本科教育专业点。开展本科层次职业教育试点是我国现代职业教育体系建设的重要内容,是连接职业教育规模、结构、质量、效益的关键问题,其对职业教育人才培养也具有重要导向。同时,要鼓励现有地方本科高校,积极向职业教育转型或者真正开办更多的职业教育专业、专业硕士学位,既要扩大规模,也要形成与纵向贯通相衔接的体系。

2.促进不同类型教育横向融通

人的发展是更高层次、更广维度的普适性发展。尽管我国劳动年龄人口总量有减少的趋势,但我国人力资源丰富,由人口文化素质和技能水平提升带来的“人才红利”仍将成为推动我国经济高质量发展和社会进步的重要基础。作为类型教育,高职教育不是阶段性教育,而是贯穿人的一生的教育,其培养目标是使学生具有持续学习和发展的能力。要使高职教育受到全社会重视,增强吸引力,必须研究职业教育

与普通教育的等值和融通问题。在建立建设现代职业教育体系过程中,必须牢牢把握同等重要的要求,使同一层次之间的各类教育可以相互融通,实现同等地位。同时,要建立科学的评价办法,以彰显高职教育特有的社会功能与教育价值。

3. 探索总结中国特色高职教育制度模式

《意见》提出加强职业教育理论研究,及时总结中国特色职业教育办学规律和制度模式。中国特色职业教育办学规律和制度模式,既是理论研究的成果,更是实践探索的成果。过往40年,我们在自身探索和借鉴域外的基础上,走出一条中国特色高职教育发展道路。为增强职业教育适应性,高职教育应聚焦职业教育类型特色,围绕其功能与价值、体系与制度、专业与课程、标准与质量等重大问题开展研究,形成一批有效支撑职业教育高质量发展的政策、制度、标准,为构建中国特色高职教育制度模式、引领职业教育实现现代化、促进经济社会发展和提高国家竞争力提供有力支撑。[16]

参考文献

[1] 周建松,陈正江.新时代中国特色高等职业教育基本内涵与发展路径[J].中国高教研究,2019(4).

[2] 习近平.习近平谈治国理政:第三卷[M].北京:外文出版社,2020:238.

[3] 习近平.在经济社会领域专家座谈会上的讲话[N].人民日报,2020-08-26(1).

[4] 教育部、人力资源和社会保障部、工业和信息化部三部门关于印发《制造业人才发展规划指南》的通知[EB/OL].(2017-02-24)[2022-01-30].http://www.gov.cn/xinwen/2017-02/24/content_5170697.htm.

[5] 陈正江.构建职业教育现代转型的社会心理支持机制[J].江苏高职教育,2022(1).
[6] 詹姆斯·G.马奇.决策是如何形成的[M].王元歌,章爱民,译.北京:机械工业出版社,2007:50.
[7] 王志丰."不求最大、但求最优、但求适应社会需要"办学理念蕴含宝贵精神财富[N].福州日报,2021-05-31(8).
[8] 周建松.正确把握现代职业教育体系建设的基本点[N].人民政协报,2021-10-13(10).
[9] 周建松,褚国建.现代职业教育体系构建相关问题研究——基于经济社会发展视角[J].中国高教研究,2014(12).
[10] 李胜,徐国庆.职业本科教育发展背景下职业专科教育定位研究[J].中国高教研究,2022(2).
[11] 周建松,陈正江.中国特色高等职业教育话语体系的构建[J].现代教育管理,2019(1).
[12] 高培勇.理解、把握和推动经济高质量发展[J].经济学动态,2019(8).
[13] 刘志文.高职院校办学模式改革[M].北京:科学出版社,2017:9.
[14] 范文曜,王烽.体制机制创新推进教育跨越发展——改革开放30年的教育体制改革[J].复旦教育论坛,2008(6).
[15] 董显辉.功能视野下我国职业教育层次结构的调整[M].北京:科学出版社,2017:5.
[16] 周建松,陈正江.职业教育高质量发展:背景、目标与关键[J].职业技术教育,2022(4).

(本文发表于《中国高教研究》2022年第8期)

中国高等职业教育“十三五”回顾与“十四五”展望

周建松　陈正江

摘　要：“十三五”时期是我国高等职业教育锐意改革、蓬勃发展的五年。高等职业教育创新发展行动计划、高职教育大规模扩招、中国特色高水平高职学校和专业建设计划等系列重大政策的实施为我国高职教育发展赋予了全新的时代内涵。“十四五”期间，高职教育将在贯彻落实《国家职业教育改革实施方案》的进程中，实施职业教育提质培优行动计划、持续推进中国特色高水平高职学校和专业建设计划、稳步发展本科层次职业教育，进一步加快高水平建设，实现高质量发展。

关键词：高等职业教育；“十三五”；“十四五”；“双高计划”

“十三五”时期是我国高等职业教育充满机遇与挑战的五年，更是锐意改革、蓬勃发展的五年。党的十九大报告提出的“完善职业教育和培训体系，深化产教融合、校企合作”[1]为其定向，《国家职业教育改革实施方案》(以下简称“职教 20 条”)为其定位，高等职业教育创新发展行动计划、高职教育大规模扩招、启动实施“双高计划”等系列重大政策为其指路，为我国高职教育发展赋予了全新的时代内涵。温故而知新，对于任何改革发展而言，回顾历程、梳理经验、总结教训，都是必经之路。站在“十三五”收官、“十四五”开局的时点上，回顾高职教育“十三五”发展历程与成就，展望“十四五”发展趋势与内容，具有重要的历史价值和现实意义。

一、我国高等职业教育“十三五”回顾

“十三五”期间，党和国家对职业教育的重视程度之高前所未有，国家推动高职教育建设改革的力度之大前所未有，高等职业教育创新发展行动计划（以下简称“创新发展行动计划”）、高职教育大规模扩招、启动实施中国特色高水平高职学校和专业群建设计划（“双高计划”）等重大政策一脉相承，形成了我国高等职业教育“十三五”发展的清晰主线。

（一）实施高等职业教育创新发展行动计划

2014 年 6 月，习近平总书记对职业教育作出重要指示，国务院发布了《关于加快发展现代职业教育的决定》，为贯彻执行习近平总书记指示的精神、落实国务院《关于加快发展现代职业教育的决定》和有关要求，2015 年 10 月，教育部发布了《高等职业教育创新发展行动计划（2015—2018 年）》，提出促进就业、面向人人，坚持工学结合、知行合一，应该使职业教育与经济社会同步发展，加强技术技能积累，提升人才培养质量。在创新发展行动计划实施过程中，各地区各院校争先承接项目和任务，体现了勇于创新的担当和使命。[2] 2019 年 7 月，创新发展行动计划圆满收官。教育部正式发文公布项目认定结果，认定了 200 所优质专科高等职业院校，2919 个骨干专业，1164 个生产性实训基地，440 个“双师型”教师培养培训基地，46 个虚拟仿真实训中心，480 个应用技术协同中心，98 个技能大师工作室。

（二）高职教育大规模扩招

国务院总理李克强在 2019 年《政府工作报告》中提出，要多措并举扩大高职教育规模，高职教育大规模扩招 100 万人；在 2020 年的《政府

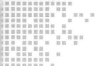

工作报告》中提出，2020年、2021年两年高职教育继续大规模扩招200万人，这是深化供给侧结构性改革的关键一招，是从提升劳动者素质和技能入手，实现更大规模更加充分的就业，同时也有利于优化高等教育结构，推进一大批普通本科高等学校向应用型转变，实现均衡发展，更是办人民满意教育和以人民为中心的发展思想在高职教育领域的具体体现，[3]经过努力，高职教育已完成连续百万扩招行动的阶段性任务。

（三）实施中国特色高水平高职学校和专业群建设计划

为落实全国教育大会精神和《国家职业教育改革实施方案》要求，2019年3月，教育部、财政部启动实施中国特色高水平高职学校和专业建设计划，这既是落实职业教育作为类型教育的重要制度设计，更是国家职业教育大改革、大发展先手棋，引起社会各界的广泛关注。作为新时代现代职业教育质量提升计划的重大工程，“双高计划”提出了“一个加强”“四个打造”“五个提升”的建设任务，两年间，教育部、财政部高效协同，构建了项目建设、遴选管理和绩效评价的制度框架体系。相关部委和省级地方政府紧密联动，省级地方政府相关部门通力合作，全国高职教育战线积极参与，“双高”职校和高水平专业群上下齐心投入建设，“双高计划”进展顺利，取得了阶段性成效。

（四）“双师型”教师队伍建设牵引“三教”改革

2017年9月，李克强总理在到天津职业技术师范大学考察时诠释了“双师”含义：既是老师又是师傅，既要传授职业之技又要传承工匠之道。“职教20条”提出“双师型”教师即同时具备理论教学和实践教学能力的教师。“十三五”期间，建立了高等学校、行业企业联合培养“双师型”教师的机制，切实推进职业院校教师定期到企业实践，不断提升实践教学能力，“双师型”教师队伍比例和质量提升，兼职教师数量增长明显。教学创新团队建设成为打造高素质“双师型”教师队伍建设的抓手，成为深化职业院校教师、教材、教法“三教”改革的切入点之一。[4]2019 年，教育部遴选了首批 122 家国家级职业教育教师教学创新团队，推进教师分工协作进行基于职业工作过程的模块化教学改革；同时，确立了首批全国职业教育教师企业实践基地 102 家，省级及以上“双师型”教师培训基地扩充明显。在产教融合的发展背景下，“双师型”教师自身要密切联系产业现场，在教材中融入产业新标准，在教法上契合产业新技术、新工艺，并且保持动态互动与更新，使教师与教法相契合、教材与教法相匹配，并以团队建设引领教师发展和教材、教法改革。

(五)产教融合的 1＋X 证书制度稳步推进

“十三五”规划期间，随着工业 4.0 的推进，技术革新不断发生，新兴产业不断涌现，各行各业对技术技能人才的转型需求和原有职业教育所能提供的人才供给的矛盾越发突出。为推动“职教 20 条”的有效落实，教育部等四部门印发《关于在院校实施“学历证书＋若干职业技能等级证书”制度试点方案》等政策文件。产教融合型企业政策有力推进了产教融合和校企合作，1＋X 证书制度激发了人才培养模式改革，教育部关于职业院校制定和实施人才培养方案的意见进一步规范了职业院校人才培养工作，有关职业技能培训工作的支持政策有力拉动了职业教育功能的进一步发挥。[5]1＋X 证书制度试点的推进，进一步深化了技术技能型人才培养模式。在回顾总结发展成绩的同时，我们也应该清醒地看到，我国高职教育改革发展中仍存在不少问题，面临各种严峻的挑战，如产教融而不透、校企合而不深，“三教”改革有待进一步推进，各地高职教育发展不平衡，学校间差距过大等，[6]需要在“十四五”时期高度重视并加以解决。

二、我国高等职业教育“十四五”发展任务

《国家职业教育改革实施方案》开宗明义指出：职业教育与普通教育是两种不同的教育类型，具有同等重要地位。建设高质量教育体系是“十四五”期间高等职业教育的主题，围绕这一主题，高职教育将在落实《国家职业教育改革实施方案》的过程中，实施职业教育提质培优行动计划、持续推进中国特色高水平高职学校和专业群建设计划、探索本科层次职业教育，开创“十四五”我国高职教育发展的新局面。

（一）实施职业教育提质培优行动计划

党的十九届五中全会审议通过的《中共中央关于制定国民经济和社会发展第十四个五年规划和二〇三五年远景目标的建议》强调，要“建设高质量教育体系”“加大人力资本投入，增强职业技术教育适应性”。为贯彻落实“职教 20 条”，办好类型特色突出的职业教育，提质培优、增值赋能、以质图强，加快推进职业教育现代化，更好地支撑我国经济社会持续健康发展，2020 年 9 月，教育部等九部门联合颁布《职业教育提质培优行动计划（2020—2023 年）》（简称《行动计划》），为“十四五”时期高职教育发展指明了方向。“职教 20 条”明确了办好新时代职业教育的“施工图”，而《行动计划》则要聚焦重点、疏通堵点、破解难点，将《实施方案》部署的改革任务转化为具体化的举措，坚持育人为本、质量为先，坚持固本强基、综合改革，坚持标准先行、试点突破，坚持地方主责、协同推进，推动中央、地方和学校同向而行，围绕落实立德树人根本任务，推进职业教育协调发展，完善服务全民终身学习的职业教育制度，深化产教融合、校企合作，健全考试招生制度，治理能力提升，“三教”改革攻坚，职业教育信息化 2.0 建设，服务国际产能合作和创新发展高地建设等十大任务，整体推进职业教育提质培优。

(二)持续推进中国特色高水平高职学校和专业群建设计划

“十四五”期间,为了推进高职学校高质量发展,要遴选300所左右省域高水平高职学校和600个左右高水平专业群,扎实推进中国特色高水平高职学校和专业建设计划,加强绩效考核与评价。2020年12月21日,教育部、财政部印发《中国特色高水平高职学校和专业建设计划绩效管理暂行办法》(教职成〔2020〕8号,以下简称《绩效管理办法》),绩效评价结果为“双高计划”资金支持额度重要依据。《绩效管理办法》附件中包含“双高”学校建设数据采集表、高水平专业群建设数据采集表、“双高”学校绩效自评报告(参考提纲)、基于“双高绩效目标实现贡献度”信息采集表、基于“高水平学校和专业群社会认可度”信息采集表、基于“地方政府(含举办方)重视程度”信息采集表,这些最基础的作业文本为“双高”建设学校开展绩效管理提供了指南,并将助推“双高”校和高水平专业群建设。

(三)稳步发展本科层次职业教育

“职教20条”提出,“开展本科层次职业教育试点”“推动具备条件的普通本科高校向应用型转变,鼓励有条件的普通高校开办应用技术类型专业或课程”。一批高职学校将试点开展本科层次职业教育,截至2021年2月,开展本科层次职业教育的学校达27所,其中民办院校22所、公办院校5所。扎实做好本科层次职业教育试点学校指导工作。为保证试点学校的职业教育属性和特色,掌握试点单位的建设进度和工作成效,指导试点学校办出特色和水平,教育部发布《本科层次职业学校设置标准(试行)》《本科层次职业教育专业设置管理办法(试行)》,研制《本科层次职业教育试点专业目录(试行)》,为推动本科层次职业教育高质量发展提供基本保障。随着《职业教育法》的修订、“职业大学”的设立,本科层次职业教育将稳步发展,我国现代高等职业教育体系将不断健全和完善。

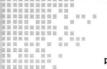

三、我国高等职业教育“十四五”发展展望

(一)大发展的指导思想更加明确

教育部党组书记、部长陈宝生强调,贯彻落实党的十九届五中全会精神,职业教育要在“五入”即长入经济、汇入生活、融入文化、渗入人心、进入议程上下功夫,并通过“五入”的协同联动为形成新发展格局奠定坚实基础,正确把握加大人力资本投入,增强职业技术教育适应性的要求,认真领会深化职普融通、产教融合的要义,校企合作的政策导向,积极探索中国特色学徒制,努力培养高素质技术技能人才的精神,尤其要在高质量、高适应性上着力,为“人人皆可成才、人人尽展其才”进一步创造条件,进一步激发我国职业教育发展的内生动力和外部合力,推动职业教育向企业社会参与、专业特色鲜明的类型教育转变,努力建设技能型社会、建设技能中国。

(二)立德树人目标任务更加具体

立德树人作为高职教育的根本任务,是一个长期性、持续性的过程,旨在全面贯彻党的教育方针,推动习近平新时代中国特色社会主义思想进教材、进课堂、进头脑、构建“三全育人”新格局、创新职业学校思想政治教育模式,推进职业教育高质量发展。站在“培养什么人、怎样培养人、为谁培养人”的高度,承担为党育人、为国育才使命,落实“立德树人”根本要求,推进理想信念教育常态化、制度化,强化高职院校育人的初心使命,推进全员、全过程、全方位育人,从教育理念、内容、方法等各方面对思想政治教育模式进行全方位创新,引导专业课教师加强课程思政建设,将思政教育全面融入人才培养方案和专业课程,培养德智体美劳全面发展的社会主义建设者和接班人。

(三)体系建设理念更加清晰

"职教 20 条"提出，经过 5—10 年的时间，职业教育要实现"三个转变"。为了实现这一重大转型，职业教育要通过改革招生考试制度、完善高职教育标准体系等途径，扎实推进中国特色高水平高职学校和专业建设计划，深化考核与评价改革，真正形成与类型特征相适应的各项政策、制度和标准，促进办学格局实现新的转变，为建设中国特色、纵向贯通、横向融通的现代职业教育体系奠定坚实基础。[7]

(四)招生考试制度更加完善

招生考试制度是高职教育高质量发展的重要内容，"考什么""怎么考""谁来考"是关乎人才选拔的重要问题。《行动计划》中强调要完善高职分类考试内容和形式，统一制定职业适应性测试标准和规定测试方式，鼓励企业参与招生。完善高职分类考试内容和形式，推进"文化素质＋职业技能"评价方式，引导不同阶段教育合理分流、协调发展，为学生接受高职教育提供多种入学方式。教育部在《关于积极推进高等职业教育考试招生制度改革的指导意见》中提出，高职考试应逐步与普通高校本科考试分离，重点探索"知识＋技能"的考试评价办法。文化素质考试由省级教育行政部门根据《中等职业学校公共基础课课程标准》统一组织。职业技能测试分值不低于总分值的 50％，考试形式以操作考试为主，须充分体现岗位技能、通用技术等内容。

(五)教师队伍水平更加提升

教学是高职院校最重要的一项职能，教师担负着为党育人、为国育才的神圣使命，深化师德师风建设，讲好师德故事，以榜样的力量引导教师争做"四有"好老师，当好"四个引路人"。高职院校要充分发挥教师在教育教学中的主导作用，创新教师分类管理机制，实行分类遴选、分类培育、分类发展、分类考核，为不同类型教师赋能，并根据教师专业发展的阶段、发展规划设置针对性提升计划。[8]结合国家教育评价体制机制改革要求，优化“双师型”教师的认定和评价制度，突出德技并修，打造教师职业的“工匠精神”，精炼教书育人本领，奉献育人岗位，提升社会服务能力。

（六）“三教”改革更加深入

“三教”改革是高职院校的基础性工作，为推进高职教育高质量发展开辟了一条有效途径，必须加以深入推进。2019 年 12 月，教育部印发《职业院校教材管理办法》，符合技术技能人才成长规律和学生认知特点，对接国际先进职业教育理念，适应人才培养模式创新和优化课程体系的需要，专业课程教材突出理论和实践相统一，强调实践性，完善职业教育教材规划、编写、审核、选用使用、评价监管机制。教育的素材与形式之间有着密切关联，把教材看作“教学文本”，就要改变“课程内容教材化、教材内容教学化”的传统思路，拓宽视野，从学生的需求和具体教育情境出发，灵活使用教材。适应项目学习、案例学习、模块化学习等不同学习方式要求，注重以真实生产项目、典型工作任务、案例等为载体组织教学单元。[9]

（七）产教融合推进更加深化

产教融合是一种合目的性的行动，不仅需要载体，而且亟须机制。作为一种高职教育办学模式的显著特征，产教融合不仅成为高职院校办出水平与争创特色的重要前提，也是其推进校企合作的基础条件。深化产教融合既是深化教育供给侧结构性改革的重大举措，也是教育体制和治理制度的创新过程。学校要及时对接社会需要，及时回应社会对毕业生培养的关切，及时帮助毕业生拓宽就业渠道、汇聚高质量就业资源。这要求学校要与社会各方建立紧密联系，要在学校主动找企业的基础上，创造企业办学、集团办学、行业办学或区域经济体联合参股办学等路径，形成体制更加开放、校企更加紧密的办学体制机制，[10]真正推进教学与实践的紧密结合、专业与职业的有机融合，营造“大国工匠”“重视技能”“重视就业”的社会环境。

（八）高地建设实施更加有效

“十三五”时期，中国特色高水平高职学校和专业建设计划（简称“双高计划”）正式启动实施，第一轮 56 所高职学校和 253 个专业群认真落实“一加强”“四打造”“五提升”十大改革发展任务，朝着高质量、高水平、高绩效的方向发展。“实施职业教育创新发展高地建设行动”是旨在通过整省推进职业教育提质培优，按照“一地一案、分区推进”原则，合力打造职业教育样板城市，以实现职业教育提质增效、职教整体水平再上新台阶的目标。2020 年，职业教育创新发展高地建设如火如荼，教育部先后与山东、江西、甘肃等省份实施共建、整省推进，并与江苏省、广东省、浙江省支持合力打造职业教育样板城市推进机制。

（九）治理能力提升更加全面

《行动计划》提出，要“优化职业教育办学体制机制，加强治理体系和治理能力现代化建设”。实施治理行动是一个迭代和实验性的过程，[11]旨在通过健全职业教育标准体系、完善办学质量监管评价机制、打造高素质专业化管理队伍，提高职业学校办学治校水平，办人民满意的教育。高职教育标准体系是建设高质量教育体系的基础性工程。健全职业教育标准体系，构建政府、行业、企业、学校、社会等多方参与的质量监管评价机制，建立干部考核评价、激励监督机制，重视考核结果的运用。在不断优化学校内外部治理体系的过程中，进一步提升高职院校治理能力。

(十)国际合作服务更加扎实

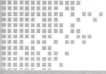

“实施职业教育服务国际产能合作行动”包括“加快培养国际产能合作急需人才”和“提升职业教育国际影响力”两个维度。为使国际合作服务更加扎实,必须压实《行动计划》落地落实的各方协同推进机制,紧紧扭住国际产能合作急需人才培养这个“牛鼻子”,深入推进“中文+职业技能”项目,助力中国企业“走出去”。与此同时,着力加大服务保障和支持职业院校国际化发展力度,打造中国特色、世界水平的职业教育政策、制度与标准体系,增强我国高等职业教育在国际教育领域的话语权,并持续提升国际影响力。

参考文献

[1] 习近平. 决胜全面建成小康社会 夺取新时代中国特色社会主义伟大胜利——在中国共产党第十九次全国代表大会上的报告[M]. 中国共产党第十九次全国代表大会文件汇编,北京:人民出版社,2017.
[2] 周建松,吴国平,陈正江. 创新发展高等职业教育:政策变迁与行动方略[J]. 高等工程教育研究,2016(6):158-163.
[3] 周建松,陈正江. 高职百万扩招的战略意义与实现路径——基于全纳教育视角的分析[J]. 江苏高教,2020(2):113-119.
[4] 周建松,陈正江. 高职院校“三教”改革:背景、内涵与路径[J]. 中国大学教学,2019(9):86-91.
[5] 周建松,陈正江. 贯彻落实《实施方案》着力推进高职教育类型特色建设[J]. 职教论坛,2019(7):73-78.
[6] 周建松,陈正江. 中国特色高等职业教育发展道路:演进、内涵与经验[J]. 中国职业技术教育,2020(30):73-77.

[7] 徐国庆.确立职业教育的类型属性是现代职业教育体系建设的根本需要[J].华东师范大学学报(教育科学版),2020(1):1-11.
[8] 郭天平,陈友力."双高计划"建设视域下高水平教师队伍分类管理培育机制研究[J].现代教育管理,2019(8):66-70.
[9] 唐以志.1+X 证书制度:新时代职业教育制度设计的创新[J].中国职业技术教育,2019(16):5-11.
[10] 潘海生,裴旭东.职业教育产教融合服务组织:动力、内涵与功能优化[J].职业技术教育,2019(27):22-26.
[11] 崔炳辉.整体性治理视域下高职院校治理体系研究[J].江苏高教,2016(3):148-151.

(本文发表于《中国职业技术教育》2021 年第 10 期)

职业教育高质量发展:背景、目标与关键

周建松　陈正江

摘　要:中国特色社会主义新时代,经济社会高质量发展对职业教育提出了更高要求,不平衡不充分的问题亟待通过职业教育高质量发展加以解决。职业教育高质量发展的目标是优化职业教育类型定位、健全现代职业教育体系、提高技术技能人才培养质量、激发职业院校办学活力、增强职业教育适应性、提升职业教育社会吸引力。正确处理职普关系,强化职业教育类型特色;正确处理产教关系,完善产教融合办学体制;正确处理校企关系,创新校企合作办学体制;正确处理教学关系,深化教育教学改革;正确处理内外关系,形成职业教育发展合力,都是职业教育高质量发展的关键。

关键词:职业教育;高质量发展;职业教育类型定位;职业教育适应性;社会吸引力

党的十八大以来,我国高度重视职业教育改革发展,习近平总书记先后于2014年、2021年两次专门就职业教育工作作出重要指示,国务院分别于2014年和2019年印发《关于加快发展现代职业教育的决定》和《国家职业教育改革实施方案》,教育部等六部门和教育部等九部门分别于2014年和2020年印发《现代职业教育体系建设规划(2014—2020年)》和《职业教育提质培优行动计划(2020—2023年)》,尤其是2021年全国职业教育大会的召开及中共中央办公厅、国务院办公厅《关于推动现代职业教育高质量发展的意见》的印发,与此前系列政策共同为推动我国职业教育高质量发展做出了顶层设计、创造了政策条件。深化对职业教育高质量发展的理解是落实好系列支持政策的前

提和基础，基于此，本文重点围绕职业教育高质量发展的背景、目标和关键展开探讨，为推动职业教育高质量发展提供理论支撑。

一、职业教育高质量发展的时代背景

（一）经济社会高质量发展对职业教育提出了更高要求

党的十九大报告指出，我国经济已由高速增长阶段转向高质量发展阶段。高质量发展是长期有目的的构建技术竞争优势的结果，由对人口质量、社会质量和制度质量的不断提升所致，报酬递增、可持续是其特征。[1]高质量发展就是以质量和效益取代规模和速度，因为传统以规模扩张为特征的数量型增长难以支撑新阶段高质量发展的要求。中国亟须培养经济增长的新动能，实现以劳动生产率提升为重要特征的效率驱动型高质量发展。[2]而提升劳动生产率的关键在于劳动者素质与技能的提高。在我国经济高速增长进程中，对人口红利或资源禀赋的过度依赖使廉价劳动力长期从事完全竞争生产活动，导致劳动者报酬递减、经济社会发展不可持续。职业教育与经济社会发展有着紧密的联系，随着我国产业升级和经济结构调整不断加快，各行各业对技术技能人才的需求越来越紧迫，职业教育的重要地位和作用日益凸显，特别是其对推动人力资本提升有着显著作用，因此，从物质要素积累转向人力资本等要素质量提升的过程，对职业教育提出了更高的要求，迫切需要通过高质量的职业教育，使劳动者能有效适应以知识生产配置为核心的产业转型升级，在技术技能积累中获得效率补偿。

（二）职业教育发展不平衡不充分的问题亟待解决

在中国特色社会主义新时代，社会主要矛盾已经转变为人民群众日益增长的美好生活需要和不平衡不充分的发展之间的矛盾。虽然我国已经建成了世界上规模最大的职业教育体系,但职业教育领域发展不平衡不充分的问题十分突出,与建设现代化经济体系、建设教育强国、办人民满意教育的要求相比,我国职业教育还存在着类型定位不够优化、体系建设不够完善、制度标准不够健全、办学和人才培养质量水平参差不齐、社会参与办学的动力不足、适应性不强、社会吸引力不高、有利于技术技能人才成长的配套政策尚待完善等问题。而在职业教育办学实践中,产教融合、校企合作,工学结合、知行合一机制并没有得以构建,德技并修、育训结合的育人模式也没能很好地彰显,由此引发了职业教育的地位与身份危机,而这种地位与身份危机最主要的肇因是职业教育发展不平衡不充分的问题,如果这些问题得不到解决,势必造成大量受教育程度较低的劳动力向城市低效服务业聚集,并随经济波动在各行业间漂移,专业素质难以提升,造成人力资本的耗散。[3]而这又陷入了低质量发展的"怪圈",要着力打破这一"怪圈",必须直面职业教育发展不平衡不充分的问题并加以解决,以更好满足人们对美好生活的期待。[4]

二、职业教育高质量发展的主要目标

(一)优化职业教育类型定位

《国家职业教育改革实施方案》指出,职业教育与普通教育是两种不同的教育类型,具有同等重要地位。职业教育一头连着教育、一头连着经济,优化职业教育类型定位不仅是教育问题,也与经济工作和社会发展有着直接而密切的联系;职业教育既体现着内在的教育性,也体现着外部的经济性,必须从实现二者相统一的角度来审视职业教育的类型定位,以解除职业教育类型定位不够清晰的困境。对于职业教育而言,其最鲜明的类型特色是通过人才培养更好地满足受教育者个体发展的需要，同时满足企业的要求。早在50多年前，美国学者福斯特在其《发展规划中的职业学校谬误》一文中就对学校职业教育和职业学校教育进行了区分，并提醒职业教育研究者和实践者们要将关注重点从学校拓展到职业，从教育拓展到产业。职业性是职业教育类型定位的基础属性，在贯彻习总书记对职业教育重要指示、《国家职业教育改革实施方案》和《关于推动现代职业教育高质量发展的意见》的过程中，要深化产教融合、校企合作，积极推进1+X证书制度试点改革，建设"双师型"教学团队，发展高质量职业培训，进一步优化职业教育类型定位，通过培养学生的职业发展能力，将职业院校打造成地区性或区域性的技术技能人才培养高地和技术创新服务基地。

（二）健全现代职业教育体系

改革开放以来，我国现代职业教育体系构建经历了一个漫长的过程，从1985年《中共中央关于教育体制改革的决定》提出"逐步建立起一个从初级到高级、行业配套、结构合理又能与普通教育相互沟通的职业技术教育体系"，到1996年《中华人民共和国职业教育法》提出"建立、健全职业学校教育与职业培训并举，并与其他教育相互沟通、协调发展的职业教育体系"，到《国家中长期教育改革和发展规划纲要（2010—2020年）》提出"到2020年，形成适应经济发展方式转变和产业结构调整要求、体现终身教育理念、中等和高等职业教育协调发展的现代职业教育体系"，再到2021年《中华人民共和国国民经济和社会发展第十四个五年规划和2035年远景目标纲要》提出"构建高质量教育体系，现代职业教育体系一直是高质量教育体系的重要组成部分"。2015年，联合国教科文组织（UNESCO）发布的《教育2030行动框架》指出："目前，迫切需要开发贯穿一生的灵活技能与能力，因为人们需要在一个更加安稳、可持续、相互依存的知识型及技术驱动型世界里生活和学习。"现代职业教育发展离不开完备的体系，这种纵向贯通、横向融通的教育体系是提升人力资本水平和推动人的全面发展的重要路径。在深化教育供给侧结构性改革的背景下,需要提高职业教育供给适应引领创造新需求的能力。这就要求在普职等值和中高衔接的理念指导下,延伸职业教育发展链条,构建现代职业教育体系,以适应广大职业教育受教育者的个性化、差异化、品质化需求,持续扩大优质职业教育服务供给。其中,既要稳步发展职业本科教育,也要发挥专科高等职业教育的骨干作用,并夯实中等职业教育的基础地位,重视培训体系建设,开展高质量培训。与此同时,一方面,加快推进职业教育国家"学分银行"建设,制定符合国情的国家资历框架,实现学习成果的认定、积累和转换,更好地将职业教育与普通教育特别是基础教育相衔接;另一方面,将职业教育与基础教育、继续教育、终身教育相融合,把职业启蒙与培养、社区教育作为突破口加以推进。

(三)提高技术技能人才培养质量

进入21世纪后,我国经济结构调整和产业转型升级步伐加快,劳动力市场的结构性矛盾在短时间内集中爆发,"技工荒"现象是最明显的表征,"技工荒"与"低技术陷阱"的发展困境并存,即劳动报酬越低,就越难留住技术技能人才,企业也越难提升自身的技术技能积累水平。为降低生产成本,企业雇佣大量的廉价劳动力,甚至不惜用打价格战的方式进行竞争,高素质技术技能人才短缺严重影响高质量发展。在"中国制造"向"中国创造"转变、人力资源大国向人力资源强国转变的背景下,职业教育被赋予新的历史使命和社会责任,高素质技术技能人才是职业教育的人才培养目标。人才质量最终是通过学生专业知识、技能、技术、素质等的发展变化来体现的,影响技术技能形成的因素是多元的,包括敬业精神、职业兴趣、实践锻炼、教学方式、智力悟性和行为反思等方面。而人才培养模式的具体要素包括培养目标、专业设置、课程体系、教学方式、评价模式、保障机制等方面，这就需要对高素质技术技能人才的学理基础、培养方案、机制保障等方面开展系统深入研究，全面把握技术技能型人才培养的目标定位、专业设置和课程开发原则。职业教育的发展源于对技术与技能人才的培训，重在培养学生的动手能力。作为最早的职业教育形式之一，学徒制以技能教育为中心，强调直接经验的获得，因此，要在总结现代学徒制和企业新型学徒制的基础上，探索中国特色学徒制，为行业企业培养高素质技术技能人才，育成更多能工巧匠、大国工匠。

（四）激发职业院校办学活力

办学活力一般体现在理念、目标、层次、类型、专业、教学、布局、运作、管理和规模等多个方面，每个方面都有一定的选择范围和空间。21世纪以来，随着我国职业教育的快速发展，产教融合、校企合作作为核心议题浮现出来，并逐渐成为激发职业院校办学活力的基本路径。从“产学研结合”到“产教结合”再到“产教融合”，这些概念尽管在表述上有所差异，但均在传播一种共同的理念，即教育与社会的结合。产业和教育本身有着千丝万缕的联系，产业是孕育教育的温床，教育是促进产业的动力，无论教育端还是产业端，均强调学校与社会的结合，反对孤立地就教育论教育、就产业论产业，因此双方都对产教融合有着较大期待。一方面，所开设专业需要适应当地经济发展以及产业结构情况；另一方面，培养的人才也要有利于推进区域经济发展和产业结构优化升级，制造业、服务化的有效发展及供给侧结构性改革的实现均要求有相应的技术技能人才作为保障。校企合作是职业教育办学的基本特征，被喻为理解职业教育的一把钥匙。但受传统体制机制因素的制约，行业企业参与职业院校办学和人才培养的动力不足，缺乏相应的激励政策，导致职业教育人才培养供给侧和产业需求侧在结构、质量、水平上不能完全适应。特别是多数职业院校是在脱离行业主管部门的情况下开展办学，社会力量参与支持不足在很大程度上使产业与教育深度融合受到影响，校企协同、实践育人的人才培养模式在微观层面也尚未形成，导致职业教育发展面临着一定阻碍。在深入实施创新驱动发展战略、加快发展壮大现代产业体系的背景下，深化校企合作成为职业院校推进人才培养供给侧结构性改革的迫切任务，以及提升职业院校办学水平和人才培养质量的驱动力量。

（五）增强职业教育适应性

提升人力资本水平和人的全面发展能力是建设高质量教育体系的根本宗旨。要更好地服务经济社会发展和人的全面发展，职业教育必须适应技术进步和生产方式变革以及社会公共服务的需要。当前职业教育还不能完全适应经济社会发展的需要，结构不尽合理，质量有待提高，办学条件薄弱，体制机制不畅。为此，职业教育要长入经济、汇入生活、融入文化、渗入人心、进入议程，推动专业设置与产业需求对接、课程内容与职业标准对接、教学过程与生产过程对接、毕业证书与职业资格证书对接、职业教育与终身学习对接，全面增强适应性，更好地服务加快发展现代产业体系的需要。[5]《中华人民共和国国民经济和社会发展第十四个五年规划和 2035 年远景目标纲要》提出，构建实体经济、科技创新、现代金融、人力资源协同发展的现代产业体系。现实中，高素质技术技能人才短缺在一定程度上影响了现代产业体系的形成。因此，要深入实施制造强国战略、发展壮大战略性新兴产业、促进服务业繁荣发展。尤其是在推动职业优化升级过程中，要适应新技术、新业态、新模式发展需要，推动生产性服务业向专业化和价值链高端延伸，亟须发展技能密集型产业，建设一大批公共实训基地、产教融合基地、示范性职业教育集团，打造技术技能协同创新服务平台，并广泛开展新技术、新业态、新模式职业技能培训，有效提高职业教育服务，加快发展现代产业体系的能力和水平。就业是最大的民生,而职业教育以促进就业为导向,体现在办学模式、人才培养模式、教育教学模式等方面,均是以提升学生就业能力为目标,因此,增强职业教育适应性与以就业为导向本质上是统一的。

(六)提升职业教育社会吸引力

当前不可否认的事实是,职业教育仍是我国教育发展中的一块短板,社会认同度不高、吸引力不足的问题依然存在,这导致职业教育在我国教育生态中处于边缘地位,而这种地位又强化了人们对职业教育发展的社会心理及行为制约。让人感到欣慰的是,近年来出现的一些令人鼓舞的状况使得社会对职业教育发展开始形成一种共识,随着大众创业、万众创新在我国的深入开展,有活力的初创企业与成熟的企业之间,以及社会公众与职业教育之间建立的联系将更加紧密,通过与社会公众的互动提升认同度和吸引力,这是推动现代职业教育高质量发展的重要一环。要从法律层面明确职业教育与普通教育之间是相互支持、相互补充的关系,高素质技术技能人才应与普通高等教育培养的学术和技术研发型人才处于同层次且等价的地位,建立与普通教育等值的职业教育体系,完善学历教育与培训并重的现代职业教育体系,畅通技术技能人才成长渠道。积极推动职业院校毕业生在落户、就业、参加机关事业单位招聘、职称评审、职级晋升等方面与普通高校毕业生享受同等待遇。逐步转变社会上轻视职业教育的传统观念,大力宣传优秀一线技能人才的社会贡献,在理念上崇尚一技之长,不简单唯学历、唯文凭,在全社会营造重视技能的氛围和职业教育发展的良好社会环境。

三、职业教育高质量发展的关键问题

(一)正确处理职普关系,强化职业教育类型特色

强化职业教育类型特色,对于提升职业教育在国民经济和社会发展中的地位、深化职业教育教学改革、营造全社会关心支持职业教育的良好氛围起着重要的引领和推动作用。《国家职业教育改革实施方案》提出,经过5—10年的时间,职业教育基本完成由政府举办为主向政府统筹管理、社会多元办学的格局转变,由追求规模扩张向提高质量转变,由参照普通教育办学模式向企业社会参与、专业特色鲜明的类型教育转变。可以说,“三个转变”特别是由参照普通教育办学模式向企业社会参与、专业特色鲜明的类型教育转变抓住了正确处理职普关系这一职业教育高质量发展的关键。近年来,政府、行业和院校针对长期以来“单纯的学历教育”或“简单的技能教学”两个倾向,坚持目标导向和问题导向,提出了一系列解决长期制约职业教育类型定位和类型特色的体制机制难题的方案。在实践中,职业教育已经成为我国教育体系中不可替代的一种教育类型。正确处理职普关系主要包括高中阶段中等职业教育与普通高中的协调和高中后高等职业教育与普通本科的协调。当前,社会各界对中职分流等问题意见分歧较大;对高等职业教育的内涵、口径等问题也有不同理解,这些都需要认真研究,并慎重作出决策。职教高考制度在组织形式、层级、范围是封闭还是开放等方面比较难以掌握,既要讲公信力,又要注重成本,还要防范风险。中国特色职业教育理论研究更是一个大课题,需要正确处理好学习借鉴、自成一家及中国特色之间的关系,尤其是在推进特色职业教育现代化的进程中,如何尽快形成与世界最大规模相匹配的职教模式,需要自下而上与自上而下的探索,需要实践的积累和理论的提升。[6]

(二)正确处理产教关系,完善产教融合办学体制

产教融合是职业教育办学的本质特征,产教关系是职业教育与经济社会间的基本关系。应从职业教育高质量发展要求出发,正确处理产教关系。一是要优化职业教育结构,强调围绕国家战略、紧密对接产业升级和新技术变革在专业设置、专业结构优化方面积极推进。同时,通过省部共建、区域合作等方式积极推动,尤其强调面向农村办好职业教育。二是要健全多元办学格局,强调构建政府统筹管理、行业企业积极举办、社会力量深度参与的办学格局,既鼓励国有企业独立办学和参与办学,也鼓励学校与社会资本合作办学、共建共享。三是要协同推进产教深度融合,总体而言,要继续贯彻《国务院办公厅关于深化产教融合的若干意见》精神,大力推进产教融合型城市、产教融合型企业试点,对产教融合型企业在“金融+财政+土地+信用”方面提供相应的政策支持。

(三)正确处理校企关系,创新校企合作办学体制

校企合作办学或校企双主体办学既是职业教育的主要特征和重要优势,也是职业教育实现高质量发展的关键。相比学校而言,企业不仅是一个更真实、复杂、不确定因素更多的环境,也是一个技术工人真正形成的地方,生产性实训有利于增进对所学专业和行业、企业文化的了解、认知。正确处理校企关系,一是要丰富职业学校办学形态,职业学校与企业开展多边合作,共建共享技术创新平台,专业化技术转移机构和大学科技园、科技企业科学孵化器、众创空间等,同时推动共建共管产业学院、互设培训园基地等;二是要拓展校企合作形式和内容,职业学校要主动谋求或吸纳对人才培养全过程的参与,同时鼓励龙头企业,建立职教集团,探索中国特色学徒制办学等,鼓励多形式、多渠道校企深度合作;三是要优化校企合作环境,鼓励金融机构对校企

合作的支持，国家收入分配政策及绩效工资对校企合作的支持，营造一个有利于校企合作的良好生态环境。

（四）正确处理教学关系，深化教育教学改革

深化教育教学改革，是推动职业教育高质量发展的微观基础。正确处理教学关系，一要深化“双师型”教师队伍建设，深入贯彻《国家职业教育改革实施方案》和教育部等四部门印发的《深化新时代职业教育“双师型”教师队伍建设改革实施方案》，把教育部、各省市已立项的职业教育教师教学创新团队项目建设好；[7]二要创新教学模式与方法，适应职业教育、学习者、当今信息化技术背景的特点，创新教学模式、探索“岗课赛证”综合育人；三要改进教学内容与教材，抓实抓好课程开发、实训体系、职业技能等级证书、教材建设；四要完善质量保证体系，健全教师、课程教材、教学、实习实训、信息化等国家职业标准建设，做好教学工作诊断与改进制度建设，完善教学督导评估办法，健全国家、省、学校质量年报制度等。[8]

（五）正确处理内外关系，形成职业教育发展合力

正确处理职业教育内外关系，既包括处理好职业教育自身发展与社会环境营造改善之间的关系，也包括处理好打造中国特色职教品牌与推动职业教育走出去之间的关系。[9]一要在构建现代产业体系、加快产业工人队伍建设的当下，聚焦提高办学质量和人才培养水平，培育一支适应现代产业体系要求、数量充足、结构优良、技能精湛的工匠队伍。同时，弘扬“劳动光荣、技能宝贵、创造伟大”的社会风尚，深入开展“大国工匠进校园”等活动，宣传展示大国工匠、能工巧匠和高素质劳动者的事迹和形象，培育和传承好工匠精神，激励更多劳动者特别是青年一代走技能成才、技能报国之路。二要加强与联合国教科文组织等国际组织和国外高水平学校合作，打造高水平国际办学项目，提升中

外合作办学水平，拓展中外合作交流平台。同时，响应"一带一路"倡议，推动职业教育伴随中国企业走出去，探索"中文＋职业技能"的国际化发展模式，完善"鲁班工坊"标准等模式，更好地服务国际产能合作，彰显大国在构建人类命运共同体方面的责任和担当。

参考文献

[1] 高培勇.理解、把握和推动经济高质量发展[J].经济学动态，2019(8):3-9.

[2] 杨耀武，张平.中国经济高质量发展的逻辑、测度与治理[J].经济研究，2021(1):26-42.

[3] 张鹏，张平，袁富华.中国就业系统的演进、摩擦与转型——劳动力市场微观实证与体制分析[J].经济研究，2019(12):4-20.

[4] 中共中央宣传部.习近平新时代中国特色社会主义思想学习纲要[M].北京:学习出版社、人民出版社，2019:41.

[5] 李玉静，荣国丞.高等职业教育高质量发展报告——基础与方向[J].职业技术教育，2021(36):7-16.

[6] 周建松.以创新性研究引领中国特色高水平高职学校建设[J].职业技术教育，2020(4):6-10.

[7] 陈正江."双高计划"下高职教育高质量发展的战略导向与推进策略[J].职业技术教育，2020(16):12-17.

[8] 周建松，陈正江.基于"双高"绩效管理的高职教育高质量发展研究[J].江苏高教，2021(11):28-32.

[9] 周建松，陈正江.新时代中国特色高等职业教育基本内涵与发展路径[J].中国高教研究，2019(4):98-102.

（本文发表于《职业技术教育》2022 年第 4 期）

基于“五个坚持”原则的职业教育高质量发展研究

周建松　陈正江

摘　要：坚持立德树人、德技并修，坚持产教融合、校企合作，坚持面向市场、促进就业，坚持面向实践、强化能力，坚持面向人人、因材施教是推动职业教育高质量发展的原则。立足新发展阶段、贯彻新发展理念、构建新发展格局，结合育人标准、办学模式、办学导向、教学要求和教育对象，系统阐述以“五个坚持”为原则的职业教育高质量发展形成背景、基本内涵、主要特征、价值导向与实现路径。

关键词：职业教育；高质量发展；“五个坚持”；原则；路径

2021 年全国职业教育大会召开后，中共中央办公厅、国务院办公厅印发了《关于推动现代职业教育高质量发展的意见》（以下简称《意见》），提出坚持立德树人、德技并修，坚持产教融合、校企合作，坚持面向市场、促进就业，坚持面向实践、强化能力，坚持面向人人、因材施教（以下简称“五个坚持”），并将其作为推动现代职业教育高质量发展的工作要求。笔者立足新发展阶段、贯彻新发展理念、构建新发展格局，结合育人标准、办学模式、办学导向、教学要求和教育对象分析“五个坚持”的背景、内涵、特征、导向，在此基础上，探寻以“五个坚持”为原则的职业教育高质量发展路径。

一、职业教育高质量发展原则的形成背景与基本内涵

(一)职业教育高质量发展原则的形成背景

职业教育发展原则是构建高质量职业教育体系的先导,这是在立足新发展阶段、贯彻新发展理念、构建新发展格局的背景中形成的。

1. 立足新发展阶段的必然要求

党的十九大指出,我国经济已由高速增长阶段转向高质量发展阶段。中国式现代化本质上是在高质量发展中形成需求牵引供给、供给创造需求的更高水平的动态平衡。职业教育与经济社会发展有着紧密的联系,随着我国产业升级和经济结构调整不断加快,各行各业对技术技能人才的需求越来越紧迫,迫切需要通过高质量的职业教育,使劳动者能有效适应以知识生产配置为核心的产业转型升级,在技能积累中获得效率补偿。

2. 贯彻新发展理念的核心问题

高质量发展是贯彻新发展理念的发展,是体现创新成为第一动力、协调成为内生特点、绿色成为普遍形态、开放成为必由之路、共享成为根本目的的发展。贯彻新发展理念就是以质量和效益取代规模和速度,培育经济增长的新动能,实现以劳动生产率提升为重要特征的效率驱动型高质量发展。人的发展是向更高层次、更广维度的普适性发展。尽管我国劳动年龄人口总量有减少的趋势,但我国人力资源丰富,由人口文化素质和健康水平提升带来的"人才红利"仍将是推动我国经济高质量发展和社会进步的重要基础。深化职普融通,优化人才培养体系结构是长期有目的的技术技能积累,不断提升人口质量、社会质量和制度质量的基础性工作,是释放"人才红利""技能红利"的关键。

3. 构建新发展格局的基础工作

加快构建以国内大循环为主体、国内国际双循环相互促进的新发展格局，既是发展问题，更是改革问题。习近平总书记指出："构建新发展格局是与时俱进提升我国经济发展水平的战略抉择，也是塑造我国国际经济合作和竞争优势的战略抉择。""要优化同新发展格局相适应的教育结构、学科专业结构、人才培养结构。"[1]职业教育与普通教育是国民教育体系中的两大教育类型，两者之间的融合与流动对教育结构优化具有决定性作用，能够优化我国人力培养体系结构，进而会对经济社会的人力资本供给产生重要影响。从我国构建新发展格局的现实需求出发，加快改进我国劳动者素质与产业结构转型升级需求不匹配的问题，有效提升劳动者素质技能，必须加大技术技能人才培养力度，推动职业教育高质量发展。

(二)职业教育高质量发展原则的基本内涵

职业教育高质量发展原则的基本内涵主要包括育人标准、办学模式、办学导向、教学要求和教育对象等方面。

1. 育人标准：立德树人、德技并修

立德树人解决"培养什么人、怎样培养人、为谁培养人"这一根本问题，这既是中华优秀教育传统的核心理念，也是新时代职业教育的根本任务。德技并修即把立德树人融入思想道德教育、文化知识教育、社会实践教育各环节，将培育和践行社会主义核心价值观贯穿人才培养全过程。

2. 办学模式：产教融合、校企合作

产业和教育，学校与企业，本身有着千丝万缕的联系，产业是孕育教育的温床，教育是促进产业的动力，无论教育端还是产业端，均强调学校与社会的结合，反对孤立地就教育论教育、就产业论产业、就学校论职业教育，可以说，产教融合、校企合作是打通职业教育发展的任督二脉。

3. 办学导向：面向市场、促进就业

随着我国经济进入新发展阶段，产业升级和经济结构调整不断加快，各行各业对技术技能人才的需求越来越紧迫，职业教育重要地位和作用越来越凸显。职业教育是与市场联系最为紧密，市场适应性、市场灵敏度最高的教育，面向市场、服务发展、促进就业创业是其最主要的职能。

4. 教学要求：面向实践、强化能力

职业教育以培养高素质技术技能人才、能工巧匠、大国工匠为己任，面向实践、强化能力是职业院校推进人才培养供给侧结构性改革的迫切任务，是提升职业院校办学水平和人才培养质量的重要驱动力量。

5. 教育对象：面向人人、因材施教

职业教育和职业技能是实现个人职业发展的关键所在，并对恢复长期经济增长、降低失业率、提升国家竞争力至关重要。面向人人使职业教育更具包容性，因材施教使职业教育人才培养更有针对性，此二者将人的发展与经济社会发展进行了有机结合。

二、以“五个坚持”为原则的职业教育高质量发展特征与导向

基于“五个坚持”的职业教育高质量发展原则体现出系统性、适应性和包容性的主要特征，其既是中国特色职业教育发展的经验总结，又是推动职业教育高质量发展的工作要求，更是贯彻新修订的《职业教育法》的主要任务。

(一)以“五个坚持”为原则的职业教育高质量发展特征

1. 系统性

系统观念是推动经济社会发展具有基础性的思想和工作方法。系统的性质和功能不仅取决于要素的性质和功能,还取决于要素之间的互动。[2]职业教育是惠及人口最广泛、经济社会效益最直接的教育类型。职业教育一头连着教育,一头连着经济,既体现着内在的教育性,也体现着外部的经济性。优化职业教育类型定位不仅是教育问题,也与经济社会发展有着直接而密切的联系。针对不同受教育者群体多层次、多样化的需求,职业教育与基础教育、高等教育、继续教育、终身教育形成了重要联系。随着我国产业升级和经济结构调整不断加快,各行各业对技术技能人才的需求越来越紧迫,职业教育重要地位和作用越来越凸显,迫切需要通过高质量的职业教育,使劳动者能有效适应以知识生产配置为核心的产业转型升级。中共中央、国务院印发的《中国教育现代化 2035》提出,到 2035 年,推动我国成为学习大国、人力资源强国和人才强国,这就需要牢牢把握人才整体性和层次性的需求。从这个意义上来说,“五个坚持”是运用系统观念和动态思维来谋划推动职业教育高质量发展的基本方法论。

2. 适应性

在中国特色社会主义新时代,我国社会主要矛盾已经转变为人民群众日益增长的美好生活需要和不平衡不充分的发展之间的矛盾。虽然我国已经建成了世界上规模最大的职业教育体系,但职业教育领域发展不平衡不充分的问题十分突出,与建设现代化经济体系、建设教育强国、办人民满意教育的要求相比,我国职业教育还存在着类型定位不够优化、体系建设不够完善、制度标准不够健全、办学和人才培养质量水平参差不齐、社会参与办学的动力不足、适应性不强、社会吸引力不高、有利于技术技能人才成长的配套政策尚待完善等问题。经济发展是分阶段的，不同阶段对应不同的需求结构、产业结构和技术体系。随着我国进入新的发展阶段，经济结构进一步优化，产业升级不断加快，新一轮的科技革命正在塑造新的产业形态，智能制造、大数据、物联网等新技术的广泛应用对职业与工作内容产生了深刻而长远的影响。从我国产业发展看，到2025年技能型人才缺口率将达48%，技术蓝领缺口更是高达3000万人，因此迫切要求提升职业教育在服务产业转型升级、服务地方经济社会发展的适应性。

3. 包容性

当今世界正在努力寻求包容性更强的经济发展方式，因为受教育程度低下和技能水平低下不仅与收入和就业相关，而且也和许多其他社会结果相关。技能开发是让青年人能够顺利过渡到工作的一个主要手段，2014年经济发展与合作组织（OECD）发布《教育概览》，报告的主题就是"为了包容性增长的教育与技能"，报告特别指出，教育和技能是实现未来幸福的关键所在，并对恢复长期经济增长、降低失业率、提升国家竞争力、培养更具包容性及更有凝聚力的人才至关重要。[3] 2021年召开的全国职业教育大会提出建设技能型社会，《意见》明确启动实施技能型社会职业教育体系建设地方试点，办好全国职业院校技能大赛，全方位践行世界技能组织2025战略等具体举措，旨在让广大青年能够享受到公平而有质量的教育和培训，通过发展技能，实现高质量就业，使他们凭借一技之长实现人生价值，为他们人生出彩搭建平台和舞台。

（二）以"五个坚持"为原则的职业教育高质量发展导向

1. 中国特色职业教育发展的经验总结

改革开放以来，我国职业教育主动回应经济社会发展需求，扎根中国大地，持续探索实践，实现了从无到有、从小到大的快速发展，为我国经济社会发展提供了有力的人才和技能支撑，现代职业教育体系框架全面建成，服务经济社会发展能力和社会吸引力不断增强，具备了基本实现现代化的诸多有利条件和良好工作基础。进入21世纪后，我国职业院校数、在校生数和毕业生数持续增长，其规模已占普通教育的一半左右，职业教育在优化教育结构的作用进一步凸显，逐步形成自身具有历史渊源和时代特征的类型特色。[4]教育是一个具有连续性的过程，职业教育尤其注重技术技能积累，在人才培养实践中更要具有连续性。职业教育立足“培养什么样的人、怎样培养人”的根本问题，要把职业技能等级证书所体现的先进标准融入人才培养方案，支持行业企业开展技术技能人才培养培训，推动学校布局、专业设置、人才培养与市场需求相对接，通过高质量人才培养模式提高劳动者素质和技术技能水平，促进市场需求和劳动就业紧密结合。

2. 推动职业教育高质量发展的工作要求

“五个坚持”是落实习近平总书记对职业教育工作的重要指示和全国职业教育大会精神的工作要求，是基于对职业教育发展阶段与形势的判断而提出的改革路径。通过正视职业教育发展中的问题，在公正、透明、谨慎地引导舆论和公众心理，并利用政策需求最强烈、政策供给激励最具相容性的有利时机，构建推动现代职业教育发展的制度体系。[5]具体而言，到2025年，职业教育类型特色更加鲜明，现代职业教育体系基本建成，技能型社会建设全面推进；到2035年，职业教育整体水平进入世界前列，技能型社会基本建成。推动职业教育高质量发展，要从强化职业教育类型特色、完善产教融合办学体制、创新校企合作办学机制、深化教育教学改革、打造中国特色职业教育品牌等方面着手，巩固职业教育类型定位、优化职业教育供给结构、丰富职业学校办学形态、强化“双师型”教师队伍建设、推动职业教育走出去、加强组织领导。

3. 贯彻新修订的《职业教育法》的主要任务

2022 年 5 月 1 日起施行的新《职业教育法》第四条规定，职业教育必须坚持中国共产党的领导，坚持社会主义办学方向，贯彻国家的教育方针，坚持立德树人、德技并修，坚持产教融合、校企合作，坚持面向市场、促进就业，坚持面向实践、强化能力，坚持面向人人、因材施教，以法律的形式规范并重申了这一职业教育高质量发展原则。事实上，自 1996 年《职业教育法》实施到现今，我国经济实力和综合国力稳步增强。在这种情势下，迫切需要职业教育在育人标准、办学模式、办学导向、教学要求和教育对象等方面建立健全适应社会主义市场经济和社会发展需要、符合技术技能人才成长规律的职业教育制度体系，为全面建设社会主义现代化国家提供人才支持和技能支撑。

三、以“五个坚持”为原则的职业教育高质量发展实现路径

(一)坚持立德树人、德技并修，推动思想政治教育与技术技能培养融合统一

立德树人是各级各类教育的根本任务。中华优秀传统文化强调个人道德修养与治国平天下有机结合、成人与成才相辅相成的教化实质，这种教化具有强大的生命力和感召力。德技并修要求以专业建设为龙头带动课程等主要载体建设，发挥课堂作为立德树人主阵地和主渠道的作用，并通过素质教育夯实立德树人基础，重视文化建设在立德树人中功能与效应的内化与彰显。[6]《职业教育法》规定实施职业教育应当弘扬社会主义核心价值观，对受教育者进行思想政治教育和职业道德教育，培育劳模精神、劳动精神、工匠精神，传授科学文化与专业知识，培养技术技能，进行职业指导，全面提高受教育者的素质。坚持立德树人、德技并修必须培育和践行社会主义核心价值观，切实增强

对习近平新时代中国特色社会主义思想的政治认同、思想认同和感情认同，坚持把德育放在首位，同时做到德技并修、育训结合，特别是要把思想政治教育与技术技能培养融合统一，当前特别要办好思想政治理论课，全面推进课程思政建设。[7]

（二）坚持产教融合、校企合作，推动形成产教良性互动、校企优势互补的发展格局

坚持产教融合、校企合作，实质上就是坚持并发展职业教育的跨界属性，正确处理好产教关系、校企关系，积极倡导和全面推动双主体办学，实施专业对接产业、课程对接岗位、教学过程对接生产（经营）过程，真正推动产教良性互动、校企优势互补。《职业教育法》规定，职业学校、职业培训机构实施职业教育应当注重产教融合，实行校企合作，培育供需匹配的产教融合服务组织。在考量职业院校发展实际需求的基础上，通过优化职业教育供给结构，政府发挥其宏观引导作用，制定规则和监督执行。同时，职业院校在公平竞争和兼顾社会利益平衡的基础上，通过优化专业体系、优化资源配置，强化校地合作、育训结合等具体举措和程序，使供需双方能够理解职业教育结构变化的现象与过程，更好地把握教育制度供需的互动关系及结构特征，使促进职业教育高质量发展的制度供给在实体上更具科学性、在程序上更具规范性。[8]

（三）坚持面向市场、促进就业，推动学校布局、专业设置、人才培养与市场需求相对接

在加快壮大现代产业体系的背景下，以服务发展、促进就业为宗旨的职业教育将人力资本投入和人力资本输出两端紧密联系在一起。从工业社会向信息时代转型的过程中，传统的工作形式及对工作的准备过程发生变化，这既对劳动者从体力劳动技能转向脑力劳动技能提出了新要求，也为职业教育落实就业优先政策、推进高质量发展创造

了新需求。[9]坚持面向市场、促进就业，培养能够适应就业市场需要的人是职业教育基本要求。职业教育是近现代工业化的产物，专业源于产业，职业教育专业目录只有对接现代产业体系，根据产业发展及时调整更新，才能更好地服务产业基础高级化、产业链现代化。2021 年 3 月，教育部印发了全面修（制）订后的《职业教育专业目录（2021 年）》，这是推进职业教育供给侧结构性改革、提高职业教育适应性的重要举措，以此推动职业教育学校布局、专业设置、人才培养与市场的有机衔接。

（四）坚持面向实践、强化能力，让更多青年凭借一技之长实现人生价值

《职业教育法》第二条规定：本法所称职业教育，是指为了培养高素质技术技能人才，使受教育者具备从事某种职业或者实现职业发展所需要的职业道德、科学文化与专业知识、技术技能等职业综合素质和行动能力而实施的教育。面向实践、强化能力要求职业教育所开设专业要适应区域经济发展以及产业升级需要，通过职业教育，为青年人的发展搭建平台和舞台，使他们通过体面的工作获得人生的尊严与价值，在改变个人命运的同时，惠及整个家庭。目前我国已建成世界规模最大的职业教育体系，培养了一大批支撑经济社会发展的高素质技术技能人才。坚持面向实践、强化能力是培育技术技能人才最直接和最基本的途径，能工巧匠、大国工匠则是更高的要求和更高层次的追求，其重要的路径是弘扬工匠精神，主要的方向是为全面建设社会主义现代化国家提供人才支持和技能支撑。职业教育既是特色鲜明的类型教育，也是面向市场的就业教育，更是培养能力的实践教育，尤其是在推进技能型社会建设进程中，职业教育不可或缺，大有可为。[10]职业教育的人才培养一定要瞄准能力、突出技能，让更多受教育者以一技之长走向职场、实现人生价值。

(五)坚持面向人人、因材施教,营造人人努力成才、人人皆可成才、人人尽展其才的良好环境

我国《宪法》《教育法》《职业教育法》都规定,受教育权是公民的一项基本权利。《职业教育法》规定职业教育是与普通教育具有同等重要地位的教育类型,是国民教育体系和人力资源开发的重要组成部分,是培养多样化人才、传承技术技能、促进就业创业的重要途径。同时又规定国家采取措施,提高技术技能人才的社会地位和待遇,弘扬劳动光荣、技能宝贵、创造伟大的时代风尚。职业教育一定要站在全面发展、终身教育的视角,努力在营造人人努力成才、人人皆可成才、人人尽展其才上下功夫、见成效,从而推动职业教育高质量发展。坚持面向人人、因材施教就要深入推进育人方式改革、办学模式改革、管理体制改革、保障机制改革,践行建设教育强国、人力资源强国和技能型社会的初心和使命。

参考文献

[1] 习近平. 把握新发展阶段 贯彻新发展理念 构建新发展格局[J]. 求是,2021(9):1-6.

[2] 中国共产党第十九届中央委员会第五次会议文件汇编[M]. 北京:人民出版社,2020:86.

[3] 李玉静."为了包容性增长的教育与技能"——OECD 发布《2014 教育概览》[J]. 职业技术教育,2014(27):14-15.

[4] 周建松,陈正江. 新时代中国特色高等职业教育基本内涵与发展路径[J]. 中国高教研究,2019(4):98-102.

[5] 周建松,陈正江. 我国高职教育的政策演进——基于 1996 到 2016 年三个重大事件的分析[J]. 中国人民大学教育学刊,2016(4):41-50.

[6] 马树超,郭文富.中国特色职业教育发展应坚持立德树人[J].中国职业技术教育,2017(34):35-38.

[7] 周建松.系统构建立德树人德技并修人才培养体系[N].中国教育报,2021-11-16(5).

[8] 李俊玲,杨保华.新发展格局下职业教育供给侧与需求侧协同高质量发展的策略[J].职业技术教育,2022(12):41-44.

[9] 周建松.基于双高视阈的高素质技术技能人才培养思路研究[J].职教论坛,2020(3):62-68.

[10] 张学英,张东.技能型社会的内涵、功能与核心制度[J].职教论坛,2022(1):35-41.

(本文发表于《职教论坛》2022 年第 6 期)

增强适应性是职业教育提质培优的关键

周建松

摘　要：适应性不足是导致职业教育认同度不高、吸引力不强的重要因素。在职业教育提质培优行动中，必须以办好公平有质量、类型特色突出的职业教育为主题，以提质培优、增值赋能为主线，坚持问题导向、需求导向和目标导向，切实增强职业教育适应性，以质图强。

关键词：职业教育；提质培优；适应性

随着我国经济由高速增长阶段转向高质量发展阶段，对多层次高质量技术技能人才的需求越来越紧迫。适应性是一个复杂而系统的概念，在教育领域是指学生毕业后对于工作岗位和社会经济需求的适应能力等。《职业教育提质培优行动计划（2020—2023年）》（以下简称《行动计划》）契合了党的十九届五中全会对于职业教育提出的关键词"增强适应性"，即增强适应性是职业教育提质培优行动的关键所在。

一、适应性是职业教育最大的质量标志之一

党的十八大以来，以习近平同志为核心的党中央高度重视职业教育，先后出台一系列支持和鼓励职业教育发展的文件和制度。习近平总书记还就职业教育发展作出一系列重要指示和批示，并现场视察和指导了一些职业学校的工作，有力推动了职业教育的发展。全世界最大规模职业教育的形成，为优化教育结构、促进就业创业，推进社会主义和谐社会做出了积极而有益的贡献。

然而，我国职业教育发展不平衡、培养质量参差不齐等问题仍然

存在，与经济社会发展和产业转型升级要求不匹配的矛盾仍然严重。一方面是高等学校和职业学校学生找不到合适的工作，另一方面是用人单位找不到合适的人才，这样的反差，就是职业教育的人才培养与经济社会发展和产业转型升级需要之间存在不对称性和不适应性。

从某种意义上说，适应性不够或者说适应性差成为职业教育社会认同度不高、社会吸引力不强、行业企业支持力度小的重要原因。《行动计划》提出要巩固提升中等职业教育水平，推动高等职业教育高质量发展，完善高层次职业教育人才培养体系，建设高质量教育体系，说到底就是要在增强适应性上下功夫。适应性既是重要的质量指标，也是高等教育大众化乃至普及化以后结构质量的关键所在，忽略了适应性或者适应性不强，培养的人才不能够很好地适应我国经济建设和高质量发展的需要，不仅是国家财政教育投入的浪费，更是人力资源的浪费，因此必须在增强职业教育适应性上下功夫。

二、《行动计划》各项举措旨在增强职业教育适应性

作为人力资源开发的重要组成部分，国家将职业教育摆在教育改革创新和经济社会发展更加突出的位置。职业教育要坚持深化供给侧结构性改革这条主线，进一步强化其类型定位，加强创新链和产业链对接，为服务现代制造业、现代服务业、现代农业发展和职业教育现代化提供制度保障与人才支持，助力建设高质量教育体系，为加快形成技能型社会奠基。这也意味着职业教育要比普通教育更具有适应性。

《行动计划》围绕办好公平有质量、类型特色突出的职业教育，以提质培优、增值赋能为主线，坚持问题导向、需求导向和目标导向。问题导向主要表现在学生适应社会能力和服务产业转型升级能力不足；需

求导向是指用人单位和产业发展需要的人才还未能得到很好地满足。作为与经济社会发展联系最紧密的教育类型，职业教育要服务建设现代化经济体系和实现更高质量更充分就业需要，对接科技发展趋势和市场需求，深化办学体制改革和育人机制改革，以促进就业和适应产业发展需求为导向，着力培养高素质劳动者和技术技能人才。

《行动计划》聚焦立德树人这一根本任务，提出一系列根本性举措，紧紧围绕培养爱党、爱祖国、爱中国特色社会主义制度这一人才培养的根本要求，着力在培养和造就新时代中国特色社会主义建设者和接班人上下功夫，提出习近平新时代中国特色社会主义思想进课堂、进教材、进头脑和完善“三全育人”格局等，应该说，这不仅是职业教育质量的最主要标志，也关系到国家长治久安和中华民族伟大复兴的同频共振和后继有人。抓住职业教育发展的这个关键，有利于人才培养质量的全面提升。

《行动计划》围绕构建完善现代职业教育体系，提出要强化中职教育的基础性作用，巩固专科高职教育的主体地位，稳步发展高层次职业教育，从构建更加完整的职业教育体系层面，来强化职业教育的类型特色，探索形成纵向贯通、横向融通、职普协调和融通、多元立体的人才培养体系，对推动职业教育特色打造和特色人才培养具有十分重要的意义，也有利于更好地增强适应性，提高人才培养的结构质量。

《行动计划》围绕职业教育治理能力提升，从健全职业教育标准体系、完善办学质量监管评价机制和打造高素质专业化管理队伍等提出了贯彻实施要求，通过标准建设，更好地发挥标准在职业教育质量提升中的基础性作用，通过完善多元评价机制，不断提升治理质量，推动职业教育高质量发展。

在畅通国内大循环、打造开放的国内国际双循环的新发展格局下，教育、人力资本、制度环境等因素在经济发展中的重要性日益凸显。《行动计划》旨在促进职业教育成为新发展格局的内生变量，为加快建设现代产业体系，增强国家重点产业、区域支柱产业核心竞争力提供有力支撑。

三、落实《行动计划》增强职业教育适应性

教育部党组书记、部长陈宝生在2020年职业教育活动周全国启动仪式暨全国职业院校技能大赛改革试点赛开幕式活动中强调，贯彻落实党的十九届五中全会精神，职业教育要在“五入”上下功夫，使职业教育长入经济、汇入生活、融入文化、渗入人心、进入议程，为“人人皆可成才、人人尽展其才”进一步创造条件。

《行动计划》从着力增强职业教育适应性，系统解决职业教育吸引力不强、质量不高问题出发，明确提出要构建“国家宏观管理、省级统筹保障、学校自主实施”管理机制，而院校不仅是基本人才培养组织，也是落实高质量发展、推动增强适应能力的基础。因此，必须系统谋划、务实行动，通过“五入”的协同联动为形成新发展格局奠定坚实基础，进一步激发我国职业教育发展的内生动力和外部合力，推动职业教育向企业社会参与、专业特色鲜明的类型教育转变。

要着力在深化产教融合、校企合作上下功夫。学校要充分利用国家支持产教融合的一系列政策举措，认真贯彻落实国务院办公厅《关于深化产教融合的若干意见》等一系列政策文件提出的优惠措施，用好行业指导委员会和产教融合型企业等资源，以主动谋互动、互动谋合作、合作促发展，加强学校广泛谋求合作支持、专业对接产业、课程对接岗位、教学过程对接生产过程工作，真正实现教学与实践零距离、学生毕业与岗位工作零过渡，使人才培养与社会需求和行业需求适应对接。

要扎实推进“三教”改革攻坚行动。“三教”改革固然需要外部环境，但关键在学校，学校在“三教”改革中完全可以大有所为。学校要充

分利用“固定岗＋流动岗”的政策资源，积极构建专兼结合的结构化“双师型”创新教学团队，提高教师教学水平和能力，要充分利用信息技术加强教学手段和方法创新，要把握教材国家事权新要求，选用好和建设好教材，以“三教”改革的实际成效，在推动人才培养适应性上见成效。

要切实提高学校信息化水平和教师信息化能力。特别是要以“信息技术＋”升级传统专业，及时发展数字经济催生的新兴专业，优化课程体系、丰富教学资源，推进泛在教学和线上线下相结合的混合式教学，以此推动人才培养模式变革，改进教学管理和学习考核，适应技术和产业变革，适应时代发展需要。

（本文发表于 2021 年 2 月 23 日《中国教育报》）

以创新发展高地建设为抓手　推进高职教育高质量发展

陈正江

摘　要:《国家职业教育改革实施方案》提出推进高等职业教育高质量发展,这是一种新的类型观、发展观和质量观。根据“东部提质培优、中部提质扩容、西部扩容提质”的原则,教育部和部分省市共建国家职业教育创新发展高地,鼓励各省、市在突破制约高质量发展的关键领域和主要方面先行先试,总结出一批可复制、可推广的经验,加快推进高等职业教育高质量发展。

关键词:高等职业教育;提质培优;高质量发展;创新发展高地建设

一、引言

党的十九大指出,我国经济从高速增长阶段转向高质量发展阶段,[1]这意味着我国经济发展开启了从“数量追赶”向“质量追赶”,从“要素驱动”向“创新驱动”的新阶段。[2]而经济的高质量发展与教育的高质量发展存在着相辅相成、相互促进的关系:一方面,经济高质量发展为教育高质量发展创造了条件;另一方面,以人才培养为主要功能的教育发展为促进经济高质量发展提供了支撑。特别是在经过多年的高速发展后,“人口红利”对我国经济发展的拉动作用在逐步减弱,我国经济发展亟待从成本优势向创新优势转换,而实现这一转换的一个关键就是推动过度依赖资源投入的发展方式转向更多依靠人力资源开发和内涵建设的发展方式。《国家职业教育改革实施方案》(简称“职教20条”)提出推进高等职业教育高质量发展,这是一种新的类型观、发展观和质量观。为加快推进高职教育高质量发展,更好地服务国家和区域发展战略,根据“东部提质培优、中部提质扩容、西部扩容提质”原则,教育部和部分省市共建国家职业教育创新发展高地,鼓励各省、市在突破制约高质量发展的关键领域和主要方面先行先试,总结出一批可复制、可推广的经验,使创新成为提高发展质量的强大动能。

二、高等职业教育高质量发展的理论阐释

高质量是质量的一种表现形态,要理解高质量必须首先全面理解质量的内涵,并把高质量问题放在全面质量体系框架中加以分析。美国学者博格和霍尔将教育质量界定为“在共同可接受的有关问责的和整体性的标准范围内对任务描述和目标结果的顺应”。[3]高质量发展是教育高水平的发展状态,是对传统教育发展理念、发展方式、体系制度等全方位的转变与超越。早在1983年,邓小平同志为景山学校题词中提出教育的三个面向——“教育要面向现代化,面向世界,面向未来”时,就强调“抓发展就得抓教育,抓教育就是为高质量发展打下坚实基础”。[4]中国特色社会主义进入新时代,教育的基础性、先导性、全局性地位和作用更加凸显。高质量发展高职教育是贯彻新发展理念,紧扣我国社会主要矛盾变化而做出的选择。为此,本文将高等职业教育视为一个系统,从基本内涵、主要特征、价值导向等角度对其高质量发展进行理论阐释。

(一)基本内涵

一是建设现代化经济体系是其根本目标。经过40多年发展,我国高职教育规模为世界第一,占据了我国高等教育的“半壁江山”,但与建设现代化经济体系要求相比,职业教育还存在着诸多问题。[5]美国经济学家西奥多·舒尔茨指出,“发展就是对所有可选择的各种各样的经

济活动不断地进行重新安排”“经济发展是一个涉及数量扩张并包括制度、组织和文化等非数量因素变化的过程。理解经济变量的数量扩张同文化与制度相互作用的过程是发展经济学的重要任务”。[6] 而“经济发展的核心与实质就是人们的实践知识及智力技能的发展与传播”。[7] 高质量发展对各级各类教育，尤其是高等职业教育发展提出新要求。

二是完善职业教育与培训体系是其重要内容。让职业教育成为满足经济社会发展需要和人民群众需要的教育，就要不断强化其功能，把职业教育改革发展的工作重心放在完善职业教育与培训体系上，同经济社会发展和深化教育改革相适应，力争用 5—10 年的时间实现“三个转变”，提质、培优、增值、赋能。

三是深化产教融合、校企合作是其必由之路。产教融合、校企合作是职业教育办学的基本特征，被喻为理解职业教育的一把钥匙。事实上，实践中开展产教融合、校企合作确实存在着不小的困难，教育和产业统筹融合、良性互动格局在宏观层面尚未确立，校企协同、实践育人的人才培养模式在微观层面也尚未形成，校企育人“两张皮”问题仍然存在。因此，要以产教融合为主线，以纵向贯通、横向融通为核心，加快建设人才培养高地与创新服务平台，深化质量变革，构建新时代中国特色职业教育体系，创新发展专科层次的职业高等学校、开展本科层次职业高等学校试点，建立健全普职融通、产教融通、校企融通、学历教育与培训融通、师资融通、职业技能培养与职业精神养成融通的制度体系，[8] 推进高等职业教育在上述六个方面探索实践；在此背景下，进一步推动“教师、教材、教法”三教改革，为实现高质量发展奠定坚实的基础。

(二)主要特征

1. 一种新的类型观

世纪之交，国家推进实施高等教育大众化战略，国务院将高等职业教育统筹管理权下放到省级人民政府，经过近 20 年的改革创新，我国高等职业教育整体发展迅猛，个体发展良好，成为推动我国经济转型和产业升级的一支主力军。未来5—10年，是从教育大国到教育强国跨越的关键时期，经济社会发展对高素质技术技能人才的需求比以往任何时期都更为迫切。同时，高等职业教育具有强大的整合性，能推动不同类型教育之间政策相互衔接，为构建开放融通的现代职业教育体系奠定基础。这就意味着院校间存在着办学理念、产教资源、行动方式等方面整合的可行性。[9]为适应高端产业和产业高端的发展需要，高职教育必须实现从规模扩张向质量提升、从学校教育向产教融合、从知识传授向能力增强的转换，为社会成员就业创业、在岗提升提供保障，以全面增强高职教育发展的稳定性与可持续性。

2. 一种新的发展观

在过往40年的发展历程中，高等职业教育以培养适应生产、建设、管理、服务第一线需要的德智体美劳全面发展的高素质技术技能人才为己任，开辟出一条独特的发展道路，成为最具中国特色的教育类型。进入21世纪以来，高等职业教育经历了规模扩张、内涵建设、改革创新的发展阶段，国家先后实施了“示范性高等职业院校建设计划”“高等职业教育创新发展行动计划”等重大建设工程，取得了良好成效，高职教育对区域经济社会发展的支撑作用明显增强。[10]作为落实党的十九大和全国教育大会精神的重要举措，“职教20条”提出“推进高等职业教育高质量发展”。高质量发展的本质是促进人的全面发展，从适应我国社会主要矛盾变化看，高等职业教育高质量发展是更好满足人民日益增长的美好生活需要，解决接受优质教育不平衡不充分的问题，保证人民在高等职业教育高质量发展中有更多的获得感。

3. 一种新的质量观

高等职业教育高质量发展既是一种发展理念，也是一个预期目标，更是一项行动原则。在高质量发展的过程中，不仅需要任务书，同时必须有相应的时间表与路线图。职业院校的质量很大程度上体现为办学特色、专业优势,办人民满意教育,要主动适应供给侧结构性改革需要以及新科技革命和产业变革对高素质复合型技术技能人才的需求,优化高职院校内各个专业各组成部分与要素之间的融合,助推人才培养模式改革,提升服务区域经济发展效率,从而促进产教融合、特色发展,为建设现代产业体系,特别是服务区域中小微企业提供坚实支撑,不断提高高职教育的竞争力和吸引力。

(三)价值导向

作为一种全面的类型观、发展观与质量观,高职教育高质量发展在价值导向上内含着以下三组统一。

1. 发展理念与发展模式相统一

高质量既是一种发展理念,又是一种发展模式。法国社会学家涂尔干在谈到教育思想的演进时说:"它就能够更清楚地意识到自己正在经历的事情,正在影响自己的事情,正在承受的磨难,是什么造成了这种磨难,以及自己正在奋力赢取的需求。"[11] 事实上,某一种事物发展得越好,就越有可能产生自我意识,而缺乏高质量发展的自我意识,导致一些高职院校得过且过。因此,要改变人们的观念,使他们能够接受新理念与新模式。高质量发展是重大的结构性变革,这种重大结构性调整具有综合性,既包括教学也包括治理,要确保院校和师生行使参与教育治理的权利。

2. 发展过程与发展结果相统一

高质量既是一种发展过程,又是一种发展结果。高质量是一种理想类型,这种发展具有长期性。美国经济学家加里·贝克尔指出:"在各种资本投资中,对人本身的投资是最有价值的。结果是积累了大量详尽的证据,证实了人力资本,特别是教育在经济上的重要性。

工资和收入分配的不平等与教育和培训的不平等一般是正相关的关系。"[12]美国学者埃莉诺·奥斯特罗姆同样指出:"重大权力再分配的效果依赖于主要的实施者能透彻地理解、长期坚持下去才能从再分配中获益。"[13]在新时代我国社会主要矛盾发生变化的背景下,高职教育要为实现劳动者的人格尊严、获得体面工作、创造美好生活做出贡献,在服务人的发展、服务经济社会发展中实现自身高质量发展。

3. 发展质量与发展标准相统一

高质量既是一种发展质量,又是一种发展标准,这种高质量具有复杂性。当前,我国还有一些高等职业院校不能完全适应经济社会发展需要,存在办学定位不明确、服务地方和行业能力不强、相应的办学资源保障条件不够、实践教学能力薄弱等问题。确保高等职业院校充分发挥办学主体作用,更好地服务地方经济社会和行业发展需求,要贯彻国务院教育督导委员会办公室关于印发《高等职业院校适应社会需求能力评估暂行办法》的通知(国教督办〔2016〕3 号)的要求,对照能力评估指标,建设质量优异、特色鲜明、满足需求能力强的高职院校。对"双高计划"建设院校和专业而言,它是一种发展质量;而对非"双高计划"建设单位来说,它又是一种发展标准,使其更有效地参与到全面提升质量行动中来。

三、以创新发展高地建设为抓手推进高职教育高质量发展

高等职业教育高质量发展是一项综合性、长期性、复杂性、艰巨性的系统改革工程,其内在地包含着质量变革、效率变革与动力变革,而在实践中,可以以创新发展高地建设为抓手,加快推动高等职业教育高质量发展。

(一)部省共建国家职业教育创新发展高地的重要意义

1. 深化职业教育体制机制改革的题中之义

教育体制是一个协调各种教育活动,使其达到社会最优的教育组织的组合。1985年《中共中央关于教育体制改革的决定》开宗明义指出,"教育体制改革的根本目的是提高民族素质,多出人才、出好人才",使各级各类教育能够主动适应经济和社会发展的多方面需要,与经济社会发展相适应。"职教20条"的颁布标志着职业教育进入新的发展阶段。"职教20条"提出高等职业学校要培养服务区域发展的高素质技术技能人才,重点服务企业特别是中小微企业的技术研发和产品升级,这进一步明确了高职教育要更好地立足地方,服务区域发展战略。根据《国务院办公厅关于对真抓实干成效明显地方进一步加大激励支持力度的通知》(国办发〔2018〕117号),职业教育作为教育领域激励对象,列入加大激励支持力度的重点内容的要求,这既是推进"放管服"改革的有效举措,更是深化职业教育体制机制改革的题中之义。2019年、2020年,国务院连续两年对职业教育改革成效明显的省(区、市)进行激励,其目的就是更有针对性地推进职业教育体制机制改革。

2. 强化省级统筹责任的根本要求

在我国,国务院教育行政部门负责职业教育工作的统筹规划、综合协调、宏观管理,而举办高等职业教育的责任主要在于地方,特别是省级人民政府。按照"授权、分权、放权"的原则,国务院教育行政部门在前期"东部实现提升、中西部实现强化、东北实现突破"的改革思路基础上,提出"东部提质培优、中部提质扩容、西部扩容提质"的原则,旨在加强各省(市、自治区)与中央教育主管部门的政策联动和制度协同,完善工作机制,强化省级统筹,切实担负起发展职业教育的责任。近年来,全国各省(市、自治区)在加快职业教育改革发展方面进展喜人,如浙江省就加快实施高等教育强省战略，将高等职业教育纳入其中，山东省与教育部共建首个国家职业教育创新发展高地。其后，甘肃、江西也开展部省共建国家职业教育创新发展高地试点；与此同时，江苏省苏州、无锡、常州等城市试点已启动实施。

3. 推进高职教育高质量发展的必由之路

教育部和地方以整省推进方式，共同建设职业教育创新发展高地，基于财政责任的约束，必须要有相应的制度安排来提供充分的监督，确保有限的公共资源不被浪费。有研究者指出："在大型政府机构中也表现出同样偏爱易于测量的成就的指标，以及偏爱设备密集型项目的倾向。为了阻碍腐败，在监督工程绩效时需要易于测量的绩效标准。但是，在监督中存在的偏见可能会导致过分关注工程的投入部分，同时却忽视了工程的产出部分。"[14] 在这个过程中，必须健全制度保障，坚持绩效导向，注重投入与产出达到良好比例并加大绩效考核力度。

（二）推进部省共建国家职业教育创新发展高地的实施路径

1. 宏观上结合各地发展实际，推进整省试点

部省在共建国家职业教育创新发展高地的过程中，坚持一地一特色，在各部省实施方案中，省、市均在解决制约职业教育高质量发展的关键领域和主要方面着力，立足优化区域职业教育资源配置，加快形成点、线、面结合的发展格局，通过优化绩效考核，提供良性的政策导向，构建与类型教育相适应的质量体系与指标，并使其可操作、可落地、可监测、可评估。如，山东省就明确了八个方面内容，其中包括：指导思想和总体思路；全面落实高度重视、加快发展的总要求；创新各层次各类型职业教育模式；提升职业院校办学水平和服务能力；建设产教深度融合的校企命运共同体；建设充满活力的"双师型"教师队伍；扩大和

深化职业教育对外开放合作；营造技术技能人才成长的良好环境。甘肃省以打造“技能甘肃”为目标，着力从院校管理体制、教师考核评价体系、人才培养质量评价体系、健全校企合作激励机制等四方面开展综合改革。江西省主要从完善现代职业教育体系、建成国家职业教育虚拟仿真示范实训基地、拓宽职教师资培养渠道、建立校企双向激励机制、推进职业院校全面开放、促进职业教育国际化发展、强化职业院校思政教育、优化技术技能人才成长环境等八个方面进行重点突破。

2. 中观上深化产教融合、校企合作

产教融合、校企合作是职业教育的核心议题，也是世界各国职业教育变革的重要趋势。产业和教育，本身有着千丝万缕的联系，产业是孕育教育的温床，教育是促进产业的动力。黄炎培先生曾提出：“(1)只从职业学校做功夫，不能发达职业教育。(2)只从教育界做功夫，不能发达职业教育。(3)只从农工商业界做功夫，不能发达职业教育。”[15]随着我国经济进入高质量发展阶段，经济结构转型和产业结构升级迫切需要大量高技术技能人力资本深度融入现代产业体系建设，推动企业由低技术与低附加值向高技术与高附加值转变。在这个过程中，产教各方要形成伙伴意识，建构新型伙伴关系并达成共识，从而形成协同，以不断推进产教融合、校企合作持续深化。

3. 微观上推进教师、教材、教法改革

改革创新是高质量发展的强大驱动力，要坚持以改革促发展理念，进一步推进“三教”改革。“三教”改革是教师、教材、教法改革的总称，是教学基本建设的重要内容，贯穿于高职教育人才培养全过程。教师、教材、教法这三者之间存在着紧密的联系，牵一发而动全身。我国高等职业教育在大规模扩张阶段，教学内涵建设未得到有效的重视和深化，导致教学上存在的短板被规模发展所掩盖。“三教”是构成教学的最基本要素，其改革价值更显重要。在这个意义上，“三教”改革是一种效率变革，通过效率变革为质量变革助力提速，这是高职院校真正根本而关键的迫切需要。因此，高职院校要将“三教”改革作为强化内涵建设的切入点和推进高职教育高质量发展的突破口，确立符合类型教育规律的目标，以教法改革引领学法改革，通过探索产教融合校企“双元”育人，推动职业教育更好地服务区域重点行业和支柱产业发展，为职业教育改革发展注入生机和活力，进一步夯实高职教育高质量发展的基础。

参考文献

［1］习近平.决胜全面建成小康社会　夺取新时代中国特色社会主义伟大胜利——在中国共产党第十九次全国代表大会上的报告［N］.人民日报，2017-10-28(1).

［2］蔡宗模，张海生，吴朝平，等.“高质量发展”对教育提出了什么要求——基于十九大报告的文本解读［J］.当代教育论坛，2018(6)：31-38.

［3］周志刚.职业教育质量评价体系研究［M］.北京：经济科学出版社，2018：8.

［4］邓小平.为景山学校题词［M］//邓小平.邓小平文选：第3卷.北京：人民出版社，1993：35.

［5］国务院关于印发国家职业教育改革实施方案的通知：国发〔2019〕4号［A］.2019-02-13.

［6］西奥多·舒尔茨.对人进行投资——人口质量经济学［M］.吴珠华，译.北京：首都经济贸易大学出版社，2002：51.

［7］阿诺德·安德森，玛丽·琼·鲍曼.从历史的角度观察教育和经济现代化［M］//劳伦斯·斯通，主编.教育和社会：教育历史研究.巴尔的摩：约翰·霍普金斯大学出版社，1976：3-19.

[8] 陈正江.基于跨界特征的高等职业教育类型特色建构[J].职教论坛,2019(3):139-143.
[9] 陈子季.用制度体系促进职业教育高质量发展[N].中国教育报,2019-12-10.
[10] 陈正江.教育制度供给与高职院校发展基于国家示范性高等职业院校建设计划的研究[J].中国高教研究,2016(7):106-110.
[11] 涂尔干.教育思想的演进[M].李康,译.北京:商务印书馆,2016:63.
[12] 加里·贝克尔.人力资本:特别是关于教育的理论与经验分析[M].梁小民,译.北京:北京大学出版社,1987:2-3.
[13][14] 埃莉诺·奥斯特罗姆,拉里·施罗德,苏珊·温.制度激励与可持续发展——基础设施政策透视[M].上海:上海三联书店,2000:187.
[15] 田正平,李笑贤.黄炎培教育论著选[M].北京:人民教育出版社,2018:172.

(本文发表于《中国职业技术教育》2021年第4期)

巧用金融杠杆助力职教高质量发展

周建松　陈正江

摘　要：在深化供给侧结构性改革的进程中，利用金融手段、巧用金融杠杆支持职业教育高质量发展是立足新发展阶段，贯彻新发展理念，服务新发展格局的切实行动。要把更多金融资源配置到重点领域和薄弱环节、构建金融支持职教高质量发展的系统性合作机制、提升金融支持职教的覆盖率、可得性和满意度。

关键词：金融；职业教育；高质量发展

教育部、中国银行日前在北京举行《助力职业教育高质量发展战略合作协议》(以下简称《协议》)签字仪式。巧用金融杠杆支持职业教育高质量发展是立足新发展阶段，贯彻新发展理念，服务新发展格局，落实党中央、国务院决策部署的切实行动，当务之急是要狠抓落实，放大效应，持续拓宽。

职业教育一头连着产业，一头连着教育，关系着国计民生，是优化教育结构、建设高质量教育体系的重要组成部分。当前职业教育仍是我国教育发展中的一块短板，在深化供给侧结构性改革的进程中，利用金融手段、巧用金融杠杆支持职业教育高质量发展更显重要。

首先，要把更多金融资源配置到重点领域和薄弱环节。

2022 年 2 月 28 日，中央全面深化改革委员会第二十四次会议审议通过的《推进普惠金融高质量发展的实施意见》强调，要深化金融供给侧结构性改革，把更多金融资源配置到重点领域和薄弱环节。2014 年习近平总书记对职业教育作出重要指示，强调引导社会各界特别是行业企业积极支持职业教育；2021 年习近平总书记对职业教育作出重要指示，强调各级党委和政府要加大制度创新、政策供给、投入力度。“职教 20 条”提出，加大对职业教育的政策、金融支持力度，对进入目录的产教融合型企业给予“金融＋财政＋土地＋信用”的组合式激励，并提出鼓励金融机构依法依规为校企合作提供相关信贷和融资支持，满足职业教育现代化对金融服务的广泛需求。

其次，要构建金融支持职教高质量发展的系统性合作机制。

根据《协议》，“十四五”期间教育部与中国银行将在职业院校校园建设、信息化建设、现代制造业人才培养、职业院校技能大赛、教师培训、推进资源共享、开展专属金融服务、建设产教融合实训基地、推动职业院校毕业生高质量就业等九方面开展深度合作。在教育部与中国银行总行先行签约基础上，各省级教育行政部门同中国银行各省分行同时签约，汇聚政、银、校、企各方资源，建立协同联动模式，通过上述系统性、组合式机制，以高效优质多元化服务，推进职业教育面向市场化、社会化的育人方式改革，实现办学模式、管理机制、政策金融的有效结合。

再其次，要提升金融支持职教的覆盖率、可得性和满意度。

金融支持属于环境型政策工具，在职业教育领域，传统的金融支持工具主要有教育基础设施建设贷款、助学贷款、实习实训保险等，如中国农业发展银行通过发放农村基础设施建设中长期贷款支持民族地区职业教育中心建设，世界银行也曾通过贷款支持我国职业教育发展。根据《协议》，中国银行将精准对接各地职业教育发展多元化需求，拟投放 2000 亿元意向性授信额度用于职业院校的设备更新、校园建设和教学提升；计划投入 10 亿元资金提升职业院校信息化建设；投入 3000 万元，建设不少于 10 所“中银慧谷产教融合实训基地”。通过“真金白银”的投入，加大创新金融产品和服务模式，促进职业教育资源整合，及时支持创设多样化教育场景，扩大有效金融供给的对象和范围，提升职业院校基础能力。

最后,期待更多金融机构在支持职教发展中有更大担当和作为。

中国银行是我国持续经营时间最久的银行,今年1月,中国银行举行了庆祝成立110周年大会,是真正的“百年老店”。中国银行与中国近现代职业教育发展有着千丝万缕的渊源与联系,早在1917年,黄炎培等在上海发起成立中华职业教育社时,就有两位发起人来自中国银行,分别是上海中国银行经理、上海银行公会会长宋汉章和上海中国银行副经理、中国银行总行副总裁张嘉璈。新时代,作为国有控股大型商业银行,中国银行秉承“金融报国”愿景,担负“融通世界、造福社会”使命,践行“卓越服务、稳健创造、开放包容、协同共赢”价值观,积极履行企业社会责任。

百年大计,教育为本。职业教育在普惠性人力资本提升中发挥着不可替代的作用,支持职业教育高质量发展是金融供给侧结构性改革的重要内容。中国银行与教育部,通过引入市场化机制和现代企业管理方式支持职业教育高质量发展的行动,体现了其作为“百年老店”和国有控股大型商业银行的责任与担当,起到了积极的示范引领作用。我们同样期待更多金融机构在支持职教发展中有更大担当和作为,同时,通过职业院校积极作为、主动对接,以主动换互动,进一步深化产教融合、校企合作,共同汇聚起推动我国现代职业教育高质量发展的磅礴力量。

(本文发表于2022年3月29日《中国教育报》)

构建职业教育现代转型的社会心理支持机制

陈正江

摘　要:社会环境、社会文化、社会心理及社会舆论对职业教育发展的影响不可低估。文章以社会心理视角分析我国职业教育社会心理的传统与变迁,揭示其基本状态及主要特征,在此基础上,讨论社会心理与职业教育现代化间的相互关系并尝试构建两者间良性互动机制,为推动现代职业教育高质量发展提供社会心理支持。

关键词:职业教育;社会心理;传统;变迁;互动;支持

一、问题的提出

哈布瓦赫曾说:"无论在什么时代,教育的器官都密切联系着社会体中的其他制度、习俗和信仰,以及重大的思想运动。"[1]改革开放以来,伴随着教育体制机制改革的深入推进和社会观念的持续更新,我国职业教育发展的社会氛围有了较大改善,职业教育中许多带有历史特征的制度因素、文化因素和社会心理因素发生了深刻变化,职业教育吸引力逐步增强并逐步向现代职业教育转型。在2016年12月召开的现代职业教育发展推进会上,时任教育部党组书记、部长陈宝生用六句话概括了对职业教育发展的要求,其中第一句就是要让职业教育"香"起来。他指出,"香"不"香",看思想。要持续不断地宣传职业教育对经济社会发展的特殊地位,对培养多元化人才的重要作用,积极转变成才观念,为职业教育发展提供思想前提,创造良好环境。[2]但不可否认的是,在当前的社会现实中,职业教育仍是我国教育体系中的一块短板，社会公众对于职业教育还存在着认识上的偏见和刻板印象，这在一定程度上阻滞了职业教育发展。这既是职教之“痛”，也是社会之“痒”。这种困境迫切需要我们理解职业教育社会心理，并将其作为一种分析“中介”或“变量”，为职业教育现代化提供关键性的线索和题解。

二、社会心理与职业教育社会心理

（一）社会心理

历史唯物主义认为，社会存在决定社会意识，社会意识是对以实践为基础的不断发展变化的现实世界的反映。社会心理是指与社会存在密切关联的观念、态度和信念体系。我国著名社会心理学家吴江霖认为，“社会心理学是研究个体或若干个体在社会生活条件下心理活动的变化发展的科学”。[3]作为时代变迁的一种精神景观，社会心理在人的现实生活中扮演着重要角色，我国台湾学者杨国枢指出：“一个社会的心理学者所研究的问题，常是这个社会当时的社会需要、社会哲学或时代精神的函数。”[4]社会心理受到客观社会因素的制约并总是与时势相连，不同发展阶段的社会心理呈现出不同的意义，因此在生活中有“世道人心”的说法。当然，社会心理并非只由社会存在机械决定，而是具有相对独立性，即通过指导人们的实践活动反作用于社会存在，其能动作用的程度及范围同它实际影响的社会公众的深度和广度密切相关。同时，心理是内隐的并总是逐步积累的，作为一种价值观，社会心理与整个社会的规范、组合、历史乃至意识形态相联系，具有认知功能和评价功能并持续影响着人们的思维和塑造着人们的行为，而不论人们是否意识到这一点。

(二)职业教育社会心理

美国社会学家露丝·本尼迪克特在《文化模式》一书中指出,"任何对于文化的构成性的解释也是一种个体心理意义上的说明,但是这种解释既依赖于历史也依赖于心理"。[5]我国著名社会学家费孝通 1992 年在香港中文大学讲演时,表示愿在有生之年为"心态研究"做一点破题和开路的工作。社会学家周晓虹认为,研究现实的社会心理及其嬗变应成为中国大陆社会心理学家的主要任务。[6]这些对我们研究职业教育社会心理都具有重要的启示意义,尤其是在推动现代职业教育高质量发展的大背景下,职业教育社会心理日益受到研究者的关注,成为探讨职业教育发展不应回避的重大理论和实践问题。职业教育社会心理是指社会公众关于职业教育的整体认知与态度。社会心理在职业教育发展中起着至为关键的作用,一方面,社会心理是由职业教育发展的内在趋势形塑的,并受传统文化、公共权威、大众传媒等因素的制约;另一方面,社会心理又对职业教育发展的内容、过程和方式产生影响,即社会公众在见证职业教育发展的同时,"通过一定的表达机制反映其利益需求,为国家公共权力主体的价值分配提供依据"。[7]一言以蔽之,职业教育通过受教育者知识与技能的提高推动经济社会发展,社会公众在见证职业教育发展的同时,对职业教育从误解到有所了解再到有深入的理解。但当前职业教育的功能定位与公众对其的认知之间仍然存在着巨大偏差,关于职业教育地位的观念非常顽固地存在于社会心理之中。事实上,不仅是我国面临这样的问题,美国也如此。美国学者布鲁贝克在其著作《高等教育哲学》中指出,自由教育的势利倾向最突出地表现在对待职业教育的态度上。他继而问道:为什么一种狭窄的、专门化的教育其地位就低于一种广博的教育?在 20 世纪仍然有些人继续坚持古老的文化与职业二元论。在他们看来,技术教育的地位不仅低于人文科学,甚至低于自然科学。[8]

三、我国职业教育社会心理的传统与变迁

我国台湾学者杨中芳指出："社会心理学既然是研究人的社会行为的，它就不可能脱离它所研究的对象所生存的社会。这样，要研究中国人的社会心理，就必须在中国社会范畴中，依循它自己的文化以及历史背景来选择它的研究题目及研究方向。"[9]从社会取向的角度审视，传统文化蕴含着对职业教育社会心理的诸多影响，值得我们重点关注。

（一）我国职业教育社会心理的传统

社会心理现象与传统文化和思想有着十分密切的联系。中国社会长期存在着"重功名"的传统，在衡量一个人成就的观念中，人们看重社会地位，儒家文化更是形成了把某些学业上的选择和某一社会阶层联系起来的心理模式。孟子提出的"劳心者治人，劳力者治于人"、《增广贤文》中的"万般皆下品，唯有读书高""士乃国之宝，儒为席上珍"等在人们的观念中占据着重要位置。其后，"士农工商"的阶层观对这种观念的传播起到推波助澜的作用。明代庞尚鹏说，"士农工商，各居一艺，士为贵，农次之，工商又次之"。[10]傅绍曾也指出，在中国历史上忠臣孝子等常被尊崇，而若干艺能、实业、功业等反被讥为雕虫小技。[11]在人们的眼里，士通常与"道"相连，而农工商则与"术"相连，培养这种"术"的活动即近现代社会中的职业教育。

（二）我国近现代职业教育社会心理的变迁

早在100多年前，孙中山先生就深刻认识到这一点，鉴于当时国人社会心理，他在《建国方略》之一中提出行易知难心理建设。他指出："夫国者人之积也，人者心之器也，而国事者一群人心理之现象也。是

以建国之基,当发端于心理。”在民国时期,职业教育对国家建设的重要性虽为人知,但因为其乃一新事物,既无实践准备,更乏理论基础,以致人们对之不仅不了解,甚至有偏见和误解。因此,有研究者主张“从心理上着想,对职业教育进行改造,加强心理建设从而使职业教育发展”。[12]我国推行职业教育,始终有重重困难。除工商业不发达外,“人心”因素实为主因。职业教育虽不断受到教育界之重视,然而却始终为社会大众所看轻,故心理上始终不能为人所乐从。我国近现代职业教育开创者黄炎培先生曾言,“我国向来贵士而贱工,学生毕业后有为工者,人必以为降格”“数向各方面提倡,乃有学生反对,家族不赞成之困难”“将不适宜之习惯渐渐变更,殊非提倡职业教育不可也”。[13]故 1917 年中华职业教育社成立后,便以“推广职业教育、改良职业教育,改良普通教育俾为适于生活之准备”为宗旨积极开展活动。

(三)中华人民共和国成立后职业教育社会心理的嬗变

中华人民共和国成立后,特别是改革开放以来,我国公众的社会心理受收入、地位、职业声望等具体因素或变量的影响和制约,国人的职业教育社会心理同样发生了巨大的变迁。一方面,由于经济转型升级的需要,社会对职业教育充满了期望,职业教育发展成为社会公众关注的焦点;另一方面,受传统文化与现实舆论的影响,社会公众对职业教育不认可,对发展职业教育信心不足。于是职业教育遭遇到认识与行动的双重不平等——显性的不平等和隐性的不平等。如不同社会阶层在教育面前最初的不平等,在职业教育阶段首先表现为接受职业教育的各阶层人数比例不均,在选择专业方面也受到限制。而在这个过程中,职业教育没有将其特点全部表征出来,其在整个国民教育体系中也是最薄弱的环节,处于边缘地位。[14]职业教育是“次等教育”“末流教育”的观念根深蒂固,折射出公众对职业教育的认知与焦虑,这与西方讲究“职业平等”“人格独立尊严”之多元化社会的心理背景形成鲜明的对比。

四、社会心理与职业教育现代转型

职业教育社会心理对职业教育发展具有重要意义和影响，体现为一种与变革密切相连的群体心态和时代精神。社会心理对变化的过程与动态的形势十分敏感，公众通过自身选择体验、了解权威制度、公共媒介宣传，甚至是领导人的讲话与活动等方式了解职业教育，并将这种精神感受与情绪氛围传导和渗透到了社会生活的各个领域。当然，我们不能简单地以反对事实来代替事实，而应以“心态—行为”的框架对社会心理与职业教育的作用与互动进行深入的探讨。

(一)社会心理与现代职业教育的作用与互动

职业教育在我国教育生态中处于边缘地位，这种地位反过来对职业教育社会心理产生了不良影响，又构成和强化了人们对职业教育发展的社会心理及行为制约。也就是说，当人们这样想和这样做的时候，再次强化了对职业教育的深层焦虑和根深蒂固的刻板印象，而这种社会心理背后可能是更宏大的、能反映更广阔的社会过程和背景的稳定结构，这些稳定结构又会制约社会心理未来发展的方向和过程，形成并强化对职业教育发展的社会性制约。由职业教育所引发的各种解释芜杂不清，评论彼此对立，反应矛盾不一。相互分割的解释者显然都忽视了其他解释者的关注，以至于几乎没有人能够将职业教育每一领域的研究联系起来。这些都说明社会公众对职业教育的认识是零敲碎打的，甚至是断章取义的。在职业教育与普通教育分流的情况下，人们往往认同普通教育而轻视职业教育，并且这种厚此薄彼的观念也体现在教育选择行为的差异中，人们从接受职业教育的机会当中看到了一种选择的结果。具体到职业教育领域，职业教育过去在社会心理方面的不利变成了今天它在教育当中的被动，使职业教育陷入了认识与行动的双重“恶性循环”。职业教育沦为被一次选择筛选后被淘汰者的“放逐地”和“避难所”,职业教育将其当作一种宿命来看待和承受。这种宿命表面上与社会不平等无关,但实际上对后者起着促进作用。更令人担忧的是,人们似乎对职业教育的这种尴尬状况司空见惯,乃至自觉或不自觉地戴着有色眼镜看待职业教育,这种情形甚至可能演变成为一个理论上难以言说和实践上难以解决的问题。有研究者以我国职业教育发展的认知成本为切入点,对基于认知形成的特定职业教育社会心理进行分析,表明由于对于生产、服务类职业的轻蔑,对于低层职业的漠视和鄙薄,直到今天,我国职业教育的发展依然背负着沉重的文化包袱。[15]然而,旧的价值规范体系已经失却原有效用,但新的价值规范体系尚未完全建立。[16]因为这种社会心理具有稳定性和连续性,引导改变和更新旧的职业教育价值信念面临着重重困难。

(二)社会心理与职业教育现代化

我国社会用人制度中学历主义和攀比文化依然盛行,由此造成社会公众对于职业教育的人才观、质量观和学生观等方面存在认识误区。在普通教育和职业教育存在分野的情况下,这影响着社会公众对职业教育的态度,这种态度进而决定着他们对职业教育的选择。通常这种选择缺乏积极的动机,是“被迫”的而不是主动的。正是在这种普遍的社会心理基础上形成的制度设计不可避免地轻视职业教育,这导致传统社会心理与现代职业教育发展出现了断裂与冲突。社会转型与现代化理论紧密相连。社会转型的具体内容是结构转换、机制转换、利益调整和观念转变,现代化过程以及与之牵连的一切社会要素,是我们讨论现代处境中的所有社会构造的核心问题。[17]这意味着社会及社会心理经历从传统到现代的变迁,社会转型对于社会及社会心理都是一场革命,教育体制变革与教育结构调整共同构成了社会心理变迁的社会背景。因此,要想找到 20 世纪 80 年代以降我国职业教育发展的线索，我们就必须对公众对职业教育的社会心理进行分析；简言之，即探讨社会对职业教育怎么看和职业教育对自身有怎样的意识以及怎么办的问题。当前，我们无力改变职业教育边缘化这样一种现状，但如果我们能力图从这些茫无头绪的社会心理中理出些许职业教育发展的线索来，以便深入了解和把握公众对职业教育的精神状况或社会心理，引导这种社会心理朝着正确的方向发展，那对于求解现代职业教育发展的许多关键问题将不无裨益。社会期望、国家政策的变化对职业教育施加了难以抗拒的压力，而这些压力又必须与职业教育机构能获得的资源及其承担的使命等现实问题相协调。可以说，21 世纪以来职业教育机构的发展在很大程度上是能协调这两个过程并且能够使它们有效完成办学目标的。社会心理在本质上是指向政策的，这在我们这个仍保持相当传统惯性思维的国家中，一直是敏感和复杂的。我国职业教育还处于政府推动型的发展模式，政策科学试图通过探讨价值的含义，协调、优化和信奉价值的行为基础，帮助决策者进行价值观的选择。这些讨论涉及职业教育新旧模式的“断裂”，从中折射出职业教育社会心理的嬗变，而对这些意义的解释又影响到我们从目前职业教育的发展中获得的意识。在职业教育与普通教育分流的背景下，应从社会心理网络及其主体间的互动来观察和解释各种社会力量——政府、学校、企业、媒体和民众之间交汇的复杂关系。

五、结论、建议与研究深化

（一）结论

职业教育社会心理无论对于公众构建职业教育知识体系，还是加快现代职业教育发展都有着重要的价值。传统之中包含着某种东西，它会唤起人们改进传统的愿望。[18]职业教育对一个社会的发展而言是刚性需求。可以说，从世界范围来看，职业教育是国家经济腾飞的基础。当前我国在实施创新驱动发展战略的进程中，经济转型与产业升级更是离不开职业教育的支撑。从法与术的层面讨论和解决影响、制约职业教育改革发展的问题已经远远不够，尚需要从道与德的层面修复公众对职业教育的不良社会心理，转换思维，营造适合职业教育发展的舆论氛围就成了职业教育发展及其职能彰显的必要条件。为此，需要改革职业教育的生态、姿态与心态，解决由于人们对职业教育心理排斥导致选择和行为排斥的问题，为推动现代职业教育高质量发展构建社会心理支持体系。

教育共识在某种程度上就反映在“公众认为是正确的”。谁选择职业教育？为什么选择职业教育？这均在一定的社会后果中表现出来，诸如地位、金钱、权力、荣誉等等。相比较学科教育而言，职业教育几乎谈不上认识论的进步，并存在着很多混乱。因而，职业教育总是处于一种深层的危机之中。为了将职业教育从这种令人不快的混乱和危机的境遇中解放出来，我们需要对职业教育社会心理进行研究与反思。职业教育要走进社会公众，更重要的是要通过价值回馈走进公众，使职业教育发展能与国家经济转型和产业升级形成良性互动，并使这种共识在人们的心里扎根。

社会心态常常造成一种教育改革上的“路径依赖”，尤其重要的是，它往往在某些转型时期起着关键的作用。由于得不到充足的社会支持，职业教育成为边缘角色和弱势教育，这个事实也证明职业教育还有许多社会心理和文化障碍要克服。当然，这一转变是以职业教育的发展及其吸引力和影响力的提升为前提的。转型是条件变化和累积的结果。社会心理通过描述和解释某些社会变化，揭示出这些社会变化中存在的控制形式、阻滞因素、反常效应和各种会削弱行动者行动能力的文化模式，同时呼吁社会生活发生可控的改变。“反常效应”从本质上可以说是在认知领域提出了一项规划，旨在最大限度地提高教育领域决策的合理性。[19]

（二）建议

通过对职业教育与社会心理关系的分析，我们期望消解社会心理恶性循环对职业教育发展所带来的阻滞，对这个问题的回答还需要哲学、教育学、心理学、社会学等学科知识理论的共同建构。在这个意义上来说，这既是一种世界观，即在研究中重视具体实例；也是一种方法论，即注重概括的方法，通过与社群互动提出改进机制。

1.改变社会对职业教育的传统观念

法国社会学家阿兰・图海纳指出，社会学必须努力提高行动者的意识水平，促进新的社会运动的诞生。根据这一观点，社会学家应该通过一些有效的方法，既要提高行动者的认知水平，也要直接介入行动者的行动；不能局限于测量和观察事物，还要尽量看清社会行动者本身是如何构成的，看清当社会行动者和社会运动的思维都属于旧的意识范畴之时，旧世界是如何孕育出一个新世界的。

2.构建职业教育社会心理支持体系

当前，我国中等职业教育面临着生存问题，而高等职业教育则面临着发展问题。正如美国社会学家爱德华・希尔斯在《教师的道与德》一书中所指出的那样，如果一个人掌握着关于重要问题的专门知识，他就会受到尊重，但是这种尊重并不是这位知识的拥有者所刻意追求的结果。[20]当精益制造和品质管理逐渐深入人心，这就是“工匠精神”。正如中央电视台“大国工匠”栏目播出的那些故事一般，能使职业教育真正抵达家庭、触动心灵，以期望状态论这种比较成熟的社会心理学理论模型将职业教育社会心理引向美好的未来。要使劳模精神、工匠精神、最美精神等充分在社会中生长，受人欢迎并得到人们的爱戴。

3. 重塑职业教育特色

现代职业教育制度的建立过程就是重塑职业教育特色的过程，同时也是职业教育社会心理的重建过程。这样，职业平等思想才能真正落实到民众生活中，凝聚社会共识，厘清职业教育的发展思路与方向，为职业教育发展营造良好的社会氛围。遵照循序渐进的原则，采取说服的方式而非强制推进的手段引导公众转变思维，从而为进一步解决问题创造条件。社会心理的转变通常有两种开启模式，一种是按钮模式，另一种是旋钮模式。前一种模式直接，后一种模式稳妥，易为人们接受。根据社会心理的急变、缓变、渐变，配合相应的政策变迁，有效的政策并不必然有效作用于实践，也不必然有相应的理论支撑。

（三）研究深化

从对职业教育社会心理变迁的分析来看，这种心理的社会基础发生了变化，已经变得不那么稳固，甚至有些部分已经逐渐瓦解。由于有了社会舆论的支持，通过对职业教育社会心理“陈规陋习”进行反思与批判，努力实现“移风易俗”。当然，这种价值转变相当困难，需要依靠内心信念与公共权威的合力驱动。从事职业教育需要理想主义，100多年前的1917年，黄炎培等人怀着一颗赤子之心，带着从职业教育入手改造中国教育的理想，联合众人创建中华职业教育社，这不仅是一种态度，而且是一种信念，更是一种执着的行动。我们需要有目的地引导社会心理，使人们能正确看待职业教育，解决人们对职业教育的困惑，让职业教育更有尊严，更受人尊重。[21]在职业教育现代转型中，职业教育社会心理的变化究竟在多大程度上是受传统社会文化因素的影响，需要我们进行更深入的专题研究。首先，理解和解释职业教育社会心理嬗变的意义，揭示这种变化的普遍性和特殊性。通过深刻的理论阐述以及本土定向的实证研究，增强理论自觉性和实践解释力。社会心理的转变要满足激励相容性，尽可能让大多数学生和家长从职业教育现代转型中获益，增加其认同感和参与度。其次，社会心理的复杂性强化了个案研究的重要性。观念接受中的“时间”因素，即观念从提出到接受可能是相当漫长的、隔代传递的过程。最后，将职业教育发展向改革开放中期甚至初期做进一步的推展，并将这一立论内核即社会心理转变在职业教育现代转型居于的重要地位确立为职业教育发展的基础作用力。只有当这些文化转化为一个社会群体的日常伦理实践时，我们才会称这个社会为某文化的社会。社会心理传递者通过生成信息源传递信息，施加社会影响，由于有了社会舆论的支持，进而达到润物细无声的效果。对于这一点，相信公众会做出认可，时间会做出判断，实践会进行检验。

参考文献

[1] 哈布瓦赫. 导言(法文 1938 年版序言)[M]//埃米尔·涂尔干. 教育思想的演进. 李康，译. 北京：商务印书馆，2016：3.

[2] 教育部. 在新的起点上加快推进职业教育现代化[EB/OL]. (2016-12-12)[2021-09-18]. http://www.moe.gov.cn/jyb_xwfb/gzdt_gzdt/moe_1485/201612/t20161212_291700.html.

[3] 吴江霖，戴健林，陈卫旗. 社会心理学[M]. 广州：广东高等教育出版社，2004：3.

[4] 周晓虹. 理论的邂逅：社会学与社会心理学的路径[M]. 北京：北京大学出版社，2014：200.

[5] 露丝·本尼迪克特. 文化模式[M]. 王炜，译. 北京：社会科学文献

出版社,2009:152.
[6] 周晓虹.本土化和全球化:社会心理学的现代双翼[J].社会学研究,1994(6):13-21.
[7] 王春福.有限理性利益人与公共政策[M].北京:中国社会科学出版社,2008:45.
[8] 约翰·S.布鲁贝克.高等教育哲学[M].王承绪,等,译.杭州:浙江教育出版社,1987:87-89.
[9] 杨中芳.试谈大陆心理学研究的发展方向[J].社会学研究,1987(4):62-89,105.
[10] 文崇一.从价值取向谈中国国民性[M]//李亦园,杨国枢.中国人的性格.北京:中国人民大学出版社,2012:50.
[11] 傅绍曾.中国民族性之研究[M].北京:北平文化学社,1929:21.
[12] 何佩韫,程时煃.中国职业教育心理上的改造[J].教育与职业,1929(7):1259-1263.
[13] 黄炎培.调查美国教育报告[M]//余子侠.中国近代思想家文库·黄炎培卷.北京:中国人民大学出版社,2015:55-69.
[14] 王清莲,张社宇.职业教育社会学[M].北京:教育科学出版社,2008:167-174.
[15] 刘诗能.我国职业教育发展的认知成本分析[J].职教通讯,2007(4):5-9.
[16] 朱芝洲,蔡文兰.失序与重建:我国社会转型中的职业教育秩序研究[M].杭州:浙江大学出版社,2015:233.
[17] 李培林.另一只看不见的手:社会结构转型[J].中国社会科学,1992(5):3-17.
[18] 爱德华·希尔斯.论传统[M].傅铿,吕乐,译.上海:上海人民出版社,2009:229.
[19] 弗朗索瓦·迪贝.社会学有什么用?[M].陈艳,译.北京:外语教

学与研究出版社，2013：5-11.
[20] 爱德华·希尔斯. 教师的道与德[M]. 徐弢，李思凡，姚丹，译. 北京：北京大学出版社，2010：5.
[21] 刘兰明. 论职业教育的尊严[J]. 中国高教研究，2015(2)：91-94.

（本文发表于《江苏高职教育》2022 年第 3 期）

后 记

习近平总书记指出,我国改革开放四十多年党和国家全部理论和实践的主题是中国特色社会主义。作为一种具有中国特色的教育类型,改革开放以来,我国高等职业教育经历了一个从无到有、从有到大、从大到优、从优到高的发展历程,已建成世界上规模最大的高职教育体系,探索实践出一条具有中国特色的发展道路。

党的十八大以来,中国特色社会主义进入新时代。习近平新时代中国特色社会主义思想科学回答了新时代坚持和发展什么样的中国特色社会主义、怎样坚持和发展中国特色社会主义等重大时代课题。国家将发展高等职业教育作为优化高等教育结构和培养大国工匠、能工巧匠的重要方式,先后实施高等职业教育创新发展行动计划、中国特色高水平高职学校和专业建设计划、职业教育提质培优行动计划,推动高等职业教育创新发展、提质培优、高质量发展。

作为全国首批国家示范性高等职业院校建设单位、浙江省重点建设高职院校、中国特色高水平高职学校和专业建设计划建设单位,浙江金融职业学院长期以来重视并加强职业教育理论、政策与实践研究,及时总结中国特色职业教育办学规律和制度模式,特别是将《聚焦

类型特色　打造全国高职研究引领校》项目纳入学校“双高”建设计划，以研究助推学校内涵建设和高职教育高质量发展。

2020年，我们合作出版了《中国特色高等职业教育发展道路探索与研究》一书，收录了2016—2020年两人独立和合作发表的23篇论文和研究报告，受到各方较好评价。在此基础上，我们把2021—2022年两人独立和合作撰写、发表在《中国高教研究》《中国高等教育》《中国职业技术教育》《中国教育报》等期刊和报纸的32篇论文结集，定名为《中国特色高等职业教育发展道路理念与实践》，也许不完全切题，但代表了我们以中国特色为研究视角，聚焦高职教育类型特征，坚定发展中国特色高等职业教育道路自信、制度自信、理论自信与文化自信的初心，敬请大家批评指正。

周建松　陈正江

2022年11月